T0349501

Die 10 Gebote des gesunden Menschenverstands

Nikil Mukerji hat Philosophie und Wirtschaftswissenschaften studiert. Heute ist er Geschäftsführer des Executive-Studiengangs Philosophie Politik Wirtschaft (PPW) an der Ludwig-Maximilians-Universität München und wissenschaftlicher Mitarbeiter am Lehrstuhl für Philosophie und politische Theorie. Zudem arbeitet er als freiberuflicher Unternehmens- und Politikberater für das Institut für Argumentation in München.

(Foto: Jan Greune)

Nikil Mukerji

Die 10 Gebote des gesunden Menschen-verstands

 Springer

Nikil Mukerji
Ludwig-Maximilians-Universität München
München, Deutschland

ISBN 978-3-662-50338-6   ISBN 978-3-662-50339-3 (eBook)
DOI 10.1007/978-3-662-50339-3

Die Deutsche Nationalbibliothek verzeichnet diese Publikation in der Deutschen Nationalbibliografie; detaillierte bibliografische Daten sind im Internet über http://dnb.d-nb.de abrufbar.

Planung: Frank Wigger
Einbandabbildung: Fotolia_52798707_Subscription_Yearly_XXL

Gedruckt auf säurefreiem und chlorfrei gebleichtem Papier

Springer ist Teil von Springer Nature
Die eingetragene Gesellschaft ist Springer-Verlag GmbH Berlin Heidelberg

Für Robert Hümmer

Danksagung

Dieses Buch hatte viele Geburtshelfer. Einige davon trugen ihren Teil bei, indem sie mich besonders unterstützten und ermutigten. Andere prägten mich vor allem durch ihre Ideen. Manche taten auch beides. Bei allen möchte ich mich herzlich bedanken!

Leider ist es mir nicht möglich, jeden, der es verdient, mit einer Danksagung zu würdigen. Aber das soll mich nicht davon abhalten, einige Personen zu nennen, die definitiv erwähnt werden sollten. Da sind allem voran meine Eltern, Maria und Kiran Mukerji, und ebenfalls meine Großeltern, Katharina und Valentin Klass, sowie Evamarie und Braja Lal Mukerji. Gleiches gilt für Daniel Mukerji und für meine langjährigen Freunde Ludwig Heider, Thomas Kaczmarek, Nikolai Kleinhammer und Julian Sterr. Außerdem möchte ich mich bei meinen Studierenden, Kollegen und Auftraggebern bedanken, mit denen ich viele der Inhalte dieses Buches besprechen konnte und deren kritisches Feedback mir half, meine Gedanken zu schärfen. Besondere Erwähnung verdienen Ansgar Beckermann, Luisa Burggraf, Alexander Driskill, Andreas Edmüller, Veronika Gacia, Julia Galef, Jan-Christoph Heilinger, Andreas Hendrich, Stefanie Hepp, Felix Huber, Daniela Hümmer, Janine Jacobsen, Georgios Karageorgoudis, Martin Kaspar, Katharina Kofler, Boris Konrad, Curtis Lugay, Andreas Lutz, Verena Mayer, Nikolaos Mitritzikis, Jörg Noller, Maximilian Peters, Leon Reichmann, Rudrava Roy, Veronika Sager, Kai Sandner, Tatjana Schönwälder-Kuntze, Ulla Scheler, Markus Schomisch, Johanna Schönecker, Carsten Schwäbe, Yasmin Shakarami, Roberto Silla, Dominik van Aaken, Philip Wiseman, Isabell Zacharias und Marin Zec. Birgit Jarosch danke ich für das Lektorat, Martina Mechler und Frank Wigger vom Springer-Verlag für ihre tatkräftige Unterstützung dieses Buchprojekts sowie Karl Homann, Julian Nida-Rümelin und Martin Rechenauer für ihre langjährige Förderung. ██ ██iedrich-Ebert-Stiftung (FES) und dem Deutschen ██████ischen Austauschdienst (DAAD) danke ich für ihre ██████elle Unterstützung meiner Forschungstätigkeiten.

Einen ganz ██████onderen Dank schulde ich jedoch meinem Freund und Wegbegleiter Robert Hümmer. Robert und ich lernten uns vor fünf Jahren kennen. Wir hatten beide Interesse an wissenschaftsorientierter Weiterbildung und begannen, uns fachlich auszutauschen. Daraus wurde schnell eine regelmäßige Zusammenarbeit. Es folgte eine geschäftliche Partnerschaft, die in der Gründung des Instituts für Argumentation in München mündete und aus der schließlich eine enge Freundschaft wurde. Robert kennt den Inhalt dieses Buches wie kein Zweiter, denn es basiert zu einem großen Teil auf den Seminarkonzepten, die wir über Jahre hinweg gemeinsam entwickelt haben, und auf zahllosen Gesprächen, die wir miteinander geführt haben. Dieses Buch wäre wahrscheinlich nie geschrieben worden, wenn ich Robert nicht kennengelernt hätte. Deswegen möchte ich es ihm widmen. Für mich gebietet das der gesunde Menschenverstand!

München, im Januar 2016   Nikil Mukerji

Einleitung

Es gibt viele Faktoren, die darüber entscheiden, ob Sie im Leben Erfolg haben. Wenn Sie über Fähigkeiten verfügen, die sehr gefragt sind, werden Sie tendenziell erfolgreicher sein als andere. Wenn Sie bereit sind, härter an sich zu arbeiten, und Sie Ihre Ziele mit größerer Entschlossenheit verfolgen, auch. Aber Eigenschaften wie diese führen nicht notwendigerweise zum Erfolg. Aus Ihren Begabungen und Ihrer harten Arbeit können Sie nur dann Kapital schlagen, wenn Sie auch *kluge Entscheidungen treffen*. Alles andere wäre reine Glückssache! Kluge Entscheidungen können Sie jedoch nur dann treffen, wenn Sie aus den Informationen, die Ihnen zur Verfügung stehen, *die richtigen Schlüsse ziehen*. Dazu brauchen Sie gesunden Menschenverstand. In diesem Band möchte ich Ihnen zehn Methoden vorstellen, mit denen Sie diese erfolgskritische Fähigkeit schärfen und weiterentwickeln können. Diese Methoden sind *die 10 Gebote des gesunden Menschenverstands*!

Als Trainer für Schlüsselkompetenzen vermittle ich diese Gebote seit Jahren in meinen Seminaren. Dabei stelle ich immer wieder fest, dass viele Menschen ihnen am Anfang skeptisch gegenüberstehen. Vier Einwände höre ich besonders häufig. Die möchte ich gleich zu Beginn aus dem Weg schaffen.

Einwand 1: Menschen besitzen von Natur aus einen gesunden Menschenverstand.

In manchen Sprachen liegt die Ansicht, Menschen besäßen von Natur aus einen gesunden Menschenverstand, bereits in der Wortbedeutung. Im Englischen nennt man den gesunden Menschenverstand „*common* sense" und im Französischen „sens *commun*".[1] „Sense" bzw. „sens" bedeuten soviel wie „Verstand". Und „common" bzw. „commun" bedeuten „allen gemeinsam" – zumindest aber: „häufig" oder „weit verbreitet". Allerdings machte bereits der Philosoph François-Marie Arouet (1694–1778) – besser bekannt unter seinem Pseudonym „*Voltaire*" – eine paradoxe Beobachtung: Dem gesunden Menschenverstand sagt man häufig nach, er sei ziemlich rar („le sens commun est fort rare").[2]

Diese Paradoxie verschwindet, sobald man – wie der deutsche Philosoph Immanuel Kant (1724–1804) – zweierlei unterscheidet. Er charakterisierte den Menschen als ein „mit Vernunftfähigkeit begabtes Thier" und nahm an, er könne „aus sich selbst ein vernünftiges Thier machen".[3] Kant war also der Ansicht, Menschen besäßen die Fähigkeit, vernünftig zu sein. Aber er war nicht der Ansicht, dass alle Menschen diese Fähigkeit tatsächlich ausüben. Ich halte Kants Einschätzung für ziemlich plausibel. Die meisten Menschen besitzen ja auch die Fähigkeit, ein Bein vor das andere zu setzen. Aber sie können nicht so schnell laufen

---

[1] Beide Ausdrücke stammen vom lateinischen „sensus communis" ab.
[2] Voltaire, *Oevres Completes De Voltaire – Dictionaire Philosophique* (Band 38), Paris, 1819, S. 256.
[3] I. Kant, *Immanuel Kants kleine anthropologische Schriften*, Leipzig, 1838, S. 262.

wie Usain Bolt (*1986). Die meisten Menschen besitzen ebenso die Fähigkeit, ihre Finger zu bewegen. Aber sie können nicht so virtuos Klavier spielen wie Lang Lang (*1982). Wer eine Fähigkeit besitzt, entfaltet sie nicht unbedingt konsequent. Das Gleiche gilt für den gesunden Menschenverstand! Wer – wie Kant sagt – ein „mit Vernunftfähigkeit begabtes Thier" ist, der ist nicht unbedingt ein vernünftiges Tier. Wer ein vernünftiges Tier sein will, der muss „aus sich selbst ein vernünftiges Thier *machen*".[4] Die 10 Gebote des gesunden Menschenverstands sollen Ihnen zeigen, wie man das macht!

Einwand 2: Intelligenten Menschen muss man die 10 Gebote des gesunden Menschenverstands nicht eigens beibringen. Sie beherrschen sie von selbst.

Der Einwand, gesunder Menschenverstand sei lediglich eine Frage der Intelligenz, liegt auf der Hand. Er passt zu einem allgemeinen Befund, den der britische Psychologe Charles Spearman (1863–1945) vor etwas mehr als 100 Jahren veröffentlichte: Die kognitiven Fähigkeiten einer Person sind normalerweise stark positiv korreliert. Wer beispielsweise gut rechnen kann, der wird in der Regel auch gut lesen können.[5] Wenn wir diese Regularität verallgemeinern, dann folgt in der Tat, dass intelligente Menschen normalerweise auch ein hohes Maß an gesundem Menschenverstand besit-

---

[4] I. Kant (Fußnote 3), S. 262. (Meine Hervorhebung; NM).
[5] Vgl. C. Spearman, „General Intelligence – Objectively Determined and Measured", *The American Journal of Psychology*, 15(2), 1904, S. 201–292.

zen müssten. Wer ohnehin schlau ist, würde also nur wenig von der Lektüre dieses Buches profitieren.

Moderne psychologische Forschungen scheinen diesen Einwand allerdings zu widerlegen. Es ist bekannt, dass Menschen häufig eklatante Denkfehler machen und dabei elementare Vernunftgrundsätze verletzten.[6] Und neuere Studien deuten darauf hin, dass intelligente Menschen diese Fehler fast genauso häufig begehen wie weniger intelligente.[7] Mit anderen Worten: Der Zusammenhang zwischen Intelligenz und Vernunft ist – wenn überhaupt – gering. Sie haben also auch dann einen guten Grund, dieses Buch zu lesen, wenn Sie überdurchschnittlich intelligent sind.[8]

Einwand 3: Vernünftige Menschen sollten selbst denken und keine dogmatischen Gebote akzeptieren.

Einem dritten Einwand zufolge ist es dogmatisch, Menschen Denkgebote vorzuschreiben. Vernünftige Menschen,

---

[6] Einen Überblick über jüngere psychologische Forschungen zu diesem Thema gibt D. Kahneman in seinem Buch *Thinking, Fast and Slow* (London, 2011). In Kap. 9 gehe ich auf einige davon etwas näher ein.

[7] Dies gilt v. a. die Arbeiten des amerikanischen Psychologen Keith Stanovich nahe. Vgl. etwa K. E. Stanovich und R. F. West, „On the Relative Independence of Thinking Biases and Cognitive Ability", *Journal of Personality and Social Psychology*, 94(4), 2008, S. 672–695.

[8] Vielleicht haben intelligente Menschen sogar einen noch besseren Grund, dieses Buch zu lesen. Es spricht nämlich einiges dafür, dass eine Kombination aus hoher Intelligenz und Sturheit Denkfehler verstärken kann. Denn wer stur *und* intelligent ist, findet leichter eine Rechtfertigung für seine Standpunkte – auch wenn diese völlig unvernünftig sind. Der Erfolgsautor Edward de Bono (*1933) spricht in diesem Zusammenhang von der sogenannten *Intelligenzfalle* (engl.: „intelligence trap"). Vgl. hierzu E. de Bono, *De Bono's Thinking Course*, Essex, 1996, S. 12.

so das Argument, zeichneten sich gerade dadurch aus, dass sie kritisch hinterfragen und für sich selbst denken können.

Mit diesem Einwand werden zwei Dinge durcheinander gebracht. Natürlich sollte jeder Mensch selbst denken. Denn wer nicht selbst denkt, denkt überhaupt nicht – wie bereits Oscar Wilde anmerkte.[9] Das bedeutet jedoch nicht, dass es keine *Standards für vernünftiges Denken* gibt. Es bedeutet nicht, dass jede Art zu denken gleichermaßen vernünftig ist. Vernünftige Menschen zeichnen sich gerade dadurch aus, dass sie beim (Selbst-)Denken die 10 Gebote des gesunden Menschenverstands beachten. Davon können wir uns vergewissern, indem wir einen ersten Blick auf diese Gebote werfen und jeweils fragen, ob es vernünftig wäre, sie zu verneinen.

Das erste Gebot: Bringen Sie Ordnung in Ihr Denken!

Das erste Gebot fordert Sie dazu auf, Ihr Denken aufzuräumen. Es verlangt von Ihnen, dass Sie Ihre Gedankengänge in einzelne Argumente aufteilen und die Zusammenhänge zwischen ihnen herausarbeiten. Wenn Sie das nicht tun, dann denken Sie verwirrt. Ihre Gedanken vermengen sich zu einem „amorphen Brei". Das anzustreben, scheint kaum vernünftig!

---

[9] Das Originalzitat von Wilde lautet: „A man who does not think for himself does not think at all." (O. Wilde, *The Complete Works of Oscar Wilde – Volume 4*, Oxford, 2007, S. 264).

Das zweite Gebot: Denken Sie lückenlos!

Das zweite Gebot fordert Sie auf, lückenlos zu denken. Sie tun das, wenn Sie nicht gleich von A auf Z schließen, sondern von A auf B, von B auf C usw., bis Sie schließlich bei Z ankommen. Anders zu verfahren, wäre offensichtlich unvernünftig. Denn wenn Sie lückenhaft denken und Schritte in Ihrem Denken überspringen, erhöhen Sie die Wahrscheinlichkeit, dass Sie einen Fehler machen.

Das dritte Gebot: Treffen Sie glaubwürdige Annahmen!

Das dritte Gebot verlangt von Ihnen, dass die Annahmen, auf denen Sie Ihre Gedankengänge aufbauen, glaubwürdig sind. Das ist deswegen wichtig, weil Annahmen die Funktion haben, Schlussfolgerungen zu stützen und dadurch glaubwürdig zu machen. Und dieser Funktion können sie nur gerecht werden, wenn sie selbst glaubwürdig sind. Mit unglaubwürdigen Annahmen zu beginnen, wäre unvernünftig!

Das vierte Gebot: Fragen Sie nach der Beweislast!

Das vierte Gebot stellt klar, dass Sie nichts glauben sollten, wenn Sie dafür keine guten Gründe haben. Wenn Sie das dennoch tun, dann ist das, was Sie glauben, ein Aberglaube. Und das ist unvernünftig!

Das fünfte Gebot: Denken Sie klar und präzise!

Das fünfte Gebot verlangt von Ihnen, dass Sie Ihr Denken klären und präzisieren. Denn nur dann hat es Realitätsbezug und kann Ihnen helfen, praktische Probleme zu lösen. Unklares und unpräzises Denken sollte niemand anstreben. Das wäre unvernünftig!

Das sechste Gebot: Bleiben Sie logisch sauber!

Das sechste Gebot fordert Sie dazu auf, logische Fehler zu vermeiden. Diese Fehler begehen Sie z. B., wenn Sie Annahmen treffen, die nicht miteinander vereinbar sind, oder wenn Sie Schlüsse ziehen, die nicht durch Ihre Annahmen gedeckt sind. Beides ist offensichtlich unvernünftig!

Das siebte Gebot: Tappen Sie nicht in die Sprachfalle!

Das siebte Gebot soll Sie auf die Tücken der Sprache aufmerksam machen. Es verlangt von Ihnen, sprachliche Ausdrücke auf Mehrdeutigkeiten zu prüfen. Denn wenn Sie das nicht tun, laufen Sie Gefahr, Denkfehler zu begehen, die Sie als vernünftiger Mensch vermeiden sollten!

Das achte Gebot: Seien Sie schlauer als ein junger Jagdhund!

Jungen Jagdhunden sagt man manchmal nach, sie hätten bei der Jagd Probleme, die Fährte zu behalten, denn Sie lassen sich leicht ablenken – z. B. von starken Gerüchen, die ihr Interesse wecken. Das achte Gebot fordert Sie dazu auf, schlauer zu sein als ein junger Jagdhund. Wenn Sie einem Gedanken „nachjagen", dann sollten Sie darauf achten, dass Sie bei der Sache bleiben und sich nicht von Irrelevantem ablenken lassen. Denn das wäre unvernünftig!

> *Das neunte Gebot: Schauen Sie mit beiden Augen hin (wenn Sie müssen)!*

Ebenso wenig sollten Sie Informationen übersehen, die relevant für Ihre Fragestellung sind – zumindest dann, wenn diese Informationen wirklich wichtig sind. Das sagt Ihnen das neunte Gebot. Wer es verletzt, lässt bestimmte Informationen außer Acht, die relevant für die Fragestellung sind. Und auch das wäre – Sie ahnen es – unvernünftig!

> *Das zehnte Gebot: Lassen Sie sich keinen Bären aufbinden!*

Das zehnte Gebot ist eng verwandt mit dem vierten. Es besagt, dass man einen Standpunkt nur dann übernehmen sollte, wenn die Gründe, die für diesen Standpunkt angeführt wurden, wirklich gut genug sind, sodass die Beweislast, die auf ihm ruht, *tatsächlich* erfüllt wurde. Das vierte Gebot verlangt lediglich, dass man erkennt, wann eine Beweislast besteht. Das zehnte Gebot verlangt dagegen, dass man sich nicht von Begründungen täuschen lässt, welche die Beweislast *nur vermeintlich* erfüllen. Eine Verletzung dieses Gebotes führt ebenso zu einem unvernünftigen Aberglauben!

Wir sehen also, dass auch der dritte Einwand unbegründet ist. Die 10 Gebote des gesunden Menschenverstands verbieten Ihnen nicht, selbst zu denken. Sie setzen Ihrem Denken lediglich bestimmte Grenzen, die aber nicht als dogmatische Scheuklappen zu verstehen sind. Schließlich zwinge ich Sie nicht, die 10 Gebote zu akzeptieren. Das tut Ihre eigene Vernunft! Wenn man überhaupt von einem Zwang sprechen möchte, dann handelt es sich hierbei – in den Worten des deutschen Philosophen Jürgen Habermas (*1929) – um einen „zwanglosen Zwang".[10]

Einwand 4: Die 10 Gebote des gesunden Menschenverstands sind trivial und deswegen nutzlos!

Wenn Sie akzeptieren, dass es sich bei den 10 Geboten des gesunden Menschenverstands um Vernunftgrundsätze handelt, dann kommt Ihnen vielleicht der vierte Einwand in den Sinn. Vielleicht denken Sie dann, dass die 10 Gebote im Grunde genommen trivial sind, dass jeder Mensch von selbst auf sie kommen sollte und sie deswegen nutzlos sind. Das wäre ein Irrtum! Es mag freilich sein, dass die 10 Gebote trivial sind. Aber es ist nicht trivial auszubuchstabieren, was sie erfordern. Sie werden das merken, wenn Sie das Buch lesen. Außerdem wissen wir aus empirisch-psychologischen Studien, dass sehr viele Menschen häufig gegen die 10 Ge-

---

[10] J. Habermas, *Vorstudien und Ergänzungen zur Theorie des kommunikativen Handelns*, Frankfurt a. M., 1975, S. 160.

bote verstoßen.[11] Nach dem Gesetz der Wahrscheinlichkeit gehören Sie dazu. Wenn das so ist, können auch Sie von diesem Buch profitieren.

Bevor wir beginnen, würde ich gerne etwas zu meinem Schreibstil und zu meiner Vorgehensweise sagen. Ich habe beim Schreiben versucht, drei Ziele gleichzeitig zu erreichen. Ich wollte, dass dieses Buch *einfach zu lesen* ist, *praxisbezogen* und dennoch *wissenschaftlich fundiert*. Ich habe deswegen darauf geachtet, jeden Fachbegriff sofort zu erklären, anschaulich zu schreiben und Beispiele zu geben. Ich habe außerdem viele Tipps in den Text eingebaut. Diese sollen Ihnen helfen, die Theorie leichter anzuwenden. Schließlich habe ich versucht, die wissenschaftlichen Grundlagen, auf die ich mich stütze, transparent herauszuarbeiten und auf Primärquellen zu verweisen. Sie haben also die Möglichkeit, hier genauer nachzuforschen.

Ganz ohne Kompromisse ging es jedoch nicht. Bisweilen hätte ich gerne genauer erklärt, definiert, qualifiziert und eingeschränkt, was ich sage. Dadurch wäre das Buch jedoch wesentlich umfangreicher und für interessierte Laien vermutlich unverständlicher geworden. Also habe ich mich dagegen entschieden. Ich kann deswegen nicht den Anspruch erheben, dass alles, was ich sage, absolut wasserdicht ist. Sobald Sie das Buch einmal gelesen haben, wird Ihnen das wahrscheinlich auffallen. Wahrscheinlich werden Sie dann manches, was ich hier sage, als zu unklar oder gar problematisch einstufen. Das spräche allerdings nicht gegen meine Vorgehensweise, denn es würde zeigen, dass Sie in der Lage sind, über den Tellerrand, den ich Ihnen gezeigt habe, hin-

---

[11] Belege dafür finden Sie in diesem Buch.

auszuschauen. Der Philosoph Ludwig Wittgenstein (1889–1951) hat in diesem Zusammenhang eine interessante Metapher geprägt. Er verglich sein legendäres Buch *Tractatus Logico-Philosophicus* (1918) mit einer Leiter. Diese, so Wittgenstein, müsse der Leser wegwerfen, sobald er an ihr hinaufgestiegen sei. Zwar will ich mein Buch nicht mit dem berühmten Werk Wittgensteins auf eine Stufe stellen. Aber ich würde mich freuen, wenn es zumindest in dieser Hinsicht Wittgensteins Tractatus ähnlich wäre. Ich würde mich freuen, wenn es Ihnen helfen würde, Ihr Denken auf eine höhere Stufe zu heben. Sobald Sie dort angekommen sind, dürfen Sie es – wie Wittgensteins Leiter – getrost hinter sich wegwerfen.

Übrigens, wenn Sie mir mitteilen möchten, welche Erfahrungen Sie mit den 10 Geboten des gesunden Menschenverstands gemacht haben, dann können Sie mich über meine Website www.gesunder-menschenverstand.online erreichen.

Inhaltsverzeichnis

Das erste Gebot: Bringen Sie Ordnung in Ihr Denken

Das erste Gebot, das ich Ihnen vorstellen will, ist gleichzeitig das wichtigste. Denn alle anderen Gebote setzen es voraus. Wer seinen gesunden Menschenverstand einsetzen möchte, der muss zuallererst in der Lage sein, sein Denken zu strukturieren und dort *Ordnung* zu schaffen. Das alleine reicht zwar nicht aus, um klar und vernünftig zu denken. Aber es ist eine *notwendige* Voraussetzung dafür. Ohne Ordnung geht nichts!

In diesem Kapitel möchte ich Ihnen zeigen, wie Sie das erste Gebot einhalten können und Ordnung in Ihr Denken bringen. Dazu muss ich zunächst eines klarstellen: Es gibt unterschiedliche Arten des Denkens, die jeweils unterschiedlichen Regeln und Gesetzen unterworfen sind. Es gibt *musikalisches* Denken, *bildliches* Denken, *assoziatives* Denken usw. Darüber will ich hier aber nicht sprechen. Mein Augenmerk liegt auf dem gesunden Menschenverstand. Dabei handelt es sich – nach meinem Verständnis – um die Fähigkeit des *logischen* oder *schlussfolgernden Denkens*. Es handelt sich um die Fähigkeit, aus gegebenen Informationen Schlussfolgerungen abzuleiten und zu bestimmen, was man glauben und was man tun sollte.

Natürlich will ich, indem ich mich auf eine bestimmte Art des Denkens konzentriere, die übrigen Arten des Den-

© Springer-Verlag Berlin Heidelberg 2017
N. Mukerji, *Die 10 Gebote des gesunden Menschenverstands*,
DOI 10.1007/978-3-662-50339-3_1

kens nicht herabwürdigen. Ich will sie lediglich vom logischen, schlussfolgernden Denken abgrenzen. Denn bei ihnen handelt es sich schlicht um etwas anderes. Das wird alleine dadurch klar, dass herausragende Fähigkeiten in einem Bereich des Denkens nicht unbedingt mit der Fähigkeit, vernünftige Schlüsse zu ziehen, einhergehen. Viele geniale Menschen – Rockstars, Künstler, Schriftsteller usw. – fallen regelmäßig durch extrem unvernünftiges Verhalten auf. In manchen Fällen sollte man das wohl als Teil der Inszenierung deuten. Bisweilen jedoch kann man sich des Eindrucks nicht erwehren, dass eine hohe Leistungsfähigkeit in einem Bereich des Denkens nicht unbedingt mit einem hohen Maß an gesundem Menschenverstand einhergeht.

Was ist ein Argument?

Um eine erste, grobe Ordnung in Ihr Denken zu bringen, brauchen Sie zunächst eine *Struktur*, die Ihnen hilft, Ihr Denken in kleinere Einheiten zu zerlegen und auf diese Weise zu sortieren. Fangen wir mit der kleinsten Einheit des schlussfolgernden Denkens an: dem *Argument*.

Immer wenn Sie logisch-schlussfolgernd denken, denken Sie in Form von Argumenten – ob Sie es wissen oder nicht! Aber was ist ein Argument? Diese Frage können wir uns ganz natürlich beantworten, indem wir uns fragen, was wir tun, wenn wir argumentieren.

Wenn wir argumentieren, versuchen wir, einen Standpunkt zu stützen. Wir tun das, indem wir Annahmen treffen, die für diesen Standpunkt sprechen. Und wir erklären den logischen Zusammenhang, der zwischen unseren Annahmen und dem Standpunkt, von dem wir unseren Gesprächspartner überzeugen wollen, besteht.

Ein Argument hat also drei Bestandteile.

- Es enthält erstens einen *Standpunkt*, der vertreten wird.
- Es enthält zweitens *Annahmen*, die den Standpunkt stützen sollen.
- Und es enthält drittens einen *Begründungszusammenhang*, der zwischen den Gründen und dem Standpunkt besteht.

Den Begriff des Arguments können wir also in einer einfachen Formel zusammenfassen:

Argument = Standpunkt + Annahmen + Begründungszusammenhang

Oft werden die Bestandteile von Argumenten auch anders bezeichnet. Anstelle des Begriffs *Standpunkt* werden oft die Ausdrücke *These*, *Konklusion* oder *Schlussfolgerung* verwendet. Annahmen werden auch als *Prämissen* oder *Voraussetzungen* bezeichnet. Den *Begründungszusammenhang*, der Standpunkt und Annahmen miteinander verbindet, könnte man auch einfach die *Logik des Arguments* nennen. Den Verbund aller Annahmen miteinander kann man auch *Grund* für den Standpunkt nennen. Zusammen mit dem Begründungszusammenhang bildet er die *Begründung* des Standpunkts.

Es ist nicht wichtig, dass Sie alle diese Ausrücke auswendig wissen. Sie sollten lediglich in der Lage sein zu verstehen, was sie jeweils bedeuten. Um Ihnen das etwas leichter zu machen, gebe ich Ihnen ein paar Beispiele.

Beispiel 1: „Ich habe Hunger. Also sollte ich wohl etwas essen."

Beispiel 2: „Immer machen wir, was Du willst. Jetzt sollte ich mal bestimmen dürfen!"

Beispiel 3: „Ich hatte vorhin noch drei Gummibärchen. Jetzt sind es nur noch zwei. Einer von Euch muss mir eines weggenommen haben."

Alle diese Gedankengänge enthalten jeweils ein Argument. Es gibt jeweils einen Standpunkt und eine Annahme, die mit diesem Standpunkt in einem Begründungszusammenhang steht. In Beispiel 1 lautet der Standpunkt z. B.: „Ich sollte etwas essen." Das scheint durch die Begründung „Ich habe Hunger" gerechtfertigt. Der Begründungszusammenhang, der zwischen Standpunkt und Annahme besteht, ist dabei ziemlich offensichtlich. Schließlich erscheint es plausibel, dass man etwas essen sollte, wenn man Hunger hat.

Schaffen Sie Ordnung!

Nachdem ich Ihnen eine Struktur gegeben haben, mit der Sie Ihr logisches Denken ordnen können, möchte ich Ihnen bereits einen ersten Tipp geben:

Tipp 1: Versuchen Sie alle Ihre logischen Gedankengänge in Standpunkte und Annahmen aufzuteilen, indem Sie fragen: 1. Was ist mein Standpunkt? 2. Warum habe ich diesen Standpunkt?

Sobald Sie in der Lage sind, Argumente zu erkennen und Ihre Gedanken in die Kategorien „Standpunkte" und „Annahmen" einzuordnen, haben Sie schon einmal Ordnung auf der *Mikroebene* Ihres Denkens geschaffen. Sie werden allerdings feststellen, dass das nicht reicht, um Ihr Denken wirklich übersichtlich zu strukturieren. Denn einzelne *Argumente können zusammenhängen*. Ein Argument kann einen bestimmten Standpunkt stützen. Und dieser Standpunkt kann wieder in einem anderen Argument zur Annahme werden, mit dem ein neuer Standpunkt gestützt wird. Folgendes Beispiel verdeutlicht dies:

Beispiel 4: „Ich habe Hunger. Also sollte ich etwas essen. Deswegen gehe ich jetzt am besten los und kaufe mir etwas zu essen."

In diesem Gedankengang kommen zwei Argumente vor. Im ersten Argument wird der Standpunkt „Ich sollte etwas essen" durch die Annahme „Ich habe Hunger" begründet. Im zweiten Argument wird der vormalige Standpunkt „Ich sollte etwas essen" zur Annahme, die einen neuen Standpunkt stützt: „Ich gehe jetzt am besten los und kaufe mir etwas zu essen."

Zusammenhänge wie diese sollten Sie erkennen und Ihr Denken entsprechend ordnen. Das ist der zweite Tipp, den ich Ihnen geben will:

> *Tipp 2: Klären Sie, wie einzelne Argumente in Ihrem Denken zusammenhängen.*

Sie werden feststellen, dass dieser zweite Tipp gar nicht so leicht anzuwenden ist. Wir alle denken bisweilen ziemlich konfus. Unsere Gedanken gehen dann kreuz und quer. Wir können zwar einzelne Verbindungen herstellen. Aber unser Denken lässt sich nicht zu einem einheitlichen Bild zusammenfügen. Das kann frustrierend sein, aber glücklicherweise gibt es Techniken, die hier Abhilfe schaffen. Eine solche Technik soll Ihnen der nächste Tipp vermitteln. Er wird Ihnen helfen, Tipp 2 umzusetzen.

> *Tipp 2.1: Klären Sie Ihre Hauptthese.*

Oft liegt die Ursache für unsere gedanklichen Verwirrungen darin, dass wir uns auf der Mikroebene verlieren. Wir durchdenken bestimmte Fragestellungen sehr detailliert, wissen aber schon bald nicht mehr, warum wir das eigentlich tun. Wenn es Ihnen manchmal so geht und Sie sich in Details verlieren, dann sollten Sie eine Technik verwenden, die ich die *Zoom-out-Technik* nenne. Sie kann Ihnen helfen, den *roten Faden* wieder zu finden.

Die Zoom-out-Technik

Wie funktioniert die Zoom-out-Technik? Ganz einfach: Sie versuchen zuerst, Ihr Denken gewissermaßen aus der *Vogelperspektive* zu betrachten. Sie suchen – etwas plattitüdenhaft gesagt – nach dem „großen Ganzen". Zu diesem Zweck eignet sich eine Frage ganz hervorragend:

Zoom-out-Frage: Über welches Thema denke ich eigentlich gerade nach?

Diese Frage sollten Sie sehr schnell beantworten können. Denn es ist leicht festzustellen, ob Sie gerade über Fußball, über Politik oder über ein anderes Thema nachdenken. Sobald Sie das getan haben, können Sie Schritt für Schritt wieder „hereinzoomen", bis Sie einen roten Faden gefunden haben, an dem Sie sich orientieren können. Zuerst sollten Sie fragen:

Zoom-in-Frage 1: Was ist die genaue Fragestellung, die mich gerade interessiert?[1]

Dieser Schritt wird Ihnen schwerer fallen als der erste. Denn ein großer Teil der Antwort steckt bereits in der Formulierung der *Fragestellung*. Es gilt die Regel, die der amerikanische Philosoph John Dewey (1859–1952) einmal treffend auf den Punkt brachte: Ein Problem, das gut formuliert

---

[1] Es ist sehr wichtig, die Fragestellung genau zu bestimmten. Denn nur so können wir in unserem Denken zwischen Relevantem und Irrelevantem unterscheiden. Auf diesen Punkt werden wir in Kap. 8 zurückkommen.

ist, ist halb gelöst![2] Sie sollten sich also dafür *genug Zeit* nehmen! Sobald Ihre Fragestellung klar ist, sollten Sie sich fragen:

> *Zoom-in-Frage 2: Welche möglichen Standpunkte könnte man im Hinblick auf diese Fragestellung einnehmen?*

In einem letzten Schritt können Sie dann fragen:

> *Zoom-in-Frage 3: Welchen Standpunkt nehme ich ein? Was ist meine Hauptthese?*

Sobald Sie Ihre Hauptthese gefunden (und idealerweise aufgeschrieben) haben, sollten Sie klären, welche Argumente für diese Hauptthese sprechen. Das ist mein nächster Tipp, der einen weiteren Schritt bei der Umsetzung von Tipp 2 darstellt.

> *Tipp 2.2: Klären Sie, welche Argumente für Ihre Hauptthese sprechen.*

Ihre Hauptthese gibt Ihnen den *roten Faden*. Sie hilft Ihnen, sich in Ihrem Denken zu orientieren. Immer wenn Sie feststellen, dass Sie gerade den Faden verlieren (oder ihn schon verloren haben), können Sie fragen: „Wie hängen meine Gedanken mit meiner Hauptthese zusammen? Welches davon sind Argumente, die meine Hauptthese stützen können?"

---

[2] Vgl. J. Dewey, *Logic – The Theory of Inquiry*, New York, 1938, S. 108.

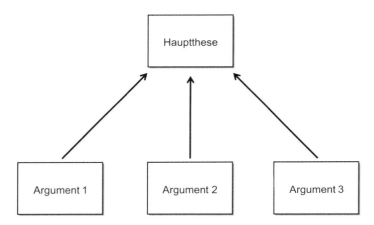

Abb. 1.1 Argumente für die Hauptthese

Wahrscheinlich fallen Ihnen verschiedene Argumente ein, die Ihre Hauptthese stützen, sodass ein Bild wie das in Abb. 1.1 entsteht. Jedes der Argumente 1, 2 und 3 beinhaltet die Hauptthese als Standpunkt und verweist auf bestimmte Annahmen, die sie stützen. Diese Annahmen sind wiederum Standpunkte, die Sie unter Umständen durch weitere Argumente begründen wollen. Das Bild kann sich also weiter „verästeln".

Gegenargumente

Natürlich sollten Sie sich nicht nur einen Überblick über die Argumente *für* Ihre Hauptthese verschaffen. Ebenso sollten Sie *Gegenargumente* im Auge behalten. Sonst würden Sie ja sehr einseitig denken.[3] Als nächstes möchte ich Ihnen also folgenden Tipp geben:

> **Tipp 3: Klären Sie Gegenargumente.**

Was bedeutet das? Um diese Frage zu beantworten, rekapitulieren wir noch einmal, was wir gerade besprochen haben. Wir haben geklärt, was ein Argument ist. Es besteht aus einer These, (mindestens) einer Annahme und einem Begründungszusammenhang. Ein *Gegen*argument ist eines, das sich gegen einen dieser Teile eines Arguments richtet. Das bedeutet, es gibt insgesamt drei Arten von Gegenargumenten:

- Argumente gegen die Annahme(n),
- Argumente gegen den Begründungszusammenhang,
- Argumente gegen den Standpunkt.

Nehmen wir uns wieder das Beispiel von vorhin als Anschauungsmaterial.

Angenommen Sie denken:

> „Ich habe Hunger. Also sollte ich etwas essen."

---

[3] Mit dem Problem des einseitigen Denkens werden wir uns in Kap. 9 auseinandersetzen.

Dann aber denken Sie:

> „Moment mal – vielleicht habe ich überhaupt keinen Hunger.
> Vielleicht ist mir nur langweilig."

Wenn Sie das denken, dann zweifeln Sie an Ihrer Annahme, indem Sie ein mögliches Argument prüfen, das gegen diese Annahme spricht.

Vielleicht denken Sie aber auch:

> „Eigentlich bin ich ja auf Diät. Ich sollte nicht immer etwas essen, wenn ich Hunger habe."

Dann prüfen Sie ein Gegenargument gegen den Begründungszusammenhang, der vermeintlich zwischen der Annahme „Ich habe Hunger" und dem Standpunkt „Ich sollte etwas essen" besteht.

Schließlich könnte Ihnen noch der Gedanke kommen:

> „Ich habe gleich einen wichtigen Termin und gar keine Zeit mehr, etwas zu essen."

Dann denken Sie über ein Argument nach, das gegen Ihren Standpunkt „Ich sollte etwas essen" spricht.

Wie man *Pro* und *Contra* abwägt

Erinnern Sie sich noch an den Deutschunterricht, den Sie während Ihrer Schulzeit genießen durften? Dort haben Sie unter anderem gelernt, was beim Verfassen verschiedener Textarten zu beachten ist. Sie haben gelernt, wie man eine Inhaltsangabe schreibt und worauf es bei einem Protokoll ankommt. Wahrscheinlich hatten Sie auch das Vergnügen, literarische Interpretationen anzufertigen. Und natürlich haben Sie sich mit der einen oder anderen Fragestellung in Form einer Erörterung befasst.

Bei einer *Erörterung* geht es darum, eine Fragestellung zu besprechen und sich dabei eine Einschätzung zu erarbeiten. Sie sollen Argumente und Gegenargumente finden, diese einander gegenüberstellen, um so zu einer übergreifenden Schlussfolgerung zu kommen. Dabei müssen Sie *Pro* und *Contra* gegeneinander abwägen.

An dieser Vorgehensweise ist prinzipiell nichts auszusetzen. Auch ich möchte sie Ihnen empfehlen.

> Tipp 4: Wägen Sie Pro- und Contra-Argumente gegeneinander ab.

Tipp 4 haben Sie zwar schon in der Schule bekommen, aber damals wurde Ihnen nicht erklärt, *wie* Sie dabei vorgehen sollten. Denn was man sich unter einer *Abwägung zwischen Pro und Contra* vorzustellen hat, wird im Deutschunterricht so gut wie nie erklärt. Das ist nachvollziehbar. Denn dieses Thema ist wirklich schwierig. Allerdings gibt es eine hilfreiche Analogie, die zumindest ein wenig Licht ins Dunkel bringt.[4]

Nehmen wir an, Anna und Bernd diskutieren miteinander. Anna vertritt dabei Standpunkt S. Bernd ist dagegen der Ansicht, S sei falsch. Um festzustellen, wer recht hat, müssen wir die Argumente, die Anna und Bernd austauschen, gegeneinander abwägen. Um zu verstehen, wie diese Abwägung funktioniert, können wir sie uns analog zu einem Fußballspiel vorstellen.

> *Tipp 4.1: Stellen Sie sich die Abwägung zwischen Pro- und Contra-Argumenten analog zu einem Fußballspiel vor.*

In diesem Fußballspiel treten zwei Teams gegeneinander an, nämlich Annas Team und Bernds Team. Beide bestehen aus *Stürmern*, *Mittelfeldspielern* und *Verteidigern*. Und beide Teams haben jeweils das Ziel, das Tor der anderen Mannschaft zu treffen – und zwar öfter als die andere Mannschaft das eigene Tor. Was müssen die Teams dazu tun?

Versuchen wir, diese Frage aus Sicht von Annas Team zu beantworten. Annas Mittelfeldspieler müssen es schaffen, den Ball oft genug zu den eigenen Stürmern zu passen, sodass die ein Tor schießen können. Und Annas Verteidiger müssen es schaffen, Bernds Stürmern oft genug den Ball abzunehmen, um zu verhindern, dass sie Tore schießen.

Damit ist Folgendes gemeint: Annas Stürmer stehen für Argumente, die ihren Standpunkt, S, stützen. Und Annas Mittelfeldspieler stehen für Argumente, die wiederum die Annahmen oder den Begründungszusammenhang ih-

---

[4] Die Idee für diese Analogie verdanke ich Andreas Edmüller.

rer Stürmer-Argumente stützen. Unter Annas Verteidigern können wir uns dagegen Argumente vorstellen, die Bernds Stürmer-Argumente gegen S stoppen sollen.

Was muss nun geschehen, damit die Abwägung der Argumente zugunsten von Anna ausfällt?

Um zu „gewinnen", braucht Anna genug Stürmer, die Tore schießen können, d. h., sie braucht Argumente, die für ihren Standpunkt, S, sprechen. Aber das ist nicht genug. Annas Stürmer müssen auch irgendwie den Ball bekommen. Hier kommen ihre Mittelfeldspieler zum Zug. Sie haben die Aufgabe, den Stürmern den Ball zuzuspielen. Das heißt, sie müssen die Annahmen und den Begründungszusammenhang stützen, auf denen Annas Argumente für S aufbauen. Außerdem braucht Anna gute Verteidiger, d. h., sie muss über gute Gegenargumente verfügen, die Bernds Argumente gegen S widerlegen.

Mit dieser Analogie zwischen der Abwägung von Argumenten und einem Fußballspiel können wir uns bildlich vorstellen, was es bedeutet, wenn eine Person in einer argumentativen Auseinandersetzung recht behält. Wenn es Anna gelingt, ein Argument für S zu nennen, das Bernd nicht entkräften kann, dann schießt eines ihrer Stürmer-Argumente ein Tor. Wenn Anna zudem alle von Bernds Argumenten gegen S widerlegen kann, dann halten ihre Verteidiger – d. h. ihre Gegenargumente – das eigene Tor gewissermaßen sauber, mit anderen Worten: Anna „gewinnt" ihre Diskussion mit Bernd. Und der Endstand lautet – um bei der Analogie zu bleiben – 1:0. Wenn keiner der beiden ein Stürmer-Argument liefert, das der andere nicht widerlegen kann, dann sollte man sich wohl auf ein „Unentschieden" einigen.

All das mag trivial erscheinen, aber das ist es nicht. Denn in realen Gesprächssituationen ist es nicht immer einfach, argumentative „Tore" richtig zu zählen bzw. die Argumente und Gegenargumente, die zwischen der Pro- und der Contra-Seite ausgetauscht werden, richtig abzuwägen. Deswegen sollten Sie außerdem folgenden Tipp beachten.

Tipp 4.2: Zählen Sie keine falschen Tore.

Was ist damit gemeint?

Um das zu klären, greifen wir wieder auf ein Beispiel zurück. Wir stellen uns vor, Anna verfügt über drei Stürmer-Argumente, die sie alle vorbringt. Nehmen wir jedoch an, Bernd kann alle ihre Argumente widerlegen. In diesem Fall mag es so aussehen, als sei Bernd mit 3:0 in Führung gegangen. Schließlich muss Anna dreimal zugeben, dass Bernd ein gutes Gegenargument parat hatte. Unsere Fußball-Analogie macht jedoch klar, dass Anna keineswegs verloren hat. Bernd leistet in diesem Beispiel lediglich erfolgreiche Abwehrarbeit. Der Spielstand lautet immer noch 0:0. Denn mit Gegenargumenten, die sich gegen die Prämissen oder den Begründungszusammenhang richten, kann man selbst keine Punkte erzielen. Man hält nur das eigene Tor sauber. Das sollten Sie sehr genau beachten, wenn Sie zwischen Pro und Contra abwägen.

Mit der Parallele zwischen der Abwägung von Argumenten und einem Fußballspiel wollte ich Ihnen die Struktur eines abstrakten Sachverhalts (Abwägung von Argumenten) anhand eines anschaulichen Beispiels (Fußballspiel) vor Augen zu führen. Ich wollte damit allerdings *nicht* behaupten, dass die beiden Fälle *in jeder Hinsicht* vergleichbar sind. Um das klarzustellen, möchte ich Ihnen abschließend folgenden Hinweis geben.

> Tipp 4.3: Strapazieren Sie die Fußball-Analogie nicht.

Sie strapazieren die Analogie z. B. dann, wenn Sie annehmen, dass in einem argumentativen Dialog immer die „Tordifferenz" bestimmt, wer recht hat. Im Fußball zählt jedes Tor gleich viel. Deswegen braucht man nur die Tore zusammenzuzählen und weiß, wer gewonnen hat bzw. ob der Endstand „Unterschieden" lautet. In einer argumentativen Auseinandersetzung kann es vorkommen, dass ein einzelnes Argument auf der Pro-Seite schwerer wiegt als mehrere Argumente auf der Contra-Seite.

Außerdem mag es vorkommen, dass der „Endstand" einer argumentativen Auseinandersetzung unklar ist. Auch darin liegt ein Unterschied zum Fußball. Hier gewinnt eine Mannschaft eindeutig oder die beiden Teams trennen sich unentschieden. Die Abwägung zweier Argumentationen führt dagegen nicht immer zu einem eindeutigen Ergebnis.

Unsere Fußball-Analogie hinkt noch in einer dritten Hinsicht. In einem Fußballspiel besteht ein *Interessenkonflikt*. Beide Seiten wollen gewinnen. Das ist allerdings nur möglich, wenn die jeweils andere Seite verliert. In einem argumentativen Dialog ist das anders. Hier gibt es eine *Interessenübereinstimmung*. Zwar mag es beim Austausch von Argumenten bisweilen heiß hergehen. Aber wenn beide Seiten vernünftig sind, wenn sie also ihren gesunden Menschenverstand walten lassen, dann eint sie ein Ziel:

herauszufinden, welcher Standpunkt besser gerechtfertigt ist. Daher können sich am Ende einer argumentativen Auseinandersetzung normalerweise beide Seiten freuen.

Zusammenfassung

Zusammenfassend lässt sich also festhalten: Sie werden dem ersten Gebot gerecht, indem Sie Ihr Denken in Form von Argumenten strukturieren. Sie ordnen es, indem Sie zunächst Ihre Hauptthese identifizieren, dann Argumente klären, die diese Hauptthese stützen, und sich schließlich einen Überblick über mögliche Gegenargumente verschaffen. Die Argumente und Gegenargumente auf beiden Seiten gilt es dabei abzuwägen, um zu einer übergeordneten Schlussfolgerung zu kommen.

Das zweite Gebot: Denken Sie lückenlos

Das erste Gebot lautet: Bringen Sie Ordnung in Ihr Denken! Sie wissen nun, wie man das Gebot anwendet. Damit sind Sie bereits einen großen Schritt weiter. Aber Ordnung *alleine* reicht nicht aus! Zum gesunden Menschenverstand gehört mehr. Das hat verschiedene Gründe. Ein Grund ist folgender: Auch wenn Sie Ordnung in Ihr Denken gebracht haben, kann es sein, dass Sie immer noch sehr lückenhaft denken. Das zweite Gebot des gesunden Menschenverstands lautet deswegen: Denken Sie lückenlos! In diesem Kapitel möchte ich Ihnen zeigen, wie Sie das tun können.

Zunächst sollten wir aber klären, was es überhaupt bedeutet, lückenlos zu denken. Im Grunde genommen wissen Sie das bereits. Denn im vorherigen Kapitel haben wir ja schon besprochen, wie Ihr logisches Denken strukturiert ist: nämlich in Form von Argumenten. Und wir haben auch besprochen, welche Bestandteile Argumente haben. Sie bestehen aus einem Standpunkt, einer Annahme (oder mehreren Annahmen) und einem Begründungszusammenhang. Sie denken also lückenlos, wenn Sie in Ihrem logischen Denken alle diese Bestandteile vor Ihrem geistigen Auge versammeln. Sie denken lückenlos, wenn jedes Ihrer Argumente einen Standpunkt hat, alle Annahmen beinhaltet,

© Springer-Verlag Berlin Heidelberg 2017
N. Mukerji, *Die 10 Gebote des gesunden Menschenverstands*,
DOI 10.1007/978-3-662-50339-3_2

Abb. 2.1   Das Neun-
Punkte-Problem nach
Scheerer (1963)

die nötig sind, um diesen Standpunkt zu stützen, und wenn
der Begründungszusammenhang zwischen Standpunkt und
Annahmen klar ist. Das zweite Gebot fordert Sie dazu auf,
dies sicherzustellen.

In meinen Schlüsselkompetenzseminaren stelle ich oft
fest, dass das zweite Gebot nicht besonders gut ankommt –
zumindest anfangs. Viele meiner Kursteilnehmer halten es
für überflüssig. Manche denken sogar, es sei „spießig", immer auf Lückenlosigkeit zu bestehen. In vielen Situationen
mag das stimmen. Im Alltag denken wir über vieles, das
wir tun, und über viele Schlüsse, die wir ziehen, überhaupt
nicht nach. Und wir fahren ganz gut damit. Aber es gibt
Situationen, in denen der Grundsatz der Lückenlosigkeit
extrem wichtig ist. Manchmal kommt man nicht weiter,
wenn man nicht gewohnt ist, lückenlos zu denken. Das hat
verschiedene Gründe. Zwei möchte ich Ihnen nennen.

Der erste Grund, warum lückenloses Denken wichtig ist,
kann durch eine Denkaufgabe verdeutlicht werden. Dabei
handelt es sich um das sogenannte Neun-Punkte-Problem
in Abb. 2.1.[1]

---

[1] Vgl. M. Scheerer, „Problem Solving", *Scientific American* 208(4), 1963, S. 118–
128.

Überlegen Sie, ob es möglich ist, ohne den Stift abzusetzen, höchstens vier *gerade* Linien zu ziehen, sodass alle Punkte 1–9 auf mindestens einer Linie liegen.

Wenn Sie das nicht schaffen, dann gehen Sie wahrscheinlich – wie die meisten Menschen – stillschweigend von einer falschen Voraussetzung aus. Sie nehmen an, dass Sie keine Linie ziehen dürfen, die über einzelne Punkte hinausgeht. Aber diese Annahme wird in der Aufgabenstellung gar nicht getroffen. Wenn Sie diese Annahme fallen lassen, dann wird die Lösung der Aufgabe sehr einfach. Sie beginnen dann bei Punkt 1 und ziehen von dort aus eine Linie durch die Punkte 4 und 7. Diese Linie sollte unterhalb von Punkt 7 enden und so lang sein, dass sie von dort aus eine weitere Linie durch die Punkte 8 und 6 ziehen können. Diese zweite Linie sollte auf der Höhe der Punkte 1, 2 und 3 enden. Von dort aus ziehen Sie dann eine dritte Linie durch genau diese Punkte. Damit sind Sie wieder bei Punkt 1 angelangt und haben nur noch die Punkte 5 und 9 nicht miteinander verbunden. Das tun Sie nun mit der vierten Linie und – *voilá!* – das Neun-Punkte-Problem ist gelöst. (Die graphische Lösung finden Sie in Abb. 2.2.)

Warum verdeutlicht diese Denkaufgabe nun die Wichtigkeit des vollständigen Denkens? Weil die Lösung des Problems erst möglich wird, wenn Sie eine stillschweigende Annahme über Bord werfen. Um das zu tun, müssen Sie diese Annahme aber zunächst in Ihrem Denken *entdecken* und *formulieren*. Erst dann können Sie darüber nachdenken und sie zurückweisen. Wenn Sie unvollständig denken und sich dieser Annahme nicht bewusst sind, dann haben Sie schlechtere Chancen, auf die Lösung zu kommen.

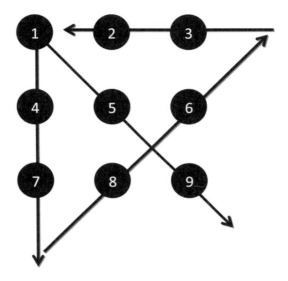

Abb. 2.2 Lösung des Neun-Punkte-Problems mit vier Linien

„Thinking outside the box"

Das Neun-Punkte-Problem ist zugegebenermaßen etwas
künstlich. Und vielleicht fragen Sie sich, was es mit Ihrer
Lebenspraxis zu tun hat. Daher sollte ich betonen, dass
das Neun-Punkte-Problem viele Entsprechungen im Alltag hat und fast überall relevant ist, wo man eine Lösung
für ein hartnäckiges Problem sucht. Oft können Probleme nämlich nur dadurch gelöst werden, dass man – wie
beim Neun-Punkte-Problem – eine bestehende Annahme
revidiert. Im Englischen nennt man diese Vorgehensweise
„thinking outside the box".

Ein Beispiel für einen famosen Erfolg von „thinking outside the box" haben Sie wahrscheinlich gerade in Ihrer Tasche. Erinnern Sie sich noch an die Zeit, in der Smartphones eine externe Tastatur hatten? Mit ihrem *iPhone* hat die Firma Apple dem ein Ende gemacht. Bevor es das iPhone gab, wogen Ingenieure das Für und Wider von großen und kleinen externen Tastaturen ab. Für eine große Tastatur sprach die leichtere Bedienbarkeit. Dagegen sprach, dass eine große Tastatur ein Mobiltelefon klobiger macht. Diese Abwägung basierte auf der Annahme, dass man überhaupt eine externe Tastatur braucht. Die Entwickler bei Apple erfassten das Problem vollständig und übten sich dann in „thinking outside the box". Sie formulierten die entscheidende Annahme, revidierten sie und entwarfen so das erste Mobiltelefon, das eine ein- und ausblendbare Tastatur auf dem Touchscreen enthielt.

Lückenlosigkeit in der zwischenmenschlichen Kommunikation

Auch im zwischenmenschlichen Bereich kann vollständiges Denken helfen. Das macht folgender Dialog zwischen den beiden Parteispezis Hinz und Kunz klar. Stellen wir uns eine Szene vor, in der sich die beiden darüber unterhalten, ob der amtierende Bürgermeister Meier wieder für die Bürgermeisterwahl aufgestellt werden soll.

Hinz: „Also ich versteh das ganze Gerede nicht. Der Meier war doch jetzt schon so lange Bürgermeister."

Kunz: „Genau, du sagst es. Es wird Zeit, dass ein Neuer herkommt!"

Hinz: „Geh, Schmarrn! Was redst denn du?! Hast du mir ned zugehört?"

Hinz: „Ja doch – freilich! Du hast es ja grad auf den Punkt gebracht: Der Meier hat's schon lang genug gemacht. Wir brauchen endlich einen Neuen!"

Hinz und Kunz reden offenbar aneinander vorbei. Wahrscheinlich denkt jeder von beiden, dass der andere Schwachsinn redet und es einfach „ned blickt!" Eine Einigung zwischen den beiden Streithammeln ist auf diese Weise praktisch ausgeschlossen. Aber das müsste nicht so sein. Es würde ausreichen, wenn zumindest einer der beiden auf Lückenlosigkeit achtete. Es wäre genug, wenn einer von ihnen fragte, von welchen unausgesprochenen Annahmen er in seinem Denken ausgeht und ob bzw. wie sich diese Annahmen von denen des anderen unterscheiden.

Hinz könnte z. B. folgenden Einwurf machen:

Hinz: „Ah, schau her Spezi! Jetzt seh ich, wo wir unterschiedlicher Meinung sind. Du denkst offensichtlich, dass ein Bürgermeister abgelöst werden sollte, wenn er schon lange Zeit im Amt war. Ich bin da anderer Ansicht. Mir ist Erfahrung wichtig. Und die hat der Meier!"

Nach dieser Feststellung ist es vollstellbar, dass das Gespräch zwischen Hinz und Kunz sachorientiert und produktiv weitergeführt werden kann. Kunz könnte z. B. Folgendes sagen:

Kunz: „Gut, jetzt seh ich auch, warum du an dem Meier hängst. Versteh mich nicht falsch. Mir ist Erfahrung auch wichtig. Und die hat der Meier – keine Frage! Aber du darfst nicht vergessen, dass einer, der schon so lange Bürgermeister ist, irgendwann keine neuen Ideen mehr hat. Und ich denke, dieser Punkt wiegt hier schwerer. Deswegen wär's gut, wenn ein anderer den Job machen würde."

Hoffentlich konnte ich Ihnen durch diese Beispiele verdeutlichen, wie wichtig Lückenlosigkeit im Denken ist – sowohl bei der Entwicklung von Problemlösungsstrategien als auch in der zwischenmenschlichen Kommunikation. Schließlich wäre noch zu klären, wie Sie Ihre Fähigkeit, lückenlos zu denken, schärfen können. Dazu möchte ich Ihnen drei Tipps geben. Ich möchte Ihnen raten, die Mögliche-Welten-Technik anzuwenden, auf Signalfragen zu achten und das Prinzip der wohlwollenden Interpretation einzuhalten.

Die Mögliche-Welten-Technik

Tipp 5: Wenden Sie die „Mögliche-Welten-Technik" an.

Die Mögliche-Welten-Technik heißt, wie sie heißt, weil sie ein wenig *Vorstellungsvermögen* verlangt. Sie sollen sich nämlich eine mögliche Welt vorstellen, die anders ist als die unsere. Dabei gehen Sie wie folgt vor:

1. Identifizieren Sie zunächst einen Standpunkt, den Sie durchdenken wollen.
2. Schreiben Sie dann alle Annahmen auf, die aus Ihrer Sicht für diesen Standpunkt sprechen.
3. Fragen Sie sich in einem dritten Schritt: Gibt es eine mögliche Welt, in der alle meine Annahmen richtig sind, mein Standpunkt aber trotzdem falsch ist? Wie würde diese Welt genau aussehen?

Mit der Mögliche-Welten-Technik können Sie Lücken und unausgesprochene Annahmen in Ihrem Denken aufdecken und überdenken.[2] Betrachten wir anhand des Beispiels vom iPhone, wie das funktionieren könnte.

Versetzen wir uns in die Lage der Entwickler bei Apple, bevor das iPhone erfunden wurde. Wir wollen ein innovatives, benutzerfreundliches Mobiltelefon bauen. Es soll nicht klobig sein, aber auch gut bedienbar. Wir glauben aber, dass gute Bedienbarkeit und Klobigkeit sich gegenseitig bedingen. Warum eigentlich? Wahrscheinlich gehen uns folgende Annahmen durch den Kopf:

> „Wenn ein Telefon eine große externe Tastatur hat, dann erleichtert dies die Dateneingabe, was zu begrüßen ist. Allerdings ist es dann auch klobiger, was nicht so gut ist."

---

[2] Außerdem können Sie damit logische Fehler entdecken. Auf diesen Punkt werden wir noch in Kap. 6 eingehen.

So gelangen wir zu folgender Überzeugung:

„Ein Mobiltelefon ist umso klobiger, je einfacher sich die Dateneingabe gestaltet."

Letzteres ist unser Standpunkt.

Nun stellen wir uns vor, dass die Annahmen, die wir gerade getroffen haben, um unseren Standpunkt zu begründen, wahr sind, wir aber in einer Welt leben, in der unser Standpunkt trotzdem falsch ist. Wie müsste diese Welt aussehen?

Mit dem Wissen, das wir heute haben, ist es natürlich einfach, diese Frage zu beantworten. Denn wir müssen uns ja nur die tatsächliche Welt vorstellen: Ja, es kann sein, dass Mobiltelefone mit großen externen Tastaturen leichter zu bedienen sind. Und ja, es kann sein, dass Mobiltelefone mit großen externen Tastaturen klobiger sind. Aber es muss nicht so sein, dass bedienerfreundliche Mobiltelefone klobiger sind. Denn es könnte ja sein, dass es außer einer großen externen Tastatur noch eine andere Möglichkeit gibt, um die Dateneingabe an einem Mobiltelefon zu erleichtern. Nur wenn wir annehmen, dass eine große externe Tastatur der *einzige* Weg ist, um Bedienerfreundlichkeit sicherzustellen, können wir begründet glauben, dass bedienerfreundliche Mobiltelefone klobiger sind. Sobald wir diese Annahme ausgesprochen haben, ist unser Denken lückenlos. Dann ist nicht mehr vorstellbar, dass unser Standpunkt falsch ist, obwohl alle getroffenen Annahmen wahr sind.

Nun haben wir alle Annahmen vor unserem geistigen Auge und können damit arbeiten. Wir können fragen, ob eine große externe Tastatur wirklich den *einzigen* Weg dar-stellt, um Bedienerfreundlichkeit zu gewährleisten. Und falls nicht, können wir fragen, wie ein alternativer Ansatz aussehen könnte. Schauen Sie sich Ihr Smartphone an. Da finden Sie die Lösung!

Signalfragen

Tipp 6: Achten Sie auf Signalfragen.

Tipp 6 kann Ihnen ebenso helfen, Ihr Denken lückenlos zu machen. Aber Sie können ihn nur anwenden, wenn Sie gewissermaßen laut nachdenken und Sie dabei mindestens einen Zuhörer haben. Denn dieser Tipp ist für *Gesprächssituationen* gedacht. Hier sollten Sie sich den Vorteil zunutze machen, dass es auch andere Menschen gibt, die denken können und die gerne bereit sind, Ihnen einen Teil Ihrer Arbeit abzunehmen. Solche Mitmenschen werden Ihnen oft Fragen wie die folgenden stellen:

Signalfrage 1: „Worauf willst Du eigentlich hinaus?"
Signalfrage 2: „Wo ist denn da die Begründung?"
Signalfrage 3: „Was ist denn das für eine Logik?"

Warum hilft Ihnen das? Weil Sie mithilfe dieser Fragen oft feststellen können, wo in Ihrem Denken eine Lücke klafft.

Nehmen wir z. B. Signalfrage 1 („Worauf willst Du eigentlich hinaus?"). Mit dieser Frage hebt die fragende Person wahrscheinlich auf Ihren Standpunkt ab. Irgendetwas stimmt damit nicht. Vielleicht ist er schlecht formuliert. Vielleicht ist er zu vage. Vielleicht ist er aber auch gar nicht erkennbar. In diesem Fall sollten Sie sich an die Arbeit machen und noch einmal nachdenken. Sie sollten sich fragen:

„Was ist eigentlich mein Standpunkt?"

und

„Wie kann ich diesen Standpunkt *klar* und *präzise* formulieren?"[3]

Fragen wie Signalfrage 2 („Wo ist denn da die Begründung?") lassen meist darauf schließen, dass etwas mit den Annahmen in Ihrem Denken nicht stimmt. Wenn Sie solche Fragen hören, dann kann dies ein Indiz dafür sein, dass Sie weitere Annahmen treffen müssen, um Ihre Standpunkte zu rechtfertigen, sonst erscheinen diese unbegründet. Außerdem könnte Ihr Gesprächspartner den Begründungszusammenhang als problematisch empfinden. Schließlich ist der Begründungszusammenhang auch Teil der Begründung.

Signalfrage 3 („Was ist denn das für eine Logik?") hebt offensichtlich auf den Begründungszusammenhang ab. Wenn

---

[3] Auf die Begriffe der Klarheit und Präzision werden wir in Kap. 5 noch genauer eingehen.

Sie diese Frage (oder etwas Ähnliches) hören, dann kann
es sein, dass etwas mit dem Begründungszusammenhang
nicht stimmt. Sie haben zwar einen erkennbaren Standpunkt formuliert und Sie geben auch Annahmen an, die
diesen Standpunkt stützen sollen. Aber es ist für Ihren Gesprächspartner nicht nachvollziehbar, wie das eine mit dem
anderen zusammenhängt. Wenn Sie den Eindruck haben,
dass Ihr Gesprächspartner nicht einfach unaufmerksam
war, dann könnte es sich für Sie lohnen, den Begründungszusammenhang zu klären und hier eine mögliche Lücke in
Ihrem Denken zu schließen.

Das Prinzip der wohlwollenden Interpretation

> Tipp 7: Wenden Sie das Prinzip der wohlwollenden Interpreta-
> tion an.[4]

Tipp 7 ist für Situationen gedacht, in denen Sie „mitden-
ken", während eine andere Person gewissermaßen „vor-
denkt." Es geht also um Situationen, in denen Sie entweder

- einen *Text lesen*, den eine andere Person geschrieben hat,
  oder
- einer anderen Person *zuhören*.

---

[4] Meines Wissens wurde das Prinzip der wohlwollenden Interpretation (engl.:
„principle of charity") erstmals erwähnt in N. L. Wilson, „Substances without
Substrata", *The Review of Metaphysics*, 12(4), 1959, S. 521–539 [S. 532].

Auch in solchen Situationen sollten Sie auf Lückenlosigkeit achten. Allerdings geht es hier um Lückenlosigkeit bei der *Interpretation*. Auf diese Weise stellen Sie sicher, dass Sie den Autor des Textes bzw. Ihren Gesprächspartner wirklich verstehen.

Das ist nicht immer leicht. Denn die meisten Menschen schreiben und (sprech-)denken nicht lückenlos. In normalen Gesprächssituationen treffen wir kaum Argumente in Reinform an, die wir einfach ablesen können. Unsere Gesprächspartner verwenden selten Formulierungen wie:

- „Das ist meine Annahme: …"
- „Der Standpunkt, auf den ich hinaus will, ist folgender: …"
- „Der Begründungszusammenhang, den ich hier im Sinn habe, sieht so aus: …"

Sie sprechen einfach. Und es ist unsere Aufgabe herauszufinden, was zum Standpunkt gehört, was eine Annahme darstellt und was eine Erklärung des Begründungszusammenhangs darstellen könnte. Indem wir das tun, *unterstellen* wir unseren Gesprächspartnern, dass Sie ein bestimmtes Argument vorbringen. Es ist wichtig einzusehen, dass wir dabei auch *Fehler* machen können. Sie sollten also nicht vorschnell davon ausgehen, dass Sie verstanden haben, worauf Ihr Gesprächspartner hinaus will. Vielmehr sollten Sie sich stets versichern, ob Ihre Interpretation richtig ist.

Wir haben gerade im Zusammenhang mit Tipp 6 über *Signalfragen* gesprochen. Diese können Sie natürlich auch aktiv nutzen, indem Sie sie Ihrem Gesprächspartner bei gegebenem Anlass stellen.

Oft ist es jedoch nicht möglich, eine Rückfrage zu stellen. Stellen Sie sich beispielsweise vor, Sie sind in einer Besprechung. Auf der Agenda steht die Anfrage eines Mitarbeiters, der eine Änderung im Betriebsablauf vorschlägt und dafür Gründe nennt. Wenn der entsprechende Mitarbeiter nicht vor Ort ist und aus seiner E-Mail nicht eindeutig hervorgeht, was genau sein Argument ist, dann müssen sie eventuell Teile seines Arguments *sinnvoll* ergänzen. Jetzt wird Tipp 7 relevant. Er gibt Ihnen einen Hinweis darauf, wie Sie das tun sollten: Sie sollten das Prinzip der wohlwollenden Interpretation (engl.: *„principle of charity"*) anwenden. Was hat es damit auf sich?

Das Prinzip der wohlwollenden Interpretation verlangt, dass Sie fehlende Teile des Arguments ergänzen, indem Sie Ihrem Gesprächspartner unterstellen, er wolle einen *sinnvollen* und *gut gemeinten Beitrag zur Diskussion* liefern. Sie sollten – anders formuliert – nicht davon ausgehen, dass Ihr Gesprächspartner mit dem, was er sagt, etwas Schwachsinniges meint oder einfach nur einen zynischen Einwurf machen wollte – zumindest dann nicht, wenn Sie keine eindeutigen Anhaltspunkte dafür haben. Täten Sie das, dann würden Sie damit ein *Strohmann-Argument* aufbauen.[5] Das bedeutet, Sie würden die Position Ihres Gesprächspartners bewusst schwächer darstellen, als sie eigentlich ist.

Ein Wort der Erklärung ist vielleicht angebracht. In meinen Kursen zur logischen Argumentation stelle ich öfters fest, dass das Prinzip der wohlwollenden Interpretation als problematisch empfunden wird. Viele Kursteilnehmer neh-

---

[5] Damit würden Sie einen Irrelevanz-Fehlschluss begehen. Darauf werden wir in Kap. 8 noch genauer eingehen.

men an, das Prinzip erfordere von uns, dass wir unserem Gesprächspartner weitestgehend entgegenkommen und damit unsere eigene Position aufgeben. Das ist nicht gemeint. Das Prinzip verlangt lediglich, dass wir unseren Gesprächspartner ernst nehmen und ihm Vernunft und Einigungswillen unterstellen – nicht mehr und nicht weniger.

Zusammenfassung

In diesem Kapitel besprachen wir das zweite Gebot des gesunden Menschenverstands, das Lückenlosigkeit im Denken erfordert. Wir stellten zunächst klar, warum Lückenlosigkeit überhaupt wichtig ist. Dafür nannte ich zwei Gründe. Ich wies erstens darauf hin, dass lückenloses Denken in vielen Situationen nötig ist, um Probleme zu lösen. Und ich sagte zweitens, dass sich durch lückenloses Denken zwischenmenschliche Missverständnisse vermeiden lassen. Danach gab ich Ihnen drei praktische Tipps für jeweils unterschiedliche Situationen, mit denen Sie Lücken in Ihrem Denken schließen können. Ich brachte Ihnen die Mögliche-Welten-Technik näher, die Signalfragentechnik und das Prinzip der wohlwollenden Interpretation.

Das dritte Gebot: Treffen Sie glaubwürdige Annahmen

Haben Sie schon einmal von dem französischen Philosophen René Descartes (1596–1650) gehört? Mit ihm verbindet sich der Ausspruch:

„Cogito ergo sum" („Ich denke, also bin ich.")

Was hat es damit auf sich?

Descartes hatte sich vorgenommen, ein Fundament für unser Wissen zu finden, an dem sich nicht zweifeln ließe. Er wollte die logische Grundlage unseres Wissens entdecken und damit sicherstellen, dass wir das, was wir glauben, auch begründet glauben *dürfen*.

Nach Descartes ist das sichere Fundament (lat.: „fundamentum inconcussum"), auf dem all unser Wissen ruht, der Umstand, dass wir *denken*. Die Logik dahinter: Wir können leicht feststellen, dass wir denken. Zwar wissen wir nicht, ob der Inhalt unseres Denkens nur ein Hirngespinst ist. Wir wissen nur, *dass* wir denken. Daraus aber lässt sich zumindest eines ableiten, nämlich, dass wir selbst existieren. Denn wenn wir denken, dann *müssen* wir ja existieren. Wer würde sonst als Denker unserer Gedanken infrage kommen? An dieser Einsicht, so Descartes, ließe sich unmöglich zweifeln.

© Springer-Verlag Berlin Heidelberg 2017
N. Mukerji, *Die 10 Gebote des gesunden Menschenverstands*,
DOI 10.1007/978-3-662-50339-3_3

Wenn man nun auch noch zeigen könnte, dass sich all unser Wissen über Gott und die Welt aus dieser einen Annahme herleiten lässt, dann wäre dieses Wissen auf eine sichere Grundlage gestellt.[1]

Descartes' Versuch, unserem Wissen ein sicheres Fundament zu geben, gilt heute als gescheitert. Dennoch sind Descartes' Gedanken nicht nur aus philosophiehistorischer Sicht interessant. Sie geben uns einen Anhaltspunkt, wie wir unsere Denkpraxis verbessern können. Sie geben uns Aufschluss über ein weiteres Gebot des gesunden Menschenverstands.

Wir haben uns in den ersten beiden Kapiteln damit befasst, wie man sein Denken ordnen und es lückenlos gestalten kann. Aber auch derjenige, der ordentlich und lückenlos denkt, kann dabei viele Fehler machen, denn ordentliches, lückenloses Denken kann von völlig unglaubwürdigen Annahmen ausgehen. Und das überträgt sich natürlich auf die Schlussfolgerungen, die aus ihnen gezogen werden. Diese sind dann auch unglaubwürdig. Informatiker haben dafür einen einprägsamen Ausdruck: *GIGO*. Das steht für:

„garbage in, garbage out!",

wobei „garbage" so viel bedeutet wie „Müll, Abfall". Wir sollten also sicherstellen, dass unser Denken auf glaubwürdigen Annahmen aufbaut. Es geht nicht darum, absolute Sicherheit herzustellen, wie Descartes dies forderte. Das ist

---

[1] Den Versuch, alles Wissen aus dem „*cogito*" abzuleiten, unternimmt René Descartes in seinen *Meditationes de prima philosophia* (Paris, 1641).

gar nicht möglich.[2] Es geht vielmehr darum, Annahmen zu treffen, die jeweils plausibler sind als die Schlussfolgerungen, die durch diese Annahmen gestützt werden sollen. Dieser Grundsatz ist das dritte Gebot des gesunden Menschenverstands.

Was ist garbage?

Wie aber können Sie feststellen, was glaubwürdig ist und was nicht? Wie können Sie Annahmen, bei denen es sich um *garbage* handelt, von Annahmen unterscheiden, die kein *garbage* sind?

Die Antwort auf diese Frage scheint naheliegend: Achten Sie auf die *Begründung*. Fragen Sie, ob das Argument, das die Annahme stützen soll, plausibel ist.

Wahrscheinlich fällt Ihnen auf, dass hier ein Problem besteht. In der Erkenntnistheorie nennt man es das „Münchhausen-Trilemma".[3] Offensichtlich kann man jedes Argument, das für eine Annahme angeführt wird, in Zweifel ziehen. Zu diesem Zweck braucht man nur zu fragen: „Warum?" Eine Begründung kann also offensichtlich

- nie als abgeschlossen gelten, es sei denn
- sie bleibt bei einem *fundamentalen Grund* stehen, der nicht mehr bezweifelt werden kann (so wie Descartes sich das vorstellte) oder

---

[2] Eine einflussreiche Kritik daran wurde von Ludwig Wittgenstein formuliert. Vgl. L. Wittgenstein, *Über Gewißheit*, Frankfurt, 1984.
[3] H. Albert, *Traktat über kritische Vernunft*, Tübingen, 1968, S. 11–18. Siehe auch M. Williams, *The Problems of Knowledge*, Oxford, 2001, S. 58–68.

- sie dreht sich im *Kreis* (d. h. A wird mit B begründet, B mit C usw., bis man irgendwann wiederum auf A als Grund verweist).

Keine dieser zwei Alternativen scheint attraktiv. Und es ist auch nicht klar, wie wir sie umgehen können, denn anders als der Lügenbaron in seinen Geschichten können wir uns nicht am eigenen Schopf aus dem logischen Schlamm ziehen. Aus philosophischer Sicht handelt es sich hierbei um ein ernsthaftes Problem. Im Folgenden möchte ich diese Schwierigkeit allerdings ausklammern. Mir geht es lediglich darum, Ihnen praktische Hinweise zu geben, mit denen Sie Ihr logisches Denken verbessern können. Und das kann ich auch tun, ohne Ihnen eine Lösung für das Münchhausen-Trilemma anzubieten. Zu diesem Zweck schlage ich vor, dass wir uns eines Tricks bedienen, den man in der Theologie die *via negativa* nennt. Das bedeutet, wir drehen die Frage nach der Plausibilität von Begründungen einfach um. Wir fragen nicht:

„Wann sollten wir eine Annahme für *glaubwürdig* halten?"

Stattdessen fragen wir:

„Wann sollten wir eine Annahme als *unglaubwürdig* einstufen?"

Diese Frage lässt sich leichter beantworten. Denn es gibt eine ganze Reihe von Erwägungen, die Sie anstellen können, um unglaubwürdige Annahmen zu entlarven.[4] Ich möchte nur zwei Regeln herausgreifen, die mir besonders wichtig erscheinen.

Das wissenschaftliche Weltbild

Tipp 8: Glauben Sie nichts, das gesicherten, wissenschaftlichen Erkenntnissen widerspricht.

Mit anderen Worten: Wenn sich eine These oder eine Annahme nicht mit gesicherten, wissenschaftlichen Erkenntnissen in Einklang bringen lässt, dann sollten Sie sie zurückweisen. Das besagt Tipp 8!

Die Rechtfertigung dieses Tipps liegt auf der Hand: Die wissenschaftliche Methode stellt den besten Weg dar, um zu belastbaren Erkenntnissen zu kommen.[5] Das verdeutlichen nicht zuletzt die spektakulären Erfolge wissenschaftlicher Forschungen. Diese haben die Menschheit in die Lage versetzt, Supercomputer zu bauen, Raumschiffe ins All zu schicken oder Gene zu manipulieren. Wissenschaft funktioniert also!

Das ist auch nicht verwunderlich. Der Grund dafür liegt in den *wissenschaftlichen Spielregeln*. Wissenschaftler können nicht alles behaupten, was ihnen einfällt. Sie müssen

---

[4] Der amerikanische Physiker und Wissenschaftskommunikator Carl Sagan (1934–1996) hat diese Liste in seinem Buch *The Demon-Haunted World* (New York, 1996) als „baloney detection kit" bezeichnet.
[5] Eine hilfreiche und leicht verständliche Einführung in das wissenschaftliche Denken geben Bernhard Lauth (*1956) und Jamel Sareiter in ihrem Buch *Wissenschaftliche Erkenntnis* (Paderborn, 2002).

es begründen – und zwar *vernünftig*. Die Vernunft, mit der sie ihre Behauptungen begründen müssen, ist die gleiche, von der wir auch im Alltag sprechen. Der Unterschied zwischen *Alltagsvernunft* und *wissenschaftlicher Vernunft* liegt lediglich in ihrer Anwendung.[6] Während wir im Alltag gerne mal „Fünfe gerade sein lassen" und nicht alles lückenlos durchdenken, gelten in der Wissenschaft sehr hohe Standards, die auch institutionell verankert sind. So wird beispielsweise über die Veröffentlichung wissenschaftlicher Resultate in Fachzeitschriften üblicherweise nach *doppelblinder Begutachtung* entschieden. Das heißt, mindestens ein wissenschaftlicher Gutachter beurteilt, wie gut ein wissenschaftlicher Autor seine Erkenntnisse begründet hat. Dabei darf er nicht wissen, wessen Arbeit er vor sich hat. So wird Voreingenommenheit verhindert. Der Autor darf außerdem nicht wissen, wer der Gutachter ist. Auf diese Weise soll die Möglichkeit der Einflussnahme ausgeschlossen werden. Dieser Prozess soll sicherstellen, dass die wissenschaftlichen Ergebnisse von Nobelpreisträgern prinzipiell genauso kritisch begutachtet werden wie die Ergebnisse weniger renommierter Kollegen. Er soll jeden Wissenschaftler zwingen, die Regeln der Vernunft lückenlos zu beachten. Zumindest ist das der Anspruch. Aus diesem Grund sind Erkenntnisse, die innerhalb der Wissenschaft als gesichert gelten, sehr glaubwürdig. Und es wäre unvernünftig, etwas zu glauben, das ihnen widerspricht.

---

[6] Diese These wurde im Laufe der Philosophie- und Wissenschaftsgeschichte von vielen Autoren vertreten. Eine Erläuterung und Verteidigung jüngeren Datums findet sich in P. Hoyningen-Huene, „Systematicity: The Nature of Science", *Philosophia*, 36, 2008, S. 167–180.

In meinen Lehrveranstaltungen stößt Tipp 8 trotzdem häufig auf Kritik. Meiner Einschätzung nach hat das vor allem die folgenden *zwei Gründe*.

* Wissenschaftliche Laien haben oft den Eindruck, die Wissenschaft ändere ständig ihre Meinung und sei deswegen unzuverlässig.
* Skandale in der Welt der Wissenschaft haben diese in den Augen der Öffentlichkeit diskreditiert.

Um den ersten Grund zu entkräften, sollte ich klarstellen, was Tipp 8 tatsächlich erfordert. Er verlangt nicht, dass Sie jede *wissenschaftliche Hypothese* glauben sollen, zu der ein wissenschaftlicher Fachartikel angefertigt wurde. Einzelne Studien führen nie zu gesicherten wissenschaftlichen Erkenntnissen. Sie stellen nur Hypothesen auf, die sich später häufig als falsch herausstellen.[7] Wenn Wissenschaftler z. B. im Rahmen einer Beobachtungsstudie herausfinden, dass Menschen, die häufig Sport treiben, seltener krank sind, dann lässt sich daraus nicht unbedingt der Schluss ziehen, dass Sport gesund macht.[8] Von einer gesicherten Erkenntnis kann man frühestens dann sprechen, wenn Studienergebnisse von mehreren unabhängigen Wissenschaftlern repliziert, Daten neu erhoben und mehrmals gerechnet wurden. Außerdem sollte die Gesamtheit der verfügbaren Daten klar in eine Richtung weisen. Wer diesen Unterschied zwischen einer Hypothese und einer gesicherten Erkenntnis beachtet,

---

[7] Vgl. J. P. A. Ioannidis, „Why most published research findings are false", *PLOS Medicine* 2(8), 2005, e124.
[8] Dieses Beispiel werden wir in Kap. 9 noch einmal aufgreifen.

sollte nicht den Eindruck haben, die Wissenschaft ändere ständig ihre Meinung.

Exkurs 3.1 Medienberichterstattung ist oft irreführend

Zugegebenermaßen spricht die Medienberichterstattung zu wissenschaftlichen Themen häufig eine andere Sprache. Wer seine Informationen zu wissenschaftlichen Themen durch das Nachrichtenportal seines E-Mail-Anbieters bezieht, der wird systematisch fehlinformiert. Hier wird häufig über einzelne Forschungsresultate berichtet, als handele es sich bei ihnen bereits um gesicherte Erkenntnisse. Hinzu kommt, dass Aussagen von Forschern oft aus dem Zusammenhang gerissen, verallgemeinert, verdreht oder schlicht fingiert werden. Der Mediziner und Sachbuchautor Ben Goldacre gibt auf seiner Website www.badscience.net (abgerufen am 30.06.2015) viele Beispiele für die Verzerrung von Forschungsresultaten durch die Medien. Im deutschen Sprachraum hat die Website www.medien-doktor.de in diesem Zusammenhang interessante Beiträge geleistet.

Dagegen könnte man allerdings geltend machen, dass sich im Laufe der Wissenschaftsgeschichte auch vermeintlich gesicherte Erkenntnisse als falsch herausgestellt haben. Aber das war fast nie der Fall. Zwar ändern sich wissenschaftliche Theorien. Aber das bedeutet nicht, dass die Erkenntnisse alter Theorien verloren gehen. Wenn eine ehemals akzeptierte Theorie durch eine andere ersetzt wird, dann widerlegt die neue Theorie nicht die Erkenntnisse der alten. Sie erklärt vielmehr, warum die alte Theorie in bestimmten Fällen erfolgreich war und warum sie in anderen Fällen scheitert. Darin – und nicht in der Widerlegung früherer Erkenntnisse – besteht wissenschaftlicher Fortschritt. Wissenschaftliche Erkenntnisse bleiben also auch dann erhalten, wenn sich die Theorien ändern.

Exkurs 3.2 Hat Einstein die Theorie von Newton widerlegt?

Der Übergang von der Newton'schen Mechanik zur Relativitätstheorie Einsteins stellt einen „paradigmatischen Fall einer ‚wissenschaftlichen Revolution'"[9] dar. Viele Menschen glauben, Albert Einstein (1879–1955) habe mit seiner Relativitätstheorie die physikalische Lehre Issac Newtons (1642–1726) widerlegt. Das ist aber – wenn überhaupt – nur sehr eingeschränkt richtig. Vielmehr ist die Theorie Newtons ein Spezialfall der Einstein'schen Relativitätstheorie. Sie führt unter bestimmten Voraussetzungen zu Vorhersagen, die im Rahmen der Messgenauigkeit nicht von den Vorhersagen der Einstein'schen Theorie zu unterscheiden sind. Und unter diesen Voraussetzungen ist sie heute noch akzeptabel. In anderen Fällen kann sie physikalische Beobachtungen jedoch nicht erklären. Hier liefert die Relativitätstheorie Einsteins eine Erklärung. Diese besteht darin, dass Newtons Theorie bestimmte Größen als konstant annimmt, z. B. die Masse, m, eines Körpers. In der Einstein'schen Theorie setzt sich die Masse eines Körpers dagegen aus zwei Faktoren zusammen, nämlich aus seiner Ruhemasse, m_0, und der Masse, m_K, seiner Bewegungsenergie, E_K. Bei geringen Geschwindigkeiten geht m_K gegen 0, sodass Newtons Theorie annähernd die gleichen Ergebnisse liefert wie die Einsteins. Erst bei großen Geschwindigkeiten ergibt sich eine Differenz. Dies folgt im Übrigen

---

[9] B. Lauth und J. Sareiter [Fußnote 5], S. 141.

unmittelbar aus Einsteins berühmter Formel $E = m \cdot c^2$, die besagt, dass Masse, m, und Energie, E, äquivalent sind. Das gilt insbesondere für die Masse der Bewegungsenergie eines Körpers, m_K, und seine Bewegungsenergie, E_K. Das heißt, es gilt $E_K = m_K \cdot c^2$. Dieser Term lässt sich umformen zu $m_K = \frac{E_K}{c^2}$. Er zeigt, dass die Masse der Bewegungsenergie, m_K, bei normalen Geschwindigkeiten gegen 0 geht, da $\frac{E_K}{c^2}$ bei geringer kinetischer Energie, E_K, gegen 0 geht, sodass die Gesamtmasse eines Körpers annähernd seiner Ruhemasse entspricht.[10]

Der zweite Grund, warum manche Menschen Tipp 8 kritisch gegenüberstehen, liegt in der Beobachtung, dass die wissenschaftliche Praxis nicht immer fehlerfrei funktioniert. Bisweilen kommt es zu Skandalen, die die Wissenschaft diskreditieren. Die Journalisten Diana Löbl und Peter Onneken lieferten kürzlich interessantes Anschauungsmaterial. Sie fertigten eine Diätstudie an, in der sie behaupteten, der Verzehr dunkler Schokolade könne einen Gewichtsverlust bewirken.[11] In ihrer Studie verstießen sie gegen sämtliche Grundsätze guter wissenschaftlicher Praxis. Dennoch gelang es ihnen, sie in einem wissenschaftlichen Fachjournal unterzubringen – den *International Archives of Medicine*. Dieser Fall legt nahe, dass Wissenschaftler Daten bisweilen massieren oder sogar fälschen, ihre Interessenlage Forschungsergebnisse beeinflussen kann und die

---

[10] Eine verständliche und ausführliche Darstellung dieses Sachverhalts findet sich z. B. in W. C. Mih, *The Fascinating Life and Theory of Albert Einstein*, New York, 2000, Kap. 9.

[11] J. Bohannon et al., „Chocolate with high cocoa content as a weight-loss accelerator", *International Archives of Medicine (Section: Endocrinology)*, 8(55), 2015, S. 1–8.

Veröffentlichungsorgane nicht immer dafür sorgen, dass wissenschaftliche Standards auch eingehalten werden.

Aber rechtfertigt dies eine grundsätzliche Wissenschaftsskepsis? Nein. Wer diesen Schluss zieht, schüttet das Kind mit dem Bade aus. Zwar ist der Fall von Löbl und Onneken besorgniserregend. Er illustriert schließlich, dass wissenschaftliche Standards bisweilen zu lax gehandhabt werden, sodass teilweise extrem schlechte Studien veröffentlicht werden. Aber es ist kaum vorstellbar, dass die Hypothese von Löbl und Onneken später zu einer gesicherten, wissenschaftlichen Erkenntnis avanciert wäre. Dazu hätten unabhängige Forscherteams ihre Experimente wiederholen, Daten neu ermitteln, neu durchrechnen und zu denselben Ergebnissen kommen müssen. Spätestens hier wäre der Spuk aufgeflogen.

Zusammenfassend lässt sich festhalten, dass die wissenschaftliche Vorgehensweise das beste Mittel ist, um zu belastbaren Erkenntnissen zu kommen. Grundsätzlich an ihr zu zweifeln, wäre unvernünftig! Das bedeutet aber nicht, dass man alle wissenschaftlichen Hypothesen glauben sollte, die durch wissenschaftliche Studien bestätigt wurden. Vielmehr legen die gerade besprochenen Punkte einen kritischen Umgang mit wissenschaftlichen Resultaten nahe – vor allem, wenn diese den Weg über die mediale Flüsterpost genommen haben. Viele erfolgversprechende Forschungshypothesen stellen sich später als falsch heraus. Was bleibt, ist ein geteiltes *wissenschaftliches Weltbild*. Es setzt sich aus grundlegenden Erkenntnissen zusammen, über die Wissenschaftler nicht mehr streiten. Und der gesunde Menschenverstand erfordert, dass man diese Dinge glaubt. Hierzu gehört etwa, dass

- die Erde keine Scheibe ist,
- die Vielfalt der Lebewesen durch einen Prozess von Mutation, Selektion und Vererbung zu erklären ist, den die Biologen „Evolution" nennen,
- ansteckende Krankheiten nicht von schlechtem Karma, sondern von Krankheitserregern verursacht werden,
- das Verhalten materieller Gegenstände nicht magischen Einflüssen folgt, sondern physikalischen Gesetzen usw.

Wenn Sie in Ihrem Denken oder im Denken einer anderen Person auf eine Annahme (oder These) stoßen, die mit Erkenntnissen wie diesen nicht in Einklang zu bringen ist, dann sollten Sie sie zurückweisen. Das sagt Ihnen Tipp 8.

Exkurs 3.3 Wissenschaftliche Tatsachen

Alle diese wissenschaftlich erwiesenen Tatsachen werden zumindest von einigen Menschen in Zweifel gezogen. Von Mitgliedern der „Flat Earth Society" (http://www.theflatearthsociety.org, abgerufen am 21.12.2014) wird noch immer die These vertreten, dass die Erde keine Kugel, sondern eine Scheibe ist. Das „Creation Museum" (http://creationmuseum.org, abgerufen am 21.12.2014) in Petersburg (Kentucky, USA) verbreitet die Auffassung, dass die Erde 6000–10.000 Jahre alt ist. Einflussreiche afrikanische Politiker bestreiten, dass das HI-Virus die Immunschwächekrankheit AIDS auslöst.[12] Und der Glaube an magische Einflüsse spiegelt sich etwa im Erfolg des deutschen Spartensenders Astro TV wider. Laut Bundesanzeiger generierte das Betreiberunternehmen Questico AG alleine im Geschäftsjahr 2010 ein Umsatzvolumen von ca. 68 Millionen Euro.

---

[12] Vgl. N. Nattrass, *Mortal Combat – AIDS Denialism and the Struggle for Antiretrovirals in South Africa*, Durban, 2007.

Das mag sich trivial anhören. Aber wie wir gleich feststellen werden, verstoßen viele Menschen geradezu routinemäßig gegen Tipp 8. Ein Beispiel dafür, aus dem sich Einiges lernen lässt, ist der weit verbreitete Glaube an die Heilkräfte der *Homöopathie*. Sowohl aktuelle Umsatzzahlen als auch Daten zur Meinungsforschung legen nahe, dass die Homöopathie in Deutschland auf dem Vormarsch ist. Während im Jahre 2011 noch 296,1 Millionen Euro für die homöopathische Selbstmedikation ausgegeben wurden, waren es nach Auskunft des Statistikportals *Statista* im Jahr 2013 bereits 386,3 Millionen Euro. Nach einer aktuellen Umfrage des *Instituts für Demoskopie Allensbach (IfD)*[13] haben bis zum Jahr 2014 60 % aller Deutschen bereits homöopathische Mittel eingenommen. Weitere 28 % werden als „mögliche Verwender" eingestuft. Nur 12 % sind grundsätzlich skeptisch, sodass mit weiteren Zuwächsen bei der Verwendung von homöopathischen Mitteln zu rechnen ist. Interessanterweise zählen Menschen mit „höherer Schulbildung" mit höherer Wahrscheinlichkeit zu den „überzeugten Verwendern". Das ist verblüffend, denn ein Glaube an die Homöopathie ist mit unserem wissenschaftlichen Weltbild unvereinbar. Viele Menschen glauben trotzdem daran. Das hat meiner Einschätzung nach vor allem zwei Gründe: *mangelndes Wissen* und *mangelnde Urteilskraft*.

Nach einer bevölkerungsrepräsentativen Befragung des IfD aus dem Jahr 2009 konnten nur 17 % der Befragten zutreffend erklären, was Homöopathie eigentlich ist. Viele verwechselten sie etwa mit der *Naturheilkunde*. Dabei ba-

---

[13] https://www.bah-bonn.de/presse-und-publikationen/pressemitteilungen/artikel/repraesentative-befragung-immer-mehr-menschen-nehmen-homoeopathika (abgerufen am 21.12.2014).

siert die Homöopathie im Kern auf nur *zwei Grundsätzen*, die sich in etwa einer Minute erklären lassen.[14]

Das erste ist das *Ähnlichkeitsprinzip*. Es lautet „similia similibus curentur“: *Ähnliches möge mit Ähnlichem geheilt werden.* Um etwa Kopfschmerzen zu heilen, sollen Substanzen verwendet werden, die bei gesunden Probanden Kopfschmerzen verursachen würden. Um einen juckenden Hautausschlag zu heilen, sollen Substanzen verwendet werden, die bei einem gesunden Menschen einen solchen Hautausschlag hervorrufen würden. Und um seelische Blockaden zu lockern, soll man eine Substanz verwenden, die eine seelische Blockade auslösen würde, z. B. „Murus Berlinensis“, die Berliner Mauer.[15]

Der zweite Grundsatz ist der *Grundsatz der Potenzierung*. Eine gegebene Wirksubstanz wird mit einer Trägersubstanz Schritt für Schritt verdünnt – meist in den Verdünnungsschritten 1:10 (bei D-Potenzen) oder 1:100 (bei C-Potenzen). In der Regel handelt es sich bei der Trägersubstanz um Wasser oder Milchzucker. Man spricht daher – je nach Substanz – von „Verschütteln“ oder „Verreiben“.

Bei den meisten homöopathischen Mitteln geht die Verdünnung so weit, dass letztlich *kein einziges Molekül der Wirksubstanz* mehr im fertigen „Medikament“ enthalten ist. Dennoch glauben Homöopathen, die Wirkung bleibe

---

[14] Beide Grundsätze gehen auf Arbeiten des deutschen Arztes Samuel Hahnemann (1755–1843) zurück, der sie in seiner Hauptschrift *Organon der rationellen Heilkunde* (Dresden, 1810) niederlegte.

[15] Das ist kein Witz! Vgl. C. Rietz, „Mauertropfen, dreimal täglich“, *DIE ZEIT*, 46/2009. Online-Version verfügbar unter: http://www.zeit.de/2009/46/WOS-Mauermittel (abgerufen am 24.06.2015). *Murus Berlinensis* wird von der englischen Firma Helios unter http://www.helios.co.uk/shop/berlin-wall vertrieben (abgerufen am 24.06.2015).

erhalten. In der Tat behaupten sie, die Potenzierung eines Wirkstoffs führe zu einem noch *größeren Effekt*.

Sieht man einmal davon ab, dass sich diese Behauptung empirisch nicht belegen lässt,[16] dann ist sie schon deswegen bizarr, weil sie sich nicht in unser naturwissenschaftliches Weltbild integrieren lässt. Denn „[w]enn die Homöopathie zuträfe, müsste ein Großteil der naturwissenschaftlichen Gesetze ungültig sein",[17] wie der Philosoph Julian Nida-Rümelin feststellt. Dies wird übrigens selbst vom Deutschen Zentralverein homöopathischer Ärzte (DZVhÄ) nicht bestritten.[18]

Die meisten Menschen würden sich wahrscheinlich von der Homöopathie abwenden, wenn sie wüssten, dass homöopathische Mittel in der Regel keine Wirkstoffe enthalten. Aber nicht alle würden das tun. Denn in Befragungen überstieg die Anzahl derjenigen Personen, die treffend erklären konnten, was Homöopathie ist, die Anzahl der Homöopathie-Skeptiker. Das bedeutet, es gibt Menschen, die an die Homöopathie glauben – und dies gewissermaßen *wi-*

---

[16] Hilfreiche und verständliche Überblicke über die Forschungslage geben z. B. Simon Singh und Edzard Ernst in ihrem Buch *Trick or Treatment – Alternative Medicine on Trial* (London, 2008, S. 91–144) und Ben Goldacre in *Bad Science* (London, 2008, S. 28–62).

[17] J. Nida-Rümelin, *Die Optimierungsfalle*, München, 2011, S. 140. Vgl. hierzu auch N. Grams, *Homöopathie neu gedacht*, Heidelberg, 2015, S. 69.

[18] Dies räumt der DZVhÄ in einer Rezension zu N. Grams (Fußnote 17) auf seiner eigenen Website ein. Dass Homöopathie den Naturgesetzen widerspricht, sei „[e]ine Tatsache, die jedem Arzt spätestens dann bekannt ist, wenn er eine ‚Weiterbildung Homöopathie' beginnt, die mit der Vergabe der ‚Zusatzbezeichnung Homöopathie' durch die Ärztekammer oder der Verleihung des ‚Homöopathie-Diploms' durch den Deutschen Zentralverein homöopathischer Ärzte (DZVhÄ) abgeschlossen wird". (http://goo.gl/jA288D, abgerufen am 08.08.2015).

der besseren Wissens. Für Julian Nida-Rümelin ist dies ein „Zeichen für fehlende Urteilskraft".[19]

Die Analyse des Homöopathie-Beispiels macht also deutlich, dass es nicht ganz leicht ist, Tipp 8 zu meistern. Er erfordert nicht nur ein *Mindestmaß an wissenschaftlicher Grundbildung*, sondern auch die Fähigkeit der *Urteilskraft*. Deswegen schließen sich Tipps 8.1 und 8.2 an Tipp 8 an:

Tipp 8.1: Finden Sie heraus, was die Wissenschaft sagt.

Egal über welches Thema Sie gerade nachdenken, es wurde wahrscheinlich wissenschaftlich studiert. Das bedeutet, dass wahrscheinlich wissenschaftliche *Erkenntnisse* vorliegen, *die als gesichert oder annähernd gesichert gelten können.* Diese können Ihnen helfen, Ihr Denken auf Plausibilität zu prüfen. In Zeiten des Internets ist das überhaupt kein Problem. Denn üblicherweise reicht bereits eine kurze Recherche auf *Wikipedia* aus, um sich einen groben Überblick über die wissenschaftliche Forschung in einem Themenbereich zu verschaffen.

Tipp 8.2: Schärfen Sie Ihre Urteilskraft.

Um aus wissenschaftlichen Erkenntnissen Kapital für Ihr Denken zu schlagen, sollten Sie außerdem Ihre Urteilskraft

---

[19] J. Nida-Rümelin (Fußnote 17), S. 138.

trainieren. Das tun Sie, indem Sie regelmäßig die *Plausibilitätsfrage* stellen. Fragen Sie sich, ob sich Ihre Sichtweise mit dem vereinbaren lässt, was Wissenschaftler im entsprechenden Themenbereich sagen.

Ockhams Rasiermesser

Tipp 8 fordert Sie dazu auf, wissenschaftliche *Erkenntnisse* zu verwenden, um Ihre Annahmen auf Glaubwürdigkeit zu prüfen. Zusätzlich können Sie bestimmte *Methoden* verwenden, die in der Wissenschaft häufig benutzt werden. Mit Tipp 9 möchte ich Ihnen eine solche Methode empfehlen.

Tipp 9: Wenden Sie Ockhams Rasiermesser an.

Ockhams Rasiermesser ist ein Kriterium, mit dem Wissenschaftler ihre Theorien beurteilen. Es besagt, dass von zwei Theorien, die beide eine gegebene Menge von Daten gleich gut erklären, die *einfachere* vorzuziehen ist.

Exkurs 3.4 Ockhams Rasiermesser

Ockhams Rasiermesser ist benannt nach dem mittelalterlichen Theologen und Philosophen Wilhelm von Ockham (1287–1347). Allerdings lässt sich eine explizite Formulierung des Grundsatzes in Ockhams Texten überhaupt nicht finden.[20] Eine Version des Prinzips findet sich z. B. beim Physiker und Mathematiker Isaac Newton (1642–1726), der sagt: „We are to admit no more causes of natural things than such as are both true and sufficient to explain their appearances."[21]

Um zu verstehen, was mit Ockhams Rasiermesser genau gemeint ist, versetzen Sie sich in die Lage des kleinen Moritz. Der Nikolaus wird gleich kommen und Moritz freut sich schon darauf, dass er ein schönes Geschenk von ihm bekommen wird. Als der Nikolaus endlich kommt, fragt er Moritz, ob dieser auch brav gewesen sei – was Moritz natürlich eifrig bejaht. Dann gibt der Nikolaus Moritz sein Geschenk – und der freut sich! Moritz bekommt genau das, was er haben wollte.

Aber wie kann das sein? Anders als im vergangenen Jahr hat Moritz dem Nikolaus gar keinen Brief geschrieben. Diesmal hat er nur seinem Großvater gesagt, was er gerne als Geschenk hätte. Außerdem fällt ihm auf, dass der Nikolaus genau aussieht wie der Opa – nur mit einem angepappten Bart. Und er redet auch sehr ähnlich – wenn auch etwas künstlicher.

Moritz dämmert, dass da was nicht stimmt. Er stellt zwei Theorien auf.

---

[20] Vgl. P. V. Spade und C. Panaccio, „William of Ockham", in: E. N. Zalta (Hrsg.), *The Stanford Encyclopedia of Philosophy* (Herbst 2011), Online-Version verfügbar unter: http://stanford.io/1Llm1CE (abgerufen am 17.06.2015).
[21] I. Newton, *Mathematical Principles of Natural Philosophy*, Berkeley/Los Angeles, 1687/1934, S. 398.

lateinisch: „*ad hoc*" – eine neue Annahme einzuführen. Nur so kann er vermeiden, dass Theorie A widerlegt wird. Keine dieser Annahmen wäre dagegen notwendig, wenn sich der Nikolaus zu Theorie B bekennen und zugeben würde, dass er Moritz' Großvater ist. Moritz kann das feststellen, indem er Theorie B gedanklich mitlaufen lässt. Er kann alle Fragen, die er dem Nikolaus stellt, aus Sicht von Theorie B beantworten und jeweils vergleichen, ob Theorie A oder Theorie B auf mehr Ad-hoc-Annahmen angewiesen ist.

> Moritz: „Lieber Nikolaus, vielen Dank für das schöne Geschenk. Aber woher wusstest du eigentlich, dass ich mir das gewünscht habe?"
>
> Nikolaus: „Das wusste ich von deinem Opa." (Ad-hoc-Annahme 1)
>
> [Moritz denkt: „Oder Theorie B ist richtig und Du *bist* mein Opa."]
>
> Moritz: „Wie hast du das von meinem Opa erfahren?"
>
> Nikolaus: „Wir sind gut befreundet, dein Opa und ich." (Ad-hoc-Annahme 2)
>
> [Moritz denkt: „Oder Theorie B ist richtig und Du *bist* mein Opa."]
>
> Moritz: „Wie kommt es, dass der Opa heute nicht da ist, wo du zu uns kommst."
>
> Nikolaus: „Er hatte heute einen dringenden Termin." (Ad-hoc-Annahme 3)
>
> [Moritz denkt: „Oder Theorie B ist richtig und Du *bist* mein Opa."]

Der Nikolaus legt sich nicht nur auf Theorie A fest, sondern zusätzlich auf die Ad-hoc-Annahmen 1, 2 und 3. Denn ohne diese (oder ähnliche) Annahmen lässt sich Theorie A nicht aufrechterhalten. Die Geschichte, die der Nikolaus vertritt, wirkt damit ziemlich kompliziert und erscheint vergleichsweise unwahrscheinlich. Theorie B dagegen liefert auf jede von Moritz Fragen *eine Antwort*, die *ohne weitere Ad-hoc-Annahmen* auskommt. Sie ist einfacher und erscheint damit wahrscheinlicher als Theorie A.

Wenn der kleine Moritz Ockhams Rasiermesser anwenden kann, dann können Sie das schon lange! Überprüfen Sie zu diesem Zweck Ihr Denken und das Denken anderer auf Ad-hoc-Annahmen. Fragen Sie:

> Könnte es sein, dass diese Annahmen nur getroffen werden, um These XY zu retten?

Und fragen Sie außerdem:

> Gibt es keine einfachere Erklärung, die ohne diese Annahmen auskommt?

Wenn Sie das häufig genug tun, werden Sie einige unglaubwürdige Annahmen in Ihrem Denken und im Denken Ihrer Mitmenschen entdecken.[22]

---

[22] Allerdings ist darauf hinzuweisen, dass Ad-hoc-Annahmen nicht unbedingt falsch sein müssen. So sagt etwa der Philosoph Ansgar Beckermann (*1945): „Ad-Hoc-Hypothesen sind nicht grundsätzlich abzulehnen. Manchmal führen sie in der Wissenschaft tatsächlich zu neuen Erkenntnissen – wie etwa die Hypothese der Existenz von Neutrinos, die Wolfgang Pauli 1930 zur Erklärung des kontinuierlichen Spektrums des Beta-Zerfalls aufstellte." (A. Beckermann, *Glaube*, Berlin, 2013, S. 103).

Zusammenfassung

Auch wenn Sie die ersten beiden Gebote beachten, wenn Sie also Ordnung in Ihr Denken bringen und lückenlos denken, können Sie von unglaubwürdigen Annahmen ausgehen und somit Denkfehler machen. Deswegen erfordert das dritte Gebot des gesunden Menschenverstands, dass Sie glaubwürdige Annahmen treffen. Zu diesem Zweck empfahl ich Ihnen in diesem Kapitel zwei Tipps. Prüfen Sie erstens, ob sich die Begründung der jeweiligen Annahme bzw. die Annahme selbst in unser wissenschaftliches Weltbild integrieren lässt. Und wenden Sie zweitens Ockhams Rasiermesser an. Überprüfen Sie Ihr Denken und das Denken anderer auf Ad-hoc-Annahmen und seien Sie skeptisch, wenn sich Ad-hoc-Annahmen häufen.

Das vierte Gebot: Fragen Sie nach der Beweislast

In der Nacht des 20. März 2003 begann der zweite Irakkrieg. Streitkräfte der „Koalition der Willigen", angeführt von den USA und Großbritannien, bombardierten militärische Ziele in Bagdad. Kurz darauf folgte eine kurze, heftige Bodenoffensive, bis der damalige amerikanische Präsident George W. Bush schließlich am 1. Mai 2003 den Krieg für beendet erklärte – viel zu früh, wie sich bald herausstellen sollte.

Im Vorfeld des Krieges hatten die USA die Weltgemeinschaft vor den militärischen Plänen des Irak gewarnt. Man argumentierte, der Irak besäße Massenvernichtungswaffen. Diese stellten eine Gefahr für uns alle dar und rechtfertigten den geplanten Präventivschlag. Deutschland, das sich militärisch, wirtschaftlich und politisch als enger Partner der USA und Großbritanniens verstand, wollte sich jedoch nicht daran beteiligen. Wie die meisten anderen Länder verweigerte sich Deutschland dem militärischen Einsatz.

Der damalige deutsche Außenminister, Joschka Fischer, brachte die deutsche Position mit nur sechs Worten auf den Punkt. Auf der Münchner Sicherheitskonferenz verwarf er sein vorbereitetes Redemanuskript und sprach frei. Dabei wechselte er immer wieder vom Deutschen ins Englische und sah direkt zum amerikanischen Verteidigungsminis-

© Springer-Verlag Berlin Heidelberg 2017
N. Mukerji, *Die 10 Gebote des gesunden Menschenverstands*,
DOI 10.1007/978-3-662-50339-3_4

ter, Donald Rumsfeld, hinüber: „Excuse me,“ sagte Fischer, „but I'm not convinced!“

Der deutsche Außenminister sprach aus, was viele Menschen dachten. Wenn man für einen militärischen Erstschlag gegen ein anderes Land argumentiert, wenn man für Unterstützung bei einem so drastischen und weitreichenden Unterfangen wirbt, dann muss man diese Maßnahme über vernünftige Zweifel erhaben rechtfertigen. Man trägt die *Beweislast*.

In diesem Kapitel möchte ich mit Ihnen das wichtige vierte Gebot des gesunden Menschenverstands diskutieren: das Gebot, die Frage nach der Beweislast zu stellen. Und ich will Ihnen dazu wieder praktische Tipps und Hinweise geben.

Beweislast als argumentative Verantwortung

Wenn eine Person für einen Standpunkt die Beweislast trägt, dann bedeutet dies, dass sie die *Verantwortung* hat, ihren Standpunkt zu rechtfertigen. Sie muss *gute Gründe* angeben, die glaubhaft machen, dass man diesen Standpunkt übernehmen sollte.

Oft wird angenommen, dass die Beweislast in jeder Diskussion gleich verteilt ist. Die eine Seite behauptet das eine. Die andere Seite behauptet etwas anderes. Und jede von ihnen muss doch beweisen oder zumindest plausibel machen, was sie behauptet. Aber dieses Bild ist falsch, wie das Beispiel von Joschka Fischer zeigt. Fischer kritisierte den Gedankengang der Amerikaner, mit dem diese den Irakkrieg rechtfertigten. Er verwies darauf, dass ihre Argumentation nicht überzeugend war und gewann damit – zumindest in den Augen der Öffentlichkeit – die Debatte. Dabei hatte er selbst gar keine Beweislast übernommen.

In der Tat ist die Beweislast in vielen argumentativen Auseinandersetzungen ungleich verteilt. Sie liegt oft nur auf einer Seite. Deswegen sollte man sich immer ein Bild davon machen, *wer* eigentlich die argumentative Verantwortung trägt und *was* begründet werden muss. Das ist aus zwei Gründen wichtig, an die sich meine ersten beiden Tipps in diesem Kapitel anschließen.

> *Tipp 10: Übernehmen Sie keinen Standpunkt, wenn die Beweislast, die auf ihm liegt, nicht erfüllt wurde.*

Wenn Sie festgestellt haben, dass mit einem bestimmten Standpunkt S eine Beweislast verbunden ist, dann wäre es unvernünftig, diesen Standpunkt zu übernehmen. Der gesunde Menschenverstand erfordert, dass Sie eines von zwei Dingen tun:

- Wenn Ihnen *gute Gründe* bekannt sind, die dafür sprechen, *dass S falsch ist*, dann sollten Sie genau das glauben. Sie sollten S für falsch halten.
- Wenn Sie für diese Vermutung keine guten Gründe haben, dann sollten Sie sich *agnostisch* verhalten. Das heißt, Sie sollten den Standpunkt weder übernehmen noch ablehnen.

Tipp 11 ist für Situationen bestimmt, in denen Sie mit einer anderen Person diskutieren und Sie diese Person (bzw. mögliche Zuhörer) rational von Ihrer Sichtweise überzeugen wollen. Hier sollten Sie sich nur auf Standpunkte festlegen, die Sie wirklich vertreten *müssen*.

> *Tipp 11: Wenn Sie die Beweislast für einen Standpunkt nicht tragen, dann sollten Sie vermeiden, sich festzulegen.*

Immer wenn die Beweislast für einen Standpunkt nicht bei Ihnen liegt, sondern bei Ihrem Gesprächspartner, sollten Sie erklären, *warum* das so ist. Dann sollten Sie darum bitten, dass Ihr Gesprächspartner seiner Beweislast nachkommt. Auf diese Weise verhindern Sie, dass Sie eine argumentative Verantwortung übernehmen, die Sie vernünftigerweise gar nicht tragen sollten.

Wo liegt die Beweislast?

Um Tipp 10 und 11 anzuwenden, müssen Sie allerdings bereits wissen, wo die Beweislast liegt. Sie müssen wissen, *wer* etwas begründen muss und *was*. Hierfür gibt es zwei Regeln, die ich Ihnen empfehlen möchte.

> *Regel 1: Wer nichts behauptet, muss auch nichts beweisen.*
>
> *Regel 2: Wer einen Standpunkt behauptet, der trägt üblicherweise dafür die Beweislast.*

Das eingangs erwähnte Beispiel von Joschka Fischer verdeutlicht die Anwendung der Regeln 1 und 2. Die Amerikaner behaupteten, der Irak besäße Massenvernichtungswaffen. Und sie behaupteten, ein militärischer Erstschlag sei daher gerechtfertigt. Für diesen Standpunkt trugen sie nach Regel 2 die Beweislast. Joschka Fischer dagegen legte sich auf keinen eigenen Standpunkt fest. Er behauptete nicht, der Irak besäße keine Massenvernichtungswaffen. Er argumentierte lediglich, die Amerikaner seien ihrer Beweislast nicht hinreichend nachgekommen. Nach Regel 1 trug er damit auch keine Beweislast.

Die Regeln 1 und 2 erscheinen geradezu trivial. Aber sie werden oft gebrochen. Belege dafür finden sich massenhaft in der deutschen Medienlandschaft. Ein Beispiel kommt aus der Homöopathie-Debatte, die wir bereits in Kap. 3 angesprochen haben. In einem Meinungsartikel argumentierte der Feuilleton-Chef der renommierten Wochenzeitung DIE ZEIT, Jens Jessen, beispielsweise folgendermaßen:

> Aus dem Umstand, dass sich etwas nicht erklären oder mit gegenwärtigen Methoden nicht nachweisen lässt, folgt keineswegs, dass es nicht existiert. Gell, meine Herren Schulmediziner? Einen solchen Schluss lässt auch die strenge Erkenntnistheorie nicht zu. Die gleiche Skepsis, die gegen die Homöopathie spricht, lässt sich auch zu ihren Gunsten bemühen.[1]

---

[1] J. Jessen, „Ein Beweis Namens ‚Ich'", *DIE ZEIT*, 50/2010, Online-Version verfügbar unter: http://www.zeit.de/2010/50/Homoeopathie-Pro (abgerufen am 17.06.2015).

Jessen bricht hier die Regeln der Beweislast. Das wird klar, wenn wir prüfen, *wer* in der Homöopathie-Debatte *was* behauptet:

- Auf der einen Seite gibt es die *Homöopathie-Befürworter*. Sie behaupten, homöopathische Mittel hätten eine nachweisbare medizinische Wirkung.
- Demgegenüber steht das Lager der *Homöopathie-Skeptiker*. Sie behaupten keinen eigenen Standpunkt, sondern bestreiten lediglich, dass die empirische Datenlage den Schluss der Befürworter rechtfertigt.

Regel 1 findet damit auf die Homöopathie-Skeptiker Anwendung und Regel 2 auf die Befürworter. Danach müssen die Skeptiker keine Beweislast tragen, sondern nur die Befürworter. Jessen behauptet nun, die Tatsache, dass es keine wissenschaftlichen Belege für die Wirksamkeit der Homöopathie gibt, ließe sich sowohl *gegen* als auch *für* den Standpunkt der Befürworter bemühen. Das ist ein Denkfehler, den der englische Biologe Thomas H. Huxley (1825–1895) einmal als die „größte Sünde gegen die menschliche Vernunft" bezeichnet haben soll.[2] Denn die fehlenden empirischen Belege zeigen lediglich, dass die Homöopathie-Befürworter ihrer Beweislast nicht nachgekommen sind und ihr Standpunkt nicht gerechtfertigt ist. Wer daraus dennoch den Schluss zieht, es sprächen gute Gründe für die Homöopathie, der begeht einen Denkfehler, den man *Argumentum*

---

[2] Der Ausspruch, der Thomas H. Huxley zugeschrieben wird, lautet wörtlich: „The deepest sin against the human mind is to believe things without evidence." (zitiert nach S. Ratcliffe, *Oxford Dictionary of Quotations by Subject*, Oxford, 2010, S. 42).

ad ignorantiam oder *Wissen aus Unwissenheit* nennt.[3] Wer diesen Fauxpas für ein schlüssiges Argument hält, der sollte vielleicht auch an die Existenz des Yeti glauben.[4] Denn dafür gibt es ebenfalls keinerlei Belege. Und das spräche nach der Logik des Argumentum ad ignorantiam nicht nur gegen, sondern auch *für* die Existenz des Yeti!

Ausnahmetatbestände

Nun wissen Sie, nach welchen Regeln Beweislast verteilt wird. Allerdings gibt es noch einen Punkt, den wir klären sollten. Denn Regel 2 besagt lediglich, dass diejenige Person, die einen Standpunkt behauptet, *üblicherweise* die Beweislast dafür trägt. Diese Formulierung lässt vermuten, dass Ausnahmen von der Regel möglich sind.

Welche Ausnahmetatbestände zur Regel 2 gibt es?

Regel 2.1: Wer bereits hinreichend gute Gründe für seinen Standpunkt genannt hat, der trägt dafür nicht mehr die Beweislast.

Wenn jeder, der einen Standpunkt behauptet, dafür immer die Beweislast tragen würde, dann könnte kein Standpunkt jemals als gerechtfertigt gelten. Deswegen besagt Regel 2.1, dass sich die Beweislast für einen Standpunkt erübrigt hat, sobald hinreichend gute Gründe für diesen Standpunkt genannt wurden. Das bedeutet nicht, dass man die-

---

[3] Wir werden diesem Argument noch einmal in Kap. 10 begegnen.
[4] Dieses Beispiel borge ich vom Philosophen Norbert Hörster (*1937).

sen Standpunkt für immer und ewig glauben muss. Es bedeutet lediglich, dass es in Abwesenheit von Gegenargumenten vernünftig ist, ihn zu glauben.

In bestimmten Fällen kann die Beweislast auch dann entfallen, wenn die Person, die den entsprechenden Standpunkt vertritt, selbst keine guten Gründe für ihn genannt hat.

> *Regel 2.2: Wer sich auf eine verlässliche Autorität berufen kann, der trägt nicht die Beweislast.*

Wenn Regel 2.2 Anwendung findet, dann fungiert die verlässliche Autorität, auf die man sich beruft, als Stellvertreter für die guten Gründe. Und die Notwendigkeit, diese Gründe selbst vorzubringen, entfällt damit. Ich sollte allerdings anmerken, dass Regel 2.2 einigermaßen problematisch ist, wie wir in Kap. 8 noch sehen werden. Denn sie kann nur unter ganz bestimmten Bedingungen in Anspruch genommen werden.

> *Regel 2.3: Institutionelle Regeln können die Beweislast, die auf einem Standpunkt liegt, aufheben.*

Manchmal gibt es soziale Normen und Konventionen, die die Beweislast auf eine bestimmte Seite schieben. In solchen Fällen findet Regel 2.3 Anwendung. Die Unschuldsvermutung *„in dubio pro reo"*, die in unserem Rechtssystem verankert ist, stellt ein gutes Beispiel dafür dar. Die Verfahrensgrundsätze der Gerichtsbarkeit sehen vor, dass die

Schuld eines Angeklagten über jeden vernünftigen Zweifel bewiesen sein muss, bevor er schuldig gesprochen werden kann. Für ein solches Prinzip sprechen gute Gründe. Man möchte vermeiden, dass Menschen unschuldig verurteilt werden. Deswegen kann ein Strafverteidiger in einem Gerichtsprozess so lange auf der Unschuld seines Mandanten beharren, bis das Gegenteil bewiesen wurde. Auch in anderen Bereichen ist die Frage der Beweislast institutionell geregelt. Nehmen wir einmal an, Sie fahren ohne gültige TÜV-Plakette und werden von der Polizei angehalten. Die Beamten werden Sie über Ihre Pflichten als Autofahrer informieren. Dazu gehört auch, dass Sie die Straßentauglichkeit Ihres Fahrzeugs durch eine gültige TÜV-Plakette nachweisen können. Die Beweislast liegt bei Ihnen.

Im Zusammenhang mit Regel 2.3 sollte Folgendes beachtet werden: Die Aufhebung der Beweislast durch eine institutionelle Regel gilt normalerweise nur im Rahmen der entsprechenden Institution. Angenommen, ein bestimmter Politiker erweckt den Eindruck der Bestechlichkeit, weshalb ein Gerichtsprozess gegen ihn eingeleitet wird. Dann kann man unter Umständen die Ansicht vertreten, der Politiker solle zurücktreten, und gleichzeitig für einen gerichtlichen Freispruch plädieren. Das ist kein Widerspruch, denn die Regeln der Beweislast in der Politik unterscheiden sich von den rechtlichen Regeln. Der Rücktritt des Bundespräsidenten Christian Wulff im Jahre 2012 illustriert dies. Wulff trat zurück, weil Zweifel an seiner Integrität als Politiker bestanden. Diese reichten allerdings nicht soweit, dass er strafrechtlich belangt werden konnte.

Regel 2.4: Wer am Status quo *festhalten will, der trägt üblicherweise nicht die Beweislast.*

Menschen sind Gewohnheitstiere. Sie scheuen Veränderung und sind daher skeptisch gegenüber Neuerungen. Als Bayer weiß ich, wovon ich rede. Äußerungen wie „Wo kommen wir denn da hin?" oder „Da könnt ja jeder kommen!" sind mir sehr vertraut. Diese Floskeln werden oft gebraucht, um zu vertuschen, dass man keine guten Argumente für die eigene Position hat.[5] Dann handelt es sich dabei um bloße rhetorische Tricks. Manchmal gibt es jedoch gute Gründe, am *Status quo* festzuhalten. Wenn der *Status quo* akzeptabel wirkt und Verbesserungen kaum möglich scheinen, ist dies der Fall. Wer eine Initiative startet, die Form des Stoppschilds oder die Farben der Ampel zu ändern, der sollte dafür gute Gründe haben. Die Beweislast liegt dann bei ihm.

Regel 2.5: Der Skeptiker trägt nicht die Beweislast.

Im vorangegangenen Kapitel befassten wir uns mit Ockhams Rasiermesser. Hierbei handelt es sich um ein Kriterium, mit dem wissenschaftliche Theorien beurteilt werden. Es besagt, dass von zwei Theorien mit gleicher Erklärungskraft die *einfachere* vorzuziehen ist. Eine Interpretation dieses Grundsatzes, die ich Ihnen bereits vorgestellt habe, macht die Einfachheit einer Theorie davon abhängig, wie

---

[5] Darauf werden wir noch einmal in Kap. 8 eingehen, wenn wir über „Traditionsargumente" sprechen.

viele Ad-hoc-Annahmen nötig sind, um sie zu verteidigen. Diese Deutung von Ockhams Rasiermesser ist aber nicht die einzige. Theorien können in einem anderen Sinne einfach (oder kompliziert) sein. Philosophen nennen diesen Sinn „ontologisch". Eine Theorie ist im ontologischen Sinne einfach, wenn sie gegebene Daten *sparsam* erklärt, d. h., wenn sie vergleichsweise *wenig Neues* postuliert. Diese Deutung von Ockhams Rasiermesser rechtfertigt eine *Tendenz zum Skeptizismus*. Und dieser Skeptizismus wirkt sich auf die Beweislast aus. Wer behauptet, es gebe eine noch unerforschte Naturkraft, ein bisher unentdecktes Elementarteilchen, Außerirdische oder Ähnliches, muss dies begründen. Wer daran zweifelt, muss seinen Skeptizismus nicht begründen.

Regel 2.5 ist deswegen vernünftig, weil sich Nicht-Existenz nicht empirisch nachweisen lässt. Sie können beispielsweise nicht beweisen, dass es den Weihnachtsmann nicht gibt. Sie können lediglich darauf hinweisen, dass es keine guten Gründe gibt, an ihn zu glauben. Ohne Regel 2.5 müssten Sie also praktisch alles für wahr halten, was Sie sich vorstellen können. Das heißt, Sie müssten an Waldgeister, Feen, Dämonen, Homöopathie, Astrologie und vieles andere mehr glauben. Das wäre im wahrsten Sinne des Wortes *verrückt*! Vor dieser Art von Verrücktheit schützt uns Ockhams Rasiermesser. Es verschiebt die Beweislast auf die Seite derjenigen, die die Existenz von etwas Neuem postulieren.

Zusammenfassung

In diesem Kapitel sprachen wir über die Frage, auf welcher argumentativen Position die Beweislast liegt. Diese Frage ist aus zwei Gründen wichtig. Erstens sollten Sie keinen Standpunkt glauben, auf dem eine Beweislast liegt, die nicht eingelöst wurde. Zweitens sollten Sie sich in einer argumentativen Auseinandersetzung keine Beweislast aufbürden (lassen), die Sie nicht tragen müssen. Deswegen erfordert das vierte Gebot des gesunden Menschenverstands, dass Sie feststellen, wer eigentlich wofür die Beweislast trägt. Sie können dies tun, indem Sie fragen, wer etwas behauptet. Wer nichts behauptet, sondern nur kritische Fragen stellt, trägt keine Beweislast. Wer dagegen selbst einen Standpunkt aufstellt, muss diesen üblicherweise begründen – außer es liegen die Ausnahmetatbestände vor, die wir besprochen haben.

Das fünfte Gebot: Denken Sie klar und präzise

Wenn Sie Brillenträger sind, dann kennen Sie sicherlich folgende Situation. Sie haben Ihre Brille verlegt. Sie sehen verschwommen und unklar. Und wahrscheinlich fällt es Ihnen schwer, sich in Ihrer Umgebung zu orientieren. Ähnlich verhält es sich beim Denken. Wenn Sie nicht über geeignete Methoden verfügen, um Ihr Denken zu klären, dann denken Sie so, wie Sie ohne Ihre Brille sehen. Es fällt Ihnen schwer, sich in Ihrem Denken zu orientieren. Sie haben Schwierigkeiten, Ihre Gedanken zu ordnen und aus gegebenen Informationen valide Schlussfolgerungen abzuleiten.

Der Philosoph Ludwig Wittgenstein äußerte sogar die Ansicht, dass wir nur dann wirklich denken, wenn wir klar denken. In seinem *Tractatus Logico-Philosophicus* (1922) schrieb er:

> Alles, was überhaupt gedacht werden kann, kann klar gedacht werden. Alles, was sich aussprechen läßt, läßt sich klar aussprechen.[1]

Das ist sicherlich eine Übertreibung. Aber der Gedanke Wittgensteins taugt dennoch als *Faustregel für Ihre Denkpraxis*. Sie sollten regelmäßig prüfen, ob Ihr Denken wirklich

---

[1] L. Wittgenstein, *Tractatus Logico-Philosophicus*, London, 1922, 4116.

© Springer-Verlag Berlin Heidelberg 2017
N. Mukerji, *Die 10 Gebote des gesunden Menschenverstands*,
DOI 10.1007/978-3-662-50339-3_5

klar genug ist. Und wenn es das nicht ist, dann sollten Sie daran etwas ändern. Das erfordert das fünfte Gebot des gesunden Menschenverstands. In diesem Kapitel möchte ich Ihnen einige Tipps und Hinweise geben, die Ihnen helfen werden, dieses Gebot einzuhalten.

Logisch-strukturelle Klarheit

Es lassen sich verschiedene Arten von gedanklicher Klarheit unterscheiden. Ihr Denken kann erstens *logisch-strukturelle Klarheit* besitzen. Das ist dann der Fall, wenn Sie Tipp 1 aus Kap. 1 beherzigen und Sie Ihre Gedanken logisch ordnen.
  Angenommen Sie haben drei Gedanken: A, B und C.

A = Ich sollte klugerweise anfangen, Geld zu sparen.
B = Ich würde gerne ein Sabbatjahr einlegen, in dem ich ausspanne und die Welt bereise.
C = Meine derzeitigen Ersparnisse reichen für ein Sabbatjahr nicht aus.

  Wenn diese Gedanken einfach nebeneinander stehen und Sie nicht wissen, ob und wie sie zusammenhängen, dann sind Sie logisch-strukturell unklar. Wenn Sie dagegen sehen, dass B und C jeweils Annahmen sind, die den Standpunkt A stützen, dann besitzen Sie Klarheit über den logisch-strukturellen Status dieser Gedanken.
  Warum ist diese Art von Klarheit wichtig? Das wird deutlich, wenn Sie sich vergegenwärtigen, was passiert, wenn sich Ihre Überzeugungen ändern.

Betrachten wir dazu ein Beispiel. Nehmen wir an, Sie erben einen stattlichen Geldbetrag, der ausreichen würde, um ein Jahr ohne Einkommen auszukommen. Dann sollten Sie C verwerfen. Denn Ihre Ersparnisse würden nun für ein Sabbatjahr ausreichen. Wenn Ihr Denken logisch-strukturell klar ist, dann sehen Sie sofort, dass Sie keinen guten Grund mehr haben, weiteres Geld zu sparen. Denn mit C verwerfen Sie gleichzeitig den Grund, den Sie für A hatten.

Tipp 1 lässt sich fast mühelos anwenden, indem Sie Ihr eigenes Denken richtig „beobachten". Eine Methode, mit der Sie das tun können, ist die Signalwort-Technik.

Die Signalwort-Technik

Tipp 12: Durchsuchen Sie Ihr Denken nach Signalwörtern.

Um die Signalwort-Technik produktiv anwenden zu können, sollten Sie sich angewöhnen, „auf Papier zu denken". Sie sollten Ihre Gedanken niederschreiben! Mit ein wenig Übung werden Ihnen dabei bestimmte *Signalwörter* auffallen, die wir alle routinemäßig verwenden. Dabei handelt es sich um Wörter, die einen Gedanken als Annahme oder als Standpunkt kennzeichnen.

Signalwort = ein Wort, das einen Gedanken als Annahme oder als Standpunkt kennzeichnet

Zur Veranschaulichung betrachten wir noch einmal das Beispiel von gerade eben. Nehmen wir an, Ihnen geht folgender Gedankengang – bestehend aus A, B und C – durch den Kopf:

> „Ich sollte klugerweise anfangen, Geld zu sparen, *denn* ich würde gerne ein Sabbatjahr einlegen, in dem ich ausspanne und die Welt bereise. Und meine derzeitigen Ersparnisse reichen für ein Sabbatjahr nicht aus."

Das Wort „denn" gibt Ihnen hier den Hinweis darauf, dass

> A = Ich sollte klugerweise anfangen, Geld zu sparen

der Standpunkt ist und

> B = Ich würde gerne ein Sabbatjahr einlegen, in dem ich ausspanne und die Welt bereise

sowie

> C = Meine derzeitigen Ersparnisse reichen für ein Sabbatjahr nicht aus

Annahmen sind, die A begründen.

Die Wörter „weil", „da" und „schließlich" haben die gleiche logische Funktion wie das Wort „denn". Sie werden nach dem Standpunkt und vor den Annahmen genannt. Damit deuten Sie auf eine *Begründung* hin.

Der gerade genannte Gedankengang kann allerdings auch eine andere Form annehmen:

> „Ich würde gerne ein Sabbatjahr einlegen, in dem ich ausspanne und die Welt bereise. Und meine derzeitigen Ersparnisse reichen für ein Sabbatjahr nicht aus. *Deswegen* sollte ich klugerweise anfangen Geld zu sparen."

Hier liefert uns das Wort „deswegen" den entscheidenden Anhaltspunkt. Es erscheint nach B und C und signalisiert, dass A aus diesen beiden gefolgert werden kann. Die Wörter „also" und „daher" haben die gleiche logische Funktion. Auch bei ihnen handelt es sich um Signalwörter, die auf eine *Schlussfolgerung* hindeuten.

Inhaltliche Klarheit

Auch wenn Ihr Denken logisch-strukturell klar ist, kann es in einem zweiten Sinne unklar sein. Denn die einzelnen Gedanken, aus denen sich Ihr Denken zusammensetzt, können für sich genommen *inhaltlich unklar* sein. In diesem Fall sollten Sie versuchen, Ihre Gedanken zu klären, indem Sie folgenden Tipp anwenden.

> Tipp 13: Fragen Sie, was der Fall sein müsste, damit ein bestimmter Gedanke als zutreffend gelten kann.[2]

---

[2] Streng genommen lässt sich nie entscheiden, ob ein einzelner Gedanke *für sich genommen* zutrifft oder nicht. Dieses philosophische Problem möchte ich an dieser Stelle jedoch nicht vertiefen. Vgl. hierzu W. V. O. Quine, „Two Dogmas of

Prüfen wir einmal, ob und wie sich dieser Tipp auf die obigen Beispielsätze A, B und C anwenden lässt. Fangen wir mit B an.

> B = Ich würde gerne ein Sabbatjahr einlegen, in dem ich ausspanne und die Welt bereise.

B trifft zu, wenn Sie die Frage, ob Sie ein Sabbatjahr einlegen wollen, mit „Ja" beantworten.

> C = Meine derzeitigen Ersparnisse reichen für ein Sabbatjahr nicht aus.

C trifft zu, wenn der von Ihnen berechnete Finanzbedarf für das Sabbatjahr Ihre finanziellen Mittel übersteigt.

> A = Ich sollte klugerweise anfangen Geld sparen.

A besagt, dass es für Sie ein Gebot der Klugheit ist, nun Geld zu sparen. Dies trifft zu, wenn Sie ein Ziel, das Sie sich gesetzt haben, nur erreichen können, wenn Sie beginnen, Geld zu sparen.

Für alle Gedanken – A, B und C – lassen sich also Bedingungen angeben, unter denen diese Gedanken jeweils

---

Empiricism", *The Philosophical Review*, 60(1), 1951, S. 20–43. Ich möchte Ihnen mit Tipp 13 lediglich eine grobe *Faustformel* für Ihr Denken an die Hand geben.

zutreffen. Mit anderen Worten: A, B und C sind klare Gedanken!

Es gibt aber auch Gedanken, die unklar sind. Manche von ihnen sind sogar so unklar, dass jeder Rettungsversuch scheitert. Man könnte sagen, diese Gedanken seien „so falsch, dass nicht einmal das Gegenteil richtig wäre".[3]

Ein Beispiel dafür ist der folgende Satzsalat:

> „Das Subjekt ist in einer Form des Desituationismus gewissermaßen prädekonstruiert. Dieser Desituationismus schließt also das Ganze ein und ist dabei immer noch Teil desselben. Deshalb gibt es auch eine Reihe von Diskursen, die textual rationalistisch sind und dennoch als multilokativ dysfunktional verstanden werden müssen. Dies gilt insbesondere für den Teil der Debatte, die spätmodernistische Züge trägt und damit semistrukturell präformiert ist."

Diese Sätze sind grammatikalisch korrekt. Sie enthalten Wörter, die sich tiefsinnig anhören und die das, was mit ihnen gesagt wird, fundiert und wichtig klingen lassen. Außerdem stehen die Aussagen, die in diesem Textabschnitt gemacht werden, allem Anschein nach in einer gewissen logischen Ordnung. Darauf weisen zumindest die Signalwörter „also" und „deshalb" hin, die an zwei Stellen eingestreut werden.

Aber jeder einzelne Satz ist für sich genommen *komplett unklar*. Es lässt sich nicht angeben, was der Fall sein müsste, damit das, was dort steht, als zutreffend gelten kann. Das fällt vielen Menschen nicht sofort auf, denn wie bereits

---

[3] Diese Formulierung wird sowohl dem österreichischen Schriftsteller Karl Kraus (1874–1936) als auch dem österreichischen Physiker Wolfgang Pauli (1900–1958) zugeschrieben.

Mephistopheles in Goethes *Faust* bemerkte: „Gewöhnlich glaubt der Mensch, wenn er nur Worte hört, Es müsse sich dabei doch auch was denken lassen."[4] Diesen Denkfehler nennt man den *Fehlschluss der Hypostasierung*.[5]

Der österreichische Philosoph Karl Popper (1902–1994) brandmarkte „den Stil der großen, dunklen, eindrucksvollen und unverständlichen Worte" als „intellektuell unverantwortlich" und gab zu bedenken, er zerstöre „den gesunden Menschenverstand, die Vernunft".[6] Der technische Ausdruck für diese Art von Unklarheit wurde vom amerikanischen Philosophen Harry Frankfurt geprägt. Er lautet schlicht: „Bullshit."[7]

Bullshit grassiert in vielen Bereichen der Gesellschaft. Akademische Autoren – insbesondere Mitglieder geisteswissenschaftlicher Fakultäten, die dem sogenannten „Postmodernismus" nahestehen – sind für einen großen Teil davon verantwortlich. Die nach dem amerikanischen Physiker Alan Sokal (*1955) benannte „Sokal-Affäre" zeigte eindrucksvoll, dass es zumindest in bestimmten Teilbereichen der Geisteswissenschaften offenbar Usus ist, aufgeblasene und nahezu sinnfreie Texte zu generieren. Sokal verfasste einen eigenen Text, der als Witz gemeint war. Er bestand fast ausschließlich aus Sätzen, die praktisch nichts bedeuteten. Diesen Text reichte er bei einem führenden postmodernen

---

[4] J. W. Goethe, *Faust – Eine Tragödie*, Tübingen, 1808, Vers 2565 f.
[5] Diese Benennung geht meines Wissens auf den deutschen Philosophen Immanuel Kant zurück. Er spricht in seiner *Critik der reinen Vernunft* (Riga, 1781/1787) davon, dass „man seine Gedanken zu Sachen macht und sie hypostasiert, woraus eingebildete Wissenschaft (…) entsteht" (A395).
[6] K. Popper, *Auf der Suche nach einer besseren Welt*, München, 1987/1999, S. 307–308.
[7] H. Frankfurt, *On Bullshit*, Princeton, 2005.

Journal namens *Social Text* ein, das ihn ohne Beanstandung annahm und veröffentlichte.[8]

Auch im Geschäftsleben haben Plattitüden und leere Worthülsen Einzug gehalten. Routinemäßig werden Begriffe verwendet, die allenfalls eine vage Bedeutung haben. „Bullshit" ist aus geschäftlichen Besprechungen und Präsentationen kaum mehr wegzudenken. Deswegen hat sich unter zynischen Mitarbeitern schon länger ein Spiel etabliert, das amüsant ist und gleichzeitig sicherstellt, dass keiner beim „Meeting" einschläft: Bullshit-Bingo! So wird gespielt: Jeder Teilnehmer einer Besprechung erhält einen Zettel, auf dem 25 Begriffe (wie „Synergieeffekte" oder „ergebnisorientiert") stehen. Diese sind in einer 5×5-Tabelle geordnet. Wer einen der 25 Begriffe hört, kann ihn durchstreichen. Wer als erstes eine Zeile, Reihe oder Diagonale von fünf Begriffen durchgestrichen hat, ruft laut „Bullshit!" und hat damit gewonnen.[9]

Mittlerweile wird Bullshit auch von der Wissenschaft ernst genommen. In ihrem Aufsatz „On the reception and detection of pseudo-profound bullshit", der im Fachjournal *Judgment and Decision Making* erschien, untersuchten Wissenschaftler um den Doktoranden Gordon Pennycook, wie empfänglich Menschen für sinnlose, aber tiefsinnig klingende Aussagen sind und welche Faktoren hier eine Rolle spielen. Ihre Antwort: Wer auf Bullshit hereinfällt, neigt auch dazu, bei einer Reihe von Indikatoren für kognitive

---

[8] Alan Sokal hat die nach ihm benannte Affäre zwischenzeitlich in zwei Büchern aufgearbeitet: *Fashionable Nonsense – Postmodern Intellectuals' Abuse of Science* (New York, 1998; zus. mit Jean Bricmont) und *Beyond the Hoax – Science, Philosophy and Culture* (Oxford, 2008).
[9] Vgl. H. Jiranek und A. Edmüller, *Konfliktmanagement* (2. Aufl.), Planegg, 2007, S. 46.

Fähigkeiten schlechter abzuschneiden und einige dubiose Überzeugungen zu vertreten. Pennycook et al. schreiben:

> Those more receptive to bullshit are less reflective, lower in cognitive ability (i. e., verbal and fluid intelligence, numeracy), are more prone to ontological confusions and conspiratorial ideation, are more likely to hold religious and paranormal beliefs, and are more likely to endorse complementary and alternative medicine.[10]

Klares Denken – Wozu brauch ich das?

Sie wissen nun, wie sich klares Denken von unklarem Denken unterscheidet. Ihr Denken ist inhaltlich klar, wenn Sie Bedingungen angeben können, unter denen Ihre Gedanken zutreffen. Ihr Denken ist unklar, wenn Sie das nicht können.

Aber warum sollten Sie sich überhaupt bemühen, klar zu denken? Warum erfordert dies der gesunde Menschenverstand? Worin liegt der Vorteil für Sie?

Auf diese Frage gibt es mindestens zwei Antworten. Die erste gibt der deutsche Philosoph Ansgar Beckermann (*1945), indem er sagt:

> Nur wenn klar ist, was mit einer bestimmten Annahme gemeint ist bzw. welche verschiedenen Lesarten sie zulässt, kann man sagen, welche Argumente für oder gegen sie sprechen.[11]

---

[10] G. Pennycook et al., „On the reception and detection of pseudo-profound bullshit," *Judgment and Decision Making*, 10(6), 2015, S. 549–563 [559].

[11] A. Beckermann, *Aufsätze (Bd. 2): Erkenntnistheorie, Philosophie und Wissenschaft, – Willensfreiheit*, Bielefeld, 2012, S. 156. Online-Version verfügbar un-

Sie brauchen inhaltliche Klarheit also, damit Sie überhaupt in der Lage sind, Ihr Denken zu sortieren und das erste Gebot des gesunden Menschenverstands einzuhalten!

Die zweite Antwort ist noch etwas grundsätzlicher. Ihre Gedanken brauchen inhaltliche Klarheit, um überhaupt Realitätsbezug zu haben! Klares Denken hat Realitätsbezug, unklares Denken nicht![12]

Nehmen wir an, Sie denken Folgendes:

„Ich habe mein Handy im Auto vergessen."

Dann haben Sie einen klaren Gedanken. Sie wissen, was der Fall ist, wenn dieser Gedanke zutrifft. Und das kann Ihnen praktisch weiterhelfen, z. B. um Ihr Handy wiederzufinden.

Wenn Sie dagegen denken

„Das Subjekt ist in einer Form des Desituationismus gewissermaßen prädekonstruiert",

---

ter: https://pub.uni-bielefeld.de/download/2508884/2534769 (abgerufen am 24.06.2015).
[12] Dies merkte Karl Popper bereits in seinem Buch *The Logic of Scientific Discovery* (London 1959/2004) an. Allerdings ging es ihm in dieser Schrift darum, ein Kriterium zu formulieren, mit dem sich wissenschaftliche Aussagen von unwissenschaftlichen (d. h. metaphysischen) Aussagen abgrenzen lassen. Bei diesem Kriterium handelt es sich um sein berühmtes *Falsifikationsprinzip*. Dieses besagt, dass eine Aussage nur dann wissenschaftlich ist, wenn sie widerlegbar ist (engl.: „falsifiable"). Zum Zusammenhang zwischen Falsifizierbarkeit und Realitätsbezug sagt Popper: „In so far as a scientific statement speaks about reality, it must be falsifiable; and in so far as it is not falsifiable, it does not speak about reality." (S. 316).

dann hat das nichts mit der Realität zu tun. Manche Menschen – ich nenne sie gerne „Begriffslyriker" – haben Spaß an solchen Aussprüchen. Aber der Wert eines solchen Gedankens für die Lebenspraxis eines normalen Homo sapiens ist Null!

In meinen Seminaren zur Gesprächsführung betone ich oft, dass der Nutzen einer klaren Denkpraxis im *zwischenmenschlichen Bereich* besonders deutlich wird. Wenn Sie in der Lage sind, klar zu denken, dann wird es Ihnen leichter fallen, klar zu formulieren, was Sie wollen. Und das wird normalerweise die Wahrscheinlichkeit erhöhen, dass Sie es auch bekommen.

Angenommen Sie haben einen Kollegen, der Sie regelmäßig im Beisein anderer Personen neckt. Sie stört das. Deswegen sagen Sie ihm:

> „Ich schätze es nicht besonders, wie Du mich behandelst. Bitte hör auf damit."

Vielleicht denkt Ihr Kollege über sein Verhalten nach und kommt darauf, was Sie meinen. Aber Sie erhöhen die Wahrscheinlichkeit, dass er versteht, worum es Ihnen geht, wenn Sie klarer formulieren, z. B. indem Sie sagen:

> „Ich schätze es nicht besonders, dass Du mich vor anderen immer bloßstellst. Ich würde Dich bitten, das sein zu lassen. Insbesondere geht es mir um Situationen wie die folgende . . ., in der Du . . . "

In diesem Fall sagen Sie Ihrem Kollegen klar, was Sie stört und was er tun muss, um Ihrer Bitte zu entsprechen.

Klarheit und Präzision

Klares Denken ist wichtig, aber oft nicht genug. Der gesunde Menschenverstand verlangt mehr! Denn auch wenn Sie klar denken, können Ihre Gedanken zu vage sein. Deswegen sollten Sie versuchen, nicht nur klar, sondern auch präzise zu denken! Das ist mein nächster Tipp für Sie.

> *Tipp 14: Prüfen Sie, ob Ihre Gedanken präzise genug sind.*

Um diesen Tipp umzusetzen, müssen Sie zwei Dinge verstehen. Was bedeutet *präzise*? Und was bedeutet präzise *genug*?

Präzision lässt sich am besten verstehen, wenn man sie von Klarheit abgrenzt. Wenn Sie eines Morgens vor der Bäckerei Ihrer Wahl ein Schild finden, auf dem steht

„Wir sind im Urlaub",

dann ist das eine klare Aussage. Aber für Sie hat diese Aussage nur einen begrenzten Informationswert. Denn wahrscheinlich würde es Sie interessieren, *wie lange* die Bäckerei noch geschlossen ist.

„Wir sind bis einschließlich 7.1. im Urlaub"

wäre präziser und damit für Sie hilfreicher. Im Allgemeinen zeichnen sich präzise Aussagen dadurch aus, dass sie mit einem *Wert* belegt sind. Dabei handelt es sich in der Regel um einen *numerischen Wert* (z. B. ein Datum, eine Geschwindigkeit, ein Gewicht, eine Prozentzahl usw.). Das muss aber nicht so sein. Es gibt auch *qualitative Werte*. Nehmen wir z. B. an, Anna erzählt Bernd, dass sie ein neues Auto gekauft hat.

Anna: „Bernd, ich habe mir einen neuen Fiat Cinquecento gekauft."

Diese Aussage ist klar. Aber sie ist – zumindest in einer Hinsicht – noch nicht präzise.

Anna: „Bernd, ich habe mir einen neuen, *schwarzen* Fiat Cinquecento gekauft."

Annas zweite Aussage enthält einen (qualitativen) Wert für die Farbe – nämlich *schwarz* – und ist damit präziser als ihre erste Aussage.

Nun wissen Sie, was „präzise" bedeutet und wie man Präzision von Klarheit abgrenzt. Sie wissen damit auch, dass es sich bei Präzision um einen *relativen* Ausdruck handelt. Das heißt, Aussagen sind nicht einfach präzise oder unpräzise, sondern mehr oder weniger präzise. „Wir sind bis einschließlich 7.1. im Urlaub" ist eine präzisere Aussage als „Wir sind im Urlaub".

Damit stellt sich die Frage: Wann ist eine Aussage oder ein Gedanke präzise *genug*? Dafür gibt es keine allgemeine Regel. Sie müssen sich die Antwort von Fall zu Fall selbst geben:

> *Tipp 14.1: Seien Sie so präzise, wie es der jeweilige Kontext erfordert.*

Tipp 14.1 fordert Sie dazu auf, anhand des jeweiligen Kontextes festzustellen, wie viel Präzision geboten ist. Aber wie tut man das? Betrachten wir zwei Beispiele, um uns das klar zu machen.

Wenn Ihr Arzt Sie fragt, was Ihre Fiebermessung ergeben hat, dann reicht es in der Regel nicht aus, wenn Sie ihm sagen, dass sich Ihre Körpertemperatur bei der letzten Messung über dem Gefrierpunkt befand – obwohl das (hoffentlich) stimmt. Denn das kann er sich denken! Sie sollten Ihre Körpertemperatur vielmehr in Grad Celsius und bis auf eine Nachkommastelle genau angeben. Zwei Nachkommastellen sind dagegen unnötig, weil es für Ihren Arzt kaum eine Rolle spielt, ob Sie 38,36 oder 38,39 °C gemessen haben (wenn Ihr Thermometer überhaupt so genau ist).

Der Grenzwert für Arsen im Grundwasser beträgt 10 Mikrogramm pro Liter (oder 0,000010 Gramm). Daher sollten wir uns mit einer Messung, die einen Arsen-Wert von 0,0 Gramm pro Liter ergibt, nicht zufrieden geben. Denn 0,0 Gramm Arsen können Sie unter Umständen umbringen. Es kommt darauf an, welche Zahlen sich hinter der ersten Nachkommastelle verbergen. Hier ist auch noch die fünfte und sechste Stelle relevant!

Diese beiden Beispiele machen eines deutlich:

> Je mehr Sie über ein Themengebiet wissen, desto besser werden Sie in der Lage sein einzuschätzen, wann der Grad an Präzision ausreichend ist.

Sie haben bereits als Kind gelernt, welche Aussagekraft Fiebermessungen haben. Deswegen wissen Sie, dass es keine Rolle spielt, ob eine Messung 38,36 oder 38,39 °C ergibt. Aber wenn Sie nicht von Beruf Chemiker sind oder bei einer Gesundheits- bzw. Umweltbehörde arbeiten, dann kannten Sie wahrscheinlich den Grenzwert für Arsen im Trinkwasser nicht. Sie konnten nicht einschätzen, welchen Grad an Präzision eine Arsenmessung haben sollte.

Vielleicht hat Sie das alles auf folgende Idee gebracht: Warum streben wir nicht immer ein Höchstmaß an Präzision an? Das wäre in der Tat keine gute Idee!

> Tipp 14.2: Hüten Sie sich vor falscher Präzision.

Dieser Hinweis findet sich bereits in der *Nikomachischen Ethik* des Aristoteles (384–322 v. Chr.). Der jeweilige Kontext bestimmt nicht nur, welches Maß an Präzision erforderlich ist. Er bestimmt auch, wie viel Genauigkeit man plausibler Weise erreichen *kann* und erwarten *darf*. Dieses Maß an Genauigkeit zu überschreiten, wäre unseriös!

Dafür gibt es zwei Gründe. Die entsprechende Aussage könnte erstens trotz ihrer hohen Genauigkeit unklar sein. Dann ist streng genommen jeder Grad an Präzision zu hoch, weil ja nicht einmal klar ist, worum es überhaupt geht. Viele Kommunikationstrainer wollen Ihnen beispielsweise weismachen, dass Sie sich beim Gespräch mit Ihren Mitmenschen vor allem auf Ihre Körpersprache konzentrieren sollten. Schließlich sei wissenschaftlich erwiesen, dass der Effekt einer Nachricht fast ausschließlich davon abhängt, *wie* sie kommuniziert wird. Nur 7 % der Wirkung werde durch den Inhalt bestimmt. Diese Aussage fällt in die Kategorie „so falsch, dass nicht einmal das Gegenteil richtig wäre". Wenn Sie diesen Unfug das nächste Mal hören, sollten Sie nachfragen, wie man den Effekt einer Nachricht genau misst. (Und noch ein Tipp: Achten Sie dann auf den *Inhalt* der Antwort und nicht nur auf die Körpersprache!)

> **Exkurs 5.1 Die 7-38-55-Regel**
>
> Tatsächlich basiert die sogenannte 7-38-55-Regel, nach der die Wirkung einer Botschaft nur zu 7 % vom Inhalt abhängt, auf einer ernstzunehmenden wissenschaftlichen Studie.[13] Diese Studie stützt die 7-38-55-Regel jedoch nicht in der Version, in der sie meistens wiedergegeben wird. Einer der beiden Autoren der Studie – Albert Mehrabian (*1939) – distanziert sich deswegen auf seiner Homepage von der irreführenden Interpretation seiner Forschungsergebnisse.[14]

Der zweite Grund, warum übermäßig präzise Aussagen problematisch sein könnten, liegt darin, dass sie unüber-

---

[13] A. Mehrabian und M. Wiener, „Decoding of Inconsistent Messages", *Journal of Personality and Social Psychology*, 6(1), 1967, S. 109–114.
[14] Vgl. http://goo.gl/byQC8 (abgerufen am 27.11.2015).

prüfbar sind. Wenn Sie beispielsweise lesen, dass sich am 23. März 2014 um 12.21 Uhr genau 80.783.823 Menschen in Deutschland aufgehalten haben, dann könnte das zutreffen. Aber auch wenn es so gewesen wäre, würde das plausiblerweise niemand wissen! Das ist alleine deswegen der Fall, weil Grenzstraßen zwischen Deutschland und dem innereuropäischen Ausland nicht permanent überwacht werden.

Generell lässt sich sagen, dass der Grad an Genauigkeit, den eine Aussage plausiblerweise beanspruchen kann, negativ von Ihrer Allgemeinheit und Reichweite abhängt. Es lässt sich relativ genau beziffern, wie viele Menschen ein bestimmtes Konzert im Münchner Stadtteil Untergiesing besucht haben. Die Anzahl von Personen, die sich gerade in Deutschland aufhalten, ließe sich dagegen nur mithilfe statistischer Schätzverfahren annähernd bestimmen.

Klarheit und Überprüfbarkeit

Halten wir also fest: Sie können prüfen, ob eine Aussage oder ein Gedanke an falscher Präzision krankt, indem Sie fragen, ob der Grad an Genauigkeit, der darin steckt, überhaupt *überprüft* werden könnte.

Die Frage der Überprüfbarkeit ist aber nicht nur in diesem Zusammenhang wichtig. In der Tat sollten Sie *jede* Aussage, über die Sie nachdenken, und jeden Gedanken, den Sie denken, auf Überprüfbarkeit kontrollieren.

Tipp 15: Fragen Sie sich, ob Ihre Gedanken überprüfbar sind.

Überprüfbarkeit wird gerne mit Klarheit verwechselt, aber es handelt sich dabei um etwas anderes. Abgrenzen lassen sich Klarheit und Überprüfbarkeit wie folgt:

- Ein Gedanke ist *klar*, wenn sich angeben lässt, unter welchen Umständen er zutrifft.
- Ein Gedanke ist *überprüfbar*, wenn Sie auch tatsächlich feststellen können, ob diese Umstände vorliegen.

Klarheit ist also eine Voraussetzung für Überprüfbarkeit, aber nicht umgekehrt!

Wie lässt sich mangelnde Überprüfbarkeit feststellen?

Eine Ursache kennen Sie bereits. Je präziser eine Aussage ist, desto schwerer lässt sie sich überprüfen. Dass sich z. B. am 23. März 2014 um 12.21 Uhr genau 80.783.823 Menschen in Deutschland aufgehalten haben, lässt sich – zumindest auf absehbare Zeit – nicht überprüfen.[15]

Aber auch weniger präzise Aussagen können unüberprüfbar sein. Vielleicht haben Sie schon einmal gehört, dass jährlich mehr Menschen durch herunterfallende Kokosnüsse sterben als durch Haiangriffe. Diese Behauptung gehört in die Kategorie „unüberprüfbar", denn offensichtlich wird nirgendwo registriert, wie viele Menschen sich jährlich durch herunterfallende Kokosnüsse verletzten.[16]

---

[15] Dennoch sollten wir abwarten, auf welche Ideen die Firma Google noch kommt.

[16] Vgl. C. Drösser, „Kolumne Stimmt's? – Werden mehr Menschen von herunterfallenden Kokosnüssen getötet als von Haien?", *DIE ZEIT*, 13/2014, Online-Version verfügbar unter: http://www.zeit.de/2014/13/stimmts-tod-durch-kokosnuss (abgerufen am 2.1.2015).

Zusammenfassung

Das fünfte Gebot des gesunden Menschenverstands erfordert klares und präzises Denken. In diesem Kapitel gab ich Ihnen einige Tipps und Hinweise, die Ihnen helfen können, dieses Gebot zu beachten. Bei der Klarheit unterschieden wir zwischen zwei Bedeutungen. Strukturelle Klarheit gewinnen Sie, indem Sie überprüfen, wie Ihre Gedanken logisch zusammenhängen. Inhaltliche Klarheit erreichen Sie, indem Sie sich fragen, unter welchen Bedingungen ein bestimmter Gedanke als zutreffend gelten kann. Überprüfbarkeit ist dann gegeben, wenn sich diese Bedingungen auch plausiblerweise überprüfen lassen. Ein höheres Maß an Klarheit ist immer begrüßenswert. Gleiches lässt sich über Überprüfbarkeit sagen. Auch hier gilt: Mehr ist besser. Beim Thema Präzision ist dagegen Vorsicht geboten. Genauere Aussagen sind nicht immer adäquater. Der Kontext gibt vor, wie viel Präzision erforderlich ist und wie viel Genauigkeit man plausibler Weise beanspruchen kann.

Das sechste Gebot: Bleiben Sie logisch sauber

Joseph Hellers Roman *Catch-22* (1961) erzählt die Geschichte des Army Captains John Yossarian, der zur Zeit des
Zweiten Weltkriegs auf der italienischen Mittelmeerinsel
Pianosa als Bombenflieger stationiert ist.[1] Seinen lebens-
bedrohlichen Einsätzen versucht Yossarian zu entkommen,
indem er sich für verrückt erklären lässt. Denn wer als verrückt gilt, darf nach Hause fahren. Allerdings macht eine
paradoxe Regel – der sogenannte Catch-22 – diesen Aus-
weg logisch unmöglich. Als verrückt wird nur eingestuft,
wer ein Attest vorlegen kann. Wer aber ein Attest erbittet,
versucht damit sein eigenes Überleben zu sichern – kann
also nicht verrückt sein. Also wird niemand befreit!

Der Catch-22 ist mehr als eine Frucht literarischer Ein-
bildungskraft. Auch in realen Situationen kann er auftreten.
Ein Beispiel dafür findet sich in der streckenweise irratio-
nalen Geschichte der amerikanischen Gesetzgebung. Im
Jahr 1937 wurde das Rauschmittel Marihuana im Rahmen des „Marihuana Tax Act" durch einen Beschluss des
amerikanischen Kongresses faktisch verboten. Denn das
Gesetz regelte die Bedingungen für den legalen Besitz

---

[1] J. Heller, *Catch-22*, New York, 1961.

© Springer-Verlag Berlin Heidelberg 2017
N. Mukerji, *Die 10 Gebote des gesunden Menschenverstands*,
DOI 10.1007/978-3-662-50339-3_6

von Marihuana wie folgt.[2] Erforderlich ist die Bezahlung einer Gebühr von einem Dollar, gegen die ein Berechtigungsschein ausgestellt wird. Nur wer einen solchen Berechtigungsschein vorweist, kann Marihuana straffrei besitzen. Allerdings setzt die Ausstellung des Berechtigungsscheins voraus, dass der Antragssteller das fragliche Marihuana bereits besitzt und vorzeigt. Dieses kann er jedoch nicht legal besitzen, da dem Antrag auf Ausfertigung des Berechtigungsscheins ja noch gar nicht entsprochen wurde. Also ist das Marihuana illegal und muss konfisziert werden.

Ein weiteres Beispiel einer logischen Zwickmühle stammt vom österreichischen Psychologen Paul Watzlawick (1921–2007).[3] Im Rahmen eines Experiments bat er seinen Kollegen, den klinischen Psychiater Don D. Jackson (1920–1968), ein Gespräch mit einem Patienten zu führen, der offenbar an Wahnvorstellungen litt. Dieser Patient, so erklärte Watzlawick seinem Kollegen, hielt sich selbst für einen klinischen Psychiater. Jackson wusste nicht, dass es sich bei dem Patienten tatsächlich um einen anderen klinischen Psychiater handelte, der die gleiche Aufgabe bekommen hatte. Auch ihn hatte Watzlawick gebeten, ein Gespräch mit einem wahngestörten Patienten zu führen, der sich für einen klinischen Psychiater hielt. Beide Versuchsteilnehmer machten sich eilig daran, die Wahnvorstellungen des anderen zu behandeln. Und jeder der beiden interpretierte dabei

---

[2] Ich stütze mich auf die Darstellung in M. L. Schori und E. Lawental, „Drug Control Policies: Problems and Prospects", in: M. G. Vaughn du B. E. Perron (Hrsg.), *Social Work in the Addictions*, Dordrecht, 2012, S. 249–260.
[3] Ich entnehme die Darstellung des Experiments Paul Watzlawicks Buch *Wie wirklich ist die Wirklichkeit* (München, 1976).

die Therapieversuche des anderen als Belege für dessen Verrücktheit. Aber auch das Gegenteil – also das Eingeständnis des jeweils anderen, verrückt zu sein – hätten sie wohl als Beleg für ihre Vormeinung gedeutet. Damit war es logisch für keinen der beiden möglich, die Überzeugungen des anderen zu beeinflussen.

Eine weitere, ähnlich strukturierte Geschichte[4] kommt aus dem antiken Griechenland. Der Überlieferung nach betrieb der berühmte sophistische Rhetoriklehrer Protagoras von Abdera (vermutlich 490–411 v. Chr.) dort eine Rhetorikschule. In seiner Schule lehrte er Redekunst und bereitete seine Schüler so auf eine Karriere als Anwalt vor. Mit seinen Schülern vereinbarte Protagoras einen Vertrag, der keine regelmäßige Bezahlung des Unterrichts vorsah. Vielmehr wurde vereinbart, dass Protagoras' Schüler ihm den Streitwert ihres *ersten gewonnenen* Gerichtsprozesses ausbezahlen. Ein besonders ausgefuchster Schüler namens Euathlos beschloss, nach abgeschlossener Ausbildung lieber Musiker zu werden und nicht als Anwalt zu arbeiten. Vertragsgemäß schuldete er Protagoras also nichts. Dessen war er sich ziemlich sicher. Protagoras fand das jedoch nicht okay und verklagte Euathlos auf einen Betrag von 100 Drachmen. Auf dem Areshügel nordwestlich der athenischen Akropolis kam es zum Gerichtsprozess. Bei der Verhandlung argumentierte Protagoras folgendermaßen.

---

[4] P. Suber, *The Paradox of Self-Amendment – A Study of Logic, Law, Omnipotence, and Change*, New York, 1990, Kap. 20.

> Protagoras: „Euathlos wird mich bezahlen müssen, ganz egal wie dieser Prozess ausgeht! Wenn er nämlich den Prozess verliert, verdonnert ihn das Gericht zur Zahlung. Wenn er aber den Prozess gewinnt, dann stehen mir laut Vertrag 100 Drachmen zu! Der Vertrag sieht schließlich vor, dass der Streitwert des ersten von Euathlos gewonnenen Prozesses an mich ausbezahlt wird. Euathlos muss mich also bezahlen – so oder so."

Protagoras' Schüler schien also in einer logischen Falle zu sitzen – genau wie Joseph Hellers Protagonist Yossarian in Catch-22, der amerikanische Marihuana-Konsument nach der Verabschiedung des „Marihuana Tax Act" oder die beiden Psychiater in Watzlawicks Experiment. Offensichtlich gab es kein Entkommen.

Aber in diesem Fall ging die Geschichte noch weiter. Euathlos, so erzählt man sich, trotzte nämlich der ausweglosen Situation und nahm sein Schicksal selbst in die Hand.

> Euathlos: „Ich muss überhaupt nicht zahlen – egal, wie der Prozess ausgeht! Denn wenn ich den Prozess verliere, dann greift doch der Vertrag. Laut Vertrag muss ich nur den Streitwert des ersten *gewonnenen* Prozesses an Protagoras abführen. Wenn ich den Prozess aber gewinne, heißt das: Protagoras' Klage ist abgewiesen. Ich muss also in keinem Fall zahlen!"

In jeder der vier Situationen, die wir gerade betrachtet haben, spielt uns die Logik einen Streich – in der letzten Geschichte sogar in doppelter Hinsicht! Und das sollte man erkennen, um nicht selbst in einer ausweglosen Situation zu landen.

Aber wie können Sie das tun? Dazu müssen Sie in der Lage sein, logisch sauber zu denken. Das verlangt das sechste Gebot des gesunden Menschenverstands von Ihnen. Wie das geht, zeige ich Ihnen in diesem Kapitel.[5]

Widersprüchliche Annahmen

Da die letzte Geschichte besonders lehrreich ist, wollen wir sie noch ein wenig vertiefen. Betrachten wir zu diesem Zweck noch einmal die Struktur der Argumentation, die von Protagoras und Euathlos angewandt wird. Aus Kap. 1 wissen wir, dass wir dafür Standpunkte und Annahmen identifizieren müssen. Welche sind das jeweils?

Die Frage nach den Standpunkten der Kontrahenten lässt sich recht leicht beantworten. Protagoras strebt an, dass Euathlos zur Zahlung von 100 Drachmen verdonnert wird. Sein Standpunkt lautet also folgendermaßen:

(K_P) Euathlos muss an Protagoras 100 Drachmen zahlen.

Euathlos bestreitet dies mit seiner Argumentation. Sein Standpunkt lautet also:

---

[5] Natürlich kann ich mich nur auf einige wichtige Aspekte des (formal-)logischen Denkens beschränken und verweise deswegen ergänzend auf weiterführende Einführungen in die Materie, z. B. auf A. Beckermann, *Einführung in die Logik*, Berlin, 1997/2011.

(K_E) Es ist nicht der Fall, dass Euathlos an Protagoras 100 Drachmen zahlen muss.

Was sind nun die Annahmen, auf die sich beide berufen? Sowohl Protagoras als auch Euathlos argumentieren mit einer Technik, die Logiker ein *Dilemma-Argument* nennen. Das heißt, sie treffen zunächst eine *Fallunterscheidung* zwischen zwei möglichen Ausgängen des Gerichtsprozesses. Dann zeigen sie, dass *in beiden Fällen* der Standpunkt, für den sie argumentieren, folgt.

Um die Dilemma-Argumente von Protagoras und Euathlos zu verstehen, müssen wir zunächst klären, wie die Fallunterscheidung aussieht. Hier gehen beide von der gleichen Annahme aus.

($P1_{P\&E}$) Entweder Fall 1 tritt ein (Euathlos gewinnt den Prozess) oder Fall 2 tritt ein (Euathlos verliert den Prozess).

Protagoras argumentiert dann unter Rückgriff auf zwei weitere Annahmen. Euathlos verwendet die gleichen Annahmen.

($P2_{P\&E}$) Der Vertrag bestimmt die Zahlungsverpflichtung.
($P3_{P\&E}$) Das Gerichtsurteil bestimmt die Zahlungsverpflichtung.

Sowohl Protagoras als auch Euathlos verwenden also in ihrem Argument die gleichen Annahmen, nämlich $P1_{P\&E}$,

$P2_{P\&E}$ und $P3_{P\&E}$. Wie kann es dann sein, dass sie widersprechende Standpunkte damit stützen?

Protagoras argumentiert folgendermaßen:

Wenn Euathlos den Gerichtsprozess gewinnt (Fall 1 nach $P1_{P\&E}$), dann muss er laut Vertrag zahlen (nach $P2_{P\&E}$).

Wenn Euathlos den Gerichtsprozess verliert (Fall 2 nach $P1_{P\&E}$), dann muss er laut Gerichtsurteil zahlen (nach $P3_{P\&E}$).

Also muss Euathlos in jedem Fall zahlen!

Euathlos argumentiert dagegen so:

Wenn Euathlos den Gerichtsprozess gewinnt (Fall 1 nach $P1_{P\&E}$), dann muss er laut Gerichtsurteil nicht zahlen (nach $P3_{P\&E}$).

Wenn Euathlos den Gerichtsprozess verliert (Fall 2 nach $P1_{P\&E}$), dann muss er laut Vertrag nicht zahlen (nach $P2_{P\&E}$).

Also muss Euathlos in keinem Fall zahlen!

Diese Darstellung macht deutlich, wie sich die beiden Argumente unterscheiden und warum Protagoras und Euathlos *mithilfe der gleichen Annahmen für sich widersprechende Standpunkte argumentieren* können.

Fall 1 (Euathlos gewinnt den Gerichtsprozess)

- Protagoras beruft sich auf $P2_{P\&E}$ (der Vertrag bestimmt die Zahlungsverpflichtung). Nach Vertrag muss Euathlos in Fall 1 zahlen.

- Euathlos beruft sich dagegen auf $P3_{P\&E}$ (das Gerichtsurteil bestimmt die Zahlungsverpflichtung). Wenn es nach dem Gerichtsurteil geht, dann muss Euathlos nicht zahlen.

Fall 2 (Euathlos verliert den Gerichtsprozess)

- Protagoras beruft sich auf $P3_{P\&E}$ (das Gerichtsurteil bestimmt die Zahlungsverpflichtung). Nach Gerichtsurteil muss Euathlos in Fall 1 zahlen.
- Euathlos beruft sich dagegen auf $P2_{P\&E}$ (der Vertrag bestimmt die Zahlungsverpflichtung). Im Vertrag war vereinbart, dass Euathlos nicht zahlen muss, solange er keinen Prozess gewinnt.

Die Logik, die Protagoras und Euathlos in der Argumentation verwenden, ist einwandfrei. Die Tatsache, dass die beiden dennoch zu sich widersprechenden Standpunkten gelangen, zeigt allerdings, dass mit ihren Annahmen etwas nicht stimmt. Diese sind widersprüchlich. Das äußert sich genau darin, dass man aus ihnen *Beliebiges folgern* kann (lat.: „ex falso quodlibet"). Man kann logisch folgern, dass Euathlos bezahlen muss. Man kann auch logisch folgern, dass Euathlos nicht bezahlen muss. Und man kann sogar logisch folgern, dass beide Streithammel nach dem Gerichtsprozess von einer Königspython gefressen wurden. Das ist kein Witz! Logik ist explosiver als Schießpulver. Sobald sich ein einziger Widerspruch in Ihr Denken eingeschlichen hat, fliegt Ihnen das gesamte logische Universum um die Ohren. Das heißt, es folgt *alles*, was Sie sich vorstellen können! Aus diesem Grund sollten Sie widersprüchliche Annahmen meiden wie der Teufel das Weihwasser.

Tipp 16: Prüfen Sie Ihr Denken auf widersprüchliche Annahmen.

Um Tipp 16 anwenden zu können, müssen Sie allerdings wissen, wie man widersprüchliche Annahmen erkennt. Wie können Sie das tun?

Betrachten wir dazu ein einfaches Beispiel. In einer Radioansprache sagte der amerikanische Präsident Bill Clinton einmal:

Every 12 seconds another woman is beaten. That's nearly 900,000 victims every year.[6]

Clinton wiederspricht sich hier offensichtlich. Denn ein Jahr hat 31.556.926 Sekunden. Würde alle zwölf Sekunden eine Frau geschlagen, dann wären das 2.629.744 Einzelfälle pro Jahr – nicht 900.000. Clinton sagt also zwei Sachen, die klarerweise nicht gleichzeitig richtig sein können. Eine alternative Interpretation würde den Widerspruch zwar aufheben. Nach dieser Deutung ist anzunehmen, dass 900.000 Frauen jährlich geschlagen werden, manche aber mehrmals, sodass 2.629.744 Einzelfälle resultieren. Diese Lesart scheint aber durch das Wort „another" ausgeschlossen, sodass der Eindruck des Widerspruchs bestehen bleibt.

---

[6] Das Beispiel verdanke ich D. Murray, J. B. Schwartz und S. R. Lichter, die es in ihrem Buch, *It Ain't Necessarily So: How Media Make and Unmake the Scientific Picture of Reality* (2001, S. xiii) aufgreifen. Die Originalpassage findet sich in W. J. Clinton, „The President's Radio Address October 28, 2000", in: W. J. Clinton, *Public Papers of the Presidents of the United States: William J. Clinton (2000–2001, Book III)*, Washington, 2001, S. 2351. Online-Version verfügbar unter: http://www.gpo.gov/fdsys/pkg/PPP-2000-book3/pdf/PPP-2000-book3.pdf. (abgerufen am 17.06.2015).

Aber es gibt auch Fälle von logischen Widersprüchen, die man nicht so einfach prüfen kann. Die Fälle, die wir eingangs betrachtet haben, sind allesamt Beispiele dafür. Hier können Sie nur auf *indirekte Weise* verfahren.

Tipp 16.1: Machen Sie den Catch-22-Test.

Um den Catch-22-Test zu machen, versuchen Sie mithilfe Ihrer Annahmen einen Widerspruch zu einer dieser Annahmen herzustellen. Ein Beispiel dafür könnte folgendermaßen aussehen.

Annahme: Yossarian kann als verrückt eingestuft und somit freigestellt werden.
Catch-22: Um als verrückt eingestuft zu werden, muss Yossarian ein Attest anfordern. Indem er das aber tut, beweist Yossarian, dass er nicht verrückt ist. Also kann Yossarian nicht als verrückt eingestuft und somit nicht freigestellt werden. (Widerspruch zur Annahme!)

Wenn sich kein offensichtlicher Widerspruch zu einer der Annahmen herleiten lässt, könnte es immer noch sein, dass auf zwei widersprüchliche Aussagen geschlossen werden kann. Das war der Fall in der Geschichte von Protagoras und Euathlos, in der Sie folgenden Tipp anwenden können.

Tipp 16.2: Machen Sie den Euathlos-Test.

Um den Euathlos-Test zu machen, nehmen Sie an, dass alle Ihre Annahmen wahr sind. Versuchen Sie dann, einen

Widerspruch herzuleiten, indem Sie beweisen, dass aus Ihren Annahmen zwei Aussagen folgen, die sich widersprechen. Im Beispiel von Protagoras und Euathlos waren das die folgenden Annahmen und Schlussfolgerungen:

Annahmen:

Der Vertrag bestimmt, ob Euathlos zahlen muss ($P2_{P\&E}$).

Das Gerichtsurteil bestimmt, ob Euathlos zahlen muss ($P3_{P\&E}$).

Schlussfolgerungen:

Euathlos muss in jedem Fall bezahlen (K_P).

Euathlos muss in jedem Fall nicht bezahlen. (K_E; widerspricht K_P!)

Vom „Wenn" zum „Dann" (und wieder zurück)

Um das sechste Gebot des gesunden Menschenverstands einzuhalten, müssen Sie logisch sauber bleiben. Dazu müssen Sie widersprüchliche Annahmen vermeiden. Allerdings reicht das alleine nicht aus, um das sechste Gebot zu befolgen. Sie dürfen außerdem keine logischen Fehler machen. Im Folgenden möchte ich Ihnen zeigen, wie Sie eine bestimmte Kategorie des logischen Denkfehlers sicher umschiffen können, indem Sie Wenn-Dann-Aussagen erkennen und richtig behandeln.

Eine *Wenn-Dann-Aussage* ist eine Aussage, die aus zwei Teilen besteht, nämlich

- einem *Wenn-Teil* und
- einem *Dann-Teil*.

Den Wenn-Teil nennt man auch *Bedingung* und den Dann-Teil *Konsequenz*.[7] (Diese beiden Teile werden in Logiktexten oft mithilfe eines Pfeilsymbols [→] verbunden. Aber das sparen wir uns hier!)

Ein Beispiel für eine Wenn-Dann-Aussage ist der Satz

„Wenn es regnet, ist die Straße nass."

Hier ist der Satz „Es regnet" der Bedingungsteil und der Satz „Die Straße ist nass" ist der Konsequenzteil.

Aus Aussagen mit der Wenn-Dann-Struktur

Wenn A, dann B

kann man nun andere Aussagen erschließen – und zwar auf einem logisch sauberen und auf einem logisch unsauberen Weg.

---

[7] Im Folgenden stütze ich mich auf die Terminologie in A. Edmüller und T. Wilhelm, *Argumentieren – sicher, treffend, überzeugend*, Planegg, 2000, S. 42–56. In der formalen Logik sind die Begriffe „Antezedens" und „Konsequens" gebräuchlich.

Angenommen, wir halten den oben stehenden Satz für zutreffend. Wir glauben, dass die Straße in der Tat nass wird, wenn es regnet. Wenn wir außerdem glauben, dass es gerade regnet, können wir uns herleiten, dass die Straße nass ist. Das komplette Argument sieht folgendermaßen aus.

(P1) Wenn es regnet, ist die Straße nass.
(P2) Es regnet.
(K)   Die Straße ist nass.

Es kann sein, dass wir uns mit K irren und die Straße nicht wirklich nass ist. Aber das ist nur dann möglich, wenn mindestens eine der Annahmen, P1 oder P2, falsch ist. Wenn Letzteres nicht der Fall ist, wenn also P1 und P2 wahr sind, dann *muss* die Schlussfolgerung K auch wahr sein. Denn wir haben es hier mit einem *Ja-zur-Bedingung-Argument* zu tun. Und das ist *deduktiv-logisch gültig*.[8]

Eine andere deduktiv-logisch gültige Schlussfolgerung können wir ziehen, wenn wir wissen, dass die Straße nicht nass ist. Dann kann es nicht sein, dass es regnet. Denn wir wissen ja: Wenn es regnet, ist die Straße nass. Das Argument sieht hier folgendermaßen aus:

(P1) Wenn es regnet, ist die Straße nass.
(P2) Die Straße ist nicht nass.
(K)   Es regnet nicht.

---

[8] Logiker sprechen in diesem Zusammenhang von einem *Modus-Ponens*-Argument.

Dieses Argument nennt man das *Nein-zur-Konsequenz-Argument*.

Sowohl das Ja-zur-Bedingung-Argument als auch das Nein-zur-Konsequenz-Argument sind deduktiv-logisch gültige Argumente. Hier folgt die Konklusion aus den Annahmen *mit Notwendigkeit*.

Allerdings gibt es noch zwei weitere Schlussfolgerungen, bei denen die Konklusion nicht mit Notwendigkeit folgt. Logiker sprechen in diesem Zusammenhang von einem *Non sequitur* („es folgt nicht“).

Das erste *Non sequitur* sieht folgendermaßen aus. Zunächst wird eine Wenn-Dann-Aussage angenommen. Dann wird mit einer zweiten Annahme der Bedingungsteil verneint und auf die Verneinung des Konsequenzteils geschlossen.

Zu abstrakt? Hier kommt ein Beispiel:

(P1) Wenn es regnet, ist die Straße nass.
(P2) Es regnet nicht.
(K)   Die Straße ist nicht nass.

Dieser Fehlschluss heißt *Nein-zur-Bedingung-Fehlschluss*.

Das zweite *Non sequitur* sieht dagegen so aus. Wieder wird eine Wenn-Dann-Aussage angenommen. Dann wird mit einer zweiten Annahme der Konsequenzteil bejaht und auf die Bejahung des Bedingungsteils geschlossen.

(P1) Wenn es regnet, ist die Straße nass.
(P2) Die Straße ist nass.
(K)   Es regnet.

Diesen Fehlschluss nennt man auch den *Ja-zur-Konsequenz-Fehlschluss.*

Sehen Sie, warum es sich beim Nein-zur-Bedingung-Fehlschluss und beim Ja-zur-Konsequenz-Fehlschluss jeweils um logische Fehler handelt? Wenn nicht, dann können Sie sich das vergegenwärtigen, indem Sie eine Technik verwenden, die wir bereits in Kap. 2 besprochen haben: die *Mögliche-Welten-Technik.* Sie versuchen sich vorzustellen, dass der Standpunkt im vorliegenden Argument falsch ist, obwohl beide Annahmen wahr sind.

Konfrontieren wir nun einmal alle gerade besprochenen Argumente mit diesem Test – zuerst das Ja-zur-Bedingung-Argument:

(P1) Wenn es regnet, ist die Straße nass.
(P2) Es regnet.
(K)   Die Straße ist nass.

Können Sie sich eine Welt vorstellen, in der der Standpunkt K, auf den hier geschlossen wird, falsch ist, obwohl beide Prämissen, P1 und P2, wahr sind? Das ist offensichtlich nicht möglich. Deswegen ist das Ja-zur-Bedingung-Argument deduktiv-logisch gültig.

Wie sieht es mit dem Nein-zur-Konsequenz-Argument aus?

(P1) Wenn es regnet, ist die Straße nass.
(P2) Die Straße ist nicht nass.
(K)   Es regnet nicht.

Auch hier gilt: Es gibt keine mögliche Welt, in der der Standpunkt falsch ist, obwohl beide Annahmen wahr sind.

Anders sieht das mit dem Nein-zur-Bedingung-Fehlschluss aus.

(P1) Wenn es regnet, ist die Straße nass.
(P2) Es regnet nicht.
(K) Die Straße ist nicht nass.

Es ist denkbar, dass die Schlussfolgerung K falsch ist, obwohl beide Prämissen, P1 und P2, wahr sind. Es mag stimmen, dass die Straße nass ist, wenn es regnet. Und es mag sein, dass es gerade nicht regnet. Die Straße könnte dennoch nass sein. Vielleicht wäscht dort gerade jemand sein Auto.

Ähnlich verhält es sich mit dem Ja-zur-Konsequenz-Fehlschluss.

(P1) Wenn es regnet, ist die Straße nass.
(P2) Die Straße ist nicht nass.
(K) Es regnet.

Auch hier ist denkbar, dass die Schlussfolgerung K die gezogen wird, falsch ist, obwohl beide Annahmen, P1 und P2, wahr sind. Wir sehen das, indem wir uns wiederum vorstellen, dass die Straße immer dann nass ist, wenn es regnet und dass die Straße gerade nass ist. Daraus folgt nicht, dass es gerade regnet. Denn wie wir gerade schon gesagt haben: Vielleicht wäscht dort gerade jemand sein Auto. Wir haben es also mit einem *Non sequitur* zu tun!

Einen Punkt sollte ich noch klarstellen: Wenn Sie wissen, dass es sich bei einem bestimmten Argument für den Standpunkt K um ein *Non sequitur* handelt, dann wissen Sie nur, dass dieses Argument keine harte, deduktiv-logische Begründung für K darstellt. Sie wissen nicht, dass K falsch ist. Das abzuleiten wäre ein weiterer Fehlschluss: der sogenannte Fehlschluss-Fehlschluss (engl: „fallacy fallacy").[9]

Warum Hunde keine Esel sind – jenseits von „Wenn" und „Dann"

Nun haben Sie das nötige Rüstzeug, um gültige Wenn-Dann-Argumente von ungültigen zu unterscheiden. Wenn Sie es anwenden, werden Sie viele Denkfehler vermeiden. Und Sie werden auch in der Lage sein, die Denkfehler anderer zu erkennen. (Letzteres wird Sie sicherlich zu einem gerne gesehenen Gast auf jeder Dinner-Party machen.)

Allerdings sollte ich Ihnen noch einen weiteren Tipp mit auf den Weg geben, nämlich den folgenden.

Tipp 18: Achten Sie auf verborgene Wenn-Dann-Strukturen.

Wenn-Dann-Strukturen treten in Alltagsaussagen nahezu überall auf. Aber vielen dieser Aussagen sieht man ihre logische Struktur nicht an. Denn sie enthalten weder das Wort „wenn" noch das Wort „dann". Und doch liegt ihnen eine Wenn-Dann-Struktur zugrunde.

---

[9] Vgl. D. H. Fischer, *Historians' Fallacies*, New York, 1970, S. 305–306.

„Not macht erfinderisch."
„Alle Hunde haben einen Schwanz."
„Morgenstund hat Gold im Mund."

Alle diese Aussagen enthalten eine verborgene Wenn-Dann-Struktur.

Glauben Sie nicht? Gut, dann machen wir den Test!

„Wenn jemand in Not ist, dann macht ihn das erfinderisch."
„Wenn etwas ein Hund ist, dann hat dieses Etwas einen Schwanz."
„Wenn Sie früh aufstehen, dann wird sich das für Sie lohnen!"

Um Tipp 18 zu beherzigen, sollten Sie aktiv nach Wenn-Dann-Strukturen suchen: in Ihrem eigenen Denken und auch im Denken anderer. Wann immer Sie eine solche Struktur entdecken, sollten Sie diese *explizit machen*, indem Sie den jeweiligen Satz entsprechend umformulieren. Zu Beginn wird Ihnen das vielleicht etwas schwer fallen. Aber keine Angst: Mit der Zeit wird es zur Routine!

Indem Sie Tipp 18 beachten, werden Sie zwei Dinge erreichen. Sie werden in der Lage sein, Denkfehler, die Sie intuitiv erkennen, zu erklären. Und – vielleicht noch wichtiger – Sie werden in der Lage sein, peinliche Denkfehler zu vermeiden, die Ihnen sonst nicht aufgefallen wären. Einen solchen begeht z. B. Edward de Bono. Er erklärt, dass Wahrnehmungsfehler, die wir in Kap. 9 noch thematisieren werden, auch dann zu falschen Schlussfolgerungen führen können, wenn die Logik einwandfrei ist. Das ist richtig. Allerdings könnte Edward de Bono ein wenig Logiknachhilfe vertragen. Denn er stuft folgendes Argument als Beispiel für einwandfreie Logik (engl.: „faultless logic") ein:

(P1) Alle Esel haben vier Beine und einen Schwanz.
(P2) Mein Hund hat vier Beine und einen Schwanz.
(K)   Mein Hund ist ein Esel.[10]

Wenn dieses Argument Sie dazu bringt, Ihren Hund mit anderen Augen zu sehen, dann haben Sie auf den vorigen Seiten nicht aufgepasst!

Gegenargumente Reloaded

In einem letzten Schritt möchte ich die logischen Ressourcen, die wir uns in diesem Kapitel angeeignet haben, nutzen, um ein Thema aus Kap. 1 erneut aufzugreifen und zu vertiefen. Dort riet ich Ihnen, Ordnung in Ihr Denken zu bringen. Zu diesem Zweck gab ich Ihnen drei Tipps. Ich empfahl Ihnen, Ihre Gedanken in einzelne Argumente aufzuteilen und diese wiederum in ihre einzelnen Bestandteile zu zerlegen, nämlich These, Annahme(n) und Begründungszusammenhang. Ich gab Ihnen außerdem den Hin-

---

[10] Die Originalpassage lautet wie folgt: „If the perception is defective the outcome will be rubbish even if the logic is faultless, as the following illustrates: All donkeys have four legs and a tail. My dog has four legs and a tail. Therefore, my dog is a donkey." (E. de Bono, „The Scientist-Practitioner as Thinker: a Comment on Judgement and Design", in: D. A. Lane und S. Corrie (Hrsg.), *The Modern Scientist-Practitioner: A Guide to Practice in Psychology*, London, 2007, S. 179).

weis, den Zusammenhang einzelner Argumente in Ihrem Denken zu klären. Und schließlich riet ich Ihnen, sich Gedanken über Gegenargumente zu machen. Allerdings sagte ich Ihnen nicht viel über die verschiedenen Arten von Gegenargumenten. Ich erklärte lediglich, dass ein Gegenargument ein Argument ist, das sich gegen einen der drei Teile eines Arguments richtet. Ich ging nicht auf mögliche Techniken der Gegenargumentation ein. Das möchte ich jetzt nachholen, indem ich Ihnen folgenden Tipp gebe.

> *Tipp 19: Verwenden Sie die „Das-würde-ja-bedeuten-dass-..."-Technik, um Gegenargumente zu entwickeln.*

Was verbirgt sich hinter der „Das-würde-ja-bedeuten-dass..."-Technik? Um das zu erklären, müssen wir zunächst eine Unterscheidung treffen. Oben haben wir verschiedene Arten von Gegenargumenten identifiziert. Wir unterschieden

- Argumente gegen die These,
- Argumente gegen die Annahme(n),
- Argumente gegen den Begründungszusammenhang.

Diese drei Arten von Gegenargumenten können wiederum in zwei Varianten auftreten. Es kann sich bei Ihnen um

- *direkte* Gegenargumente

und um

- *indirekte* Gegenargumente

handeln. Ein direktes Gegenargument verneint mit seiner Schlussfolgerung einen Teil des zu widerlegenden Arguments, also entweder die These, die Annahme(n) oder den Begründungszusammenhang. Wie ein direktes Gegenargument konkret aussehen könnte, können wir uns anhand des folgenden Beispiels vor Augen führen:

(P1) Marihuana ist eine Einstiegsdroge.

(P2) Man sollte den Bürgern verbieten, Einstiegsdrogen zu konsumieren.

(K) Man sollte den Bürgern verbieten, Marihuana zu konsumieren.

Dieses Argument ist deduktiv-logisch gültig. Das heißt, der Begründungszusammenhang lässt sich nicht mit einem direkten Gegenargument angreifen. Ein solches direktes Gegenargument müsste entweder eine der beiden Prämissen angreifen oder die Konklusion. Beispielsweise könnte man versuchen, die zweite Prämisse P2 direkt zu widerlegen. Das ist die Idee hinter folgendem Argument:

(P3) Die Bürger können eigenverantwortlich entscheiden.

(P4) Wer eigenverantwortlich entscheiden kann, dem sollte man nicht verbieten, Einstiegsdrogen zu konsumieren.

(K*) Man sollte den Bürgern nicht verbieten, Einstiegsdrogen zu konsumieren.

Bei diesem Gegenargument handelt es sich um ein *direktes Gegenargument*. Mit ihm wird die zweite Prämisse, P2, des Zielarguments direkt widerlegt. Denn bei K* handelt es sich um die Verneinung von P2. Und auf K* wird geschlossen.

Bei einem *indirekten Gegenargument* wird die zu widerlegende Aussage nicht direkt angegriffen. Mit ihm wird nicht direkt das logische Gegenteil der zu widerlegenden Behauptung bewiesen. Vielmehr wird sie selbst als Annahme verwendet. Genauer: Die zu widerlegende Behauptung wird zum Wenn-Teil bzw. zur Bedingung eines Wenn-Dann-Satzes, der im indirekten Gegenargument als Annahme fungiert. Als zweite Annahme wird gesetzt, dass der Dann-Teil verneint werden kann, sodass mithilfe eines Nein-zur-Konsequenz-Arguments deduktiv-logisch darauf geschlossen werden kann, dass der Wenn-Teil falsch ist. So wird gezeigt, dass die zu widerlegende Behauptung zu negieren ist.

Wie würde ein indirektes Gegenargument gegen P2 aussehen? P2 behauptet, dass den Bürgern verboten werden sollte, Einstiegsdrogen zu konsumieren. Diese Behauptung muss im Rahmen eines indirekten Arguments in den Wenn-Teil eines Wenn-Dann-Satzes gepackt werden. Da die Strategie beim indirekten Argument darin besteht, den Dann-Teil dieses Wenn-Dann-Satzes zu verneinen, sollte dieser Dann-Teil *möglichst unplausibel* sein. Denn in einer zweiten Prämisse sollten wir ihn guten Gewissens verneinen können. Um auf einen geeigneten Dann-Teil für unseren Wenn-Dann-Satz zu kommen, wenden wir nun Tipp 18 an und setzen die „Das-würde-ja-bedeuten-dass-…"-Technik ein. Zu diesem Zweck nehmen wir an, die zu widerlegende Behauptung P2 gelte. Dann fragen wir uns, was das bedeuten würde.

(P2) Man sollte den Bürgern verbieten, Einstiegsdrogen zu konsumieren.

Das würde ja bedeuten, dass …

… man den Bürgern auch verbieten sollte, Alkohol zu konsumieren. (Denn bei Alkohol handelt es sich ja auch um eine Einstiegsdroge.)

Unsere erste Annahme lautet also:

(P5) Wenn man den Bürgern verbieten sollte, Einstiegsdrogen zu konsumieren, dann sollte man ihnen auch verbieten, Alkohol zu konsumieren.

Nun müssen wir nur noch den Dann-Teil dieser Annahme verneinen, indem wir Folgendes annehmen:

(P6) Man sollte den Bürgern *nicht* verbieten, Alkohol zu konsumieren.

Und wir können folgern:

(K*) Man sollte den Bürgern nicht verbieten, Einstiegsdrogen zu konsumieren.

K* ist, wie wir bereits oben gesagt haben, die direkte Verneinung von P2. Also wird auch mit diesem indirekten Gegenargument P2 widerlegt. Dabei ist der Schluss auf K* logisch wasserdicht. Er kann nicht kritisiert werden, da er deduktiv-logisch gültig ist. Allerdings könnte man gegebenenfalls eine der Prämissen kritisieren. Im vorliegenden Fall könnte man beispielsweise anzweifeln, dass es sich bei Alkohol wirklich um eine Einstiegsdroge handelt. Dann könnte man P5 ablehnen. Oder man könnte behaupten, dass auch Alkohol verboten werden sollte. Auch in diesem Fall könnte man an der Behauptung, dass Einstiegsdrogen verboten werden sollten, festhalten.

Damit wird klar, worauf Sie beim Einsatz der „Das-würde-ja-bedeuten-dass-…"-Technik achten müssen. Die Technik stellt keinen Persilschein für waghalsige Spekulationen dar. Die Verbindung, die Sie zwischen dem Wenn-Teil und dem Dann-Teil herstellen, muss wirklich plausibel sein. Außerdem muss der Dann-Teil möglichst unplausibel sein, sodass man ihn vernünftiger Weise ablehnen kann. Es wird Ihnen nicht immer gelingen, diese beiden Bedingungen gleichzeitig zu erfüllen. Wenn Sie es aber schaffen, haben Sie ein wirklich gutes Gegenargument zur Hand.

Zusammenfassung

In diesem Kapitel gab ich Ihnen einige Tipps, mit denen Sie Ihr Denken logisch sauber halten können, um das sechste Gebot des gesunden Menschenverstands zu erfüllen. Ich empfahl Ihnen erstens, auf logisch widersprüchliche Annahmen zu achten, und gab Ihnen zwei Methoden, mit denen Sie solche Annahmen erkennen können: den Catch-22-Test und den Euathlos-Test. Zweitens zeigte ich Ihnen, wie man logisch sauber aus Wenn-Dann-Aussagen schlussfolgert und wie man verborgene Wenn-Dann-Strukturen entdecken kann. Drittens ging ich auf Gegenargumente ein und besprach, wie sich die „Das-würde-ja-bedeuten-dass-…"-Technik einsetzen lässt, um effektive, indirekte Gegenargumente zu konstruieren.

Das siebte Gebot: Tappen Sie nicht in die Sprachfalle

Ein indisches Restaurant wirbt mit dem Slogan:

„Kein Curry ist besser als unser Curry!"

Ist das ein guter Werbespruch?

Diese Frage stelle ich häufig an die Teilnehmer meiner Argumentations- und Kommunikationskurse, bevor ich mit ihnen die Tücken der Sprache erkunde. Als Hilfestellung stelle ich ihnen normalerweise zwei weitere Fragen.

Die erste lautet: Welche Botschaft sollte mit diesem Werbespruch offensichtlich kommuniziert werden? Die Antwort ist ziemlich eindeutig:

„Es gibt kein Curry, das besser ist als unser Curry."

Dann frage ich, ob man den Werbespruch auch anders verstehen könnte. In den meisten Fällen macht es schnell „click". Kommen auch Sie auf die Antwort?

Genau! Man könnte den Werbespruch „Kein Curry ist besser als unser Curry!" noch auf eine zweite Art verstehen:

© Springer-Verlag Berlin Heidelberg 2017
N. Mukerji, *Die 10 Gebote des gesunden Menschenverstands*,
DOI 10.1007/978-3-662-50339-3_7

„Kein Curry [zu essen] ist besser als unser Curry [zu essen]."

Diese Art des sprachlichen *Fauxpas* ist häufig. Denn die meisten Menschen übersehen, dass viele Aussagen unserer Alltagssprache unterschiedlich verstanden werden können. Die Alltagssprache ist oft vage und/oder mehrdeutig. Dadurch entstehen nicht nur peinliche Werbebotschaften. Es kommt auch zu handfesten Denkfehlern. Und diese Denkfehler sind so beschaffen, dass sie nicht mithilfe formallogischer Regeln erkannt werden können. Als vernünftiger Mensch sollten Sie also nicht nur logisch sauber bleiben. Sie sollten außerdem vermeiden, in die Sprachfalle zu tappen. Das verlangt das siebte Gebot des gesunden Menschenverstands. In diesem Kapitel möchte ich Ihnen das Rüstzeug an die Hand geben, das Sie brauchen, um dieses Gebot einzuhalten.

Warum eine Katze sechs Schwänze hat und Erdnussbutter besser ist als die Freuden des Himmels

Seit Langem ist bekannt, dass Denkfehler entstehen, wenn wir unsere Sprache nicht richtig gebrauchen. Der Philosoph Bertrand Russell (1872–1970) erkannte dies bereits vor 100 Jahren[1]. Deswegen forderte er, die Philosophie

---

[1] Vgl. B. Russell, *Our Knowledge of the External World*, London, 1914/1993, S. 52 ff.

möge eine Sprache entwickeln, in der sich alle denkbaren Sachverhalte *eindeutig formulieren* lassen.

Soweit will ich hier nicht gehen. Ich will Ihnen nicht raten, jeden Satz, den Sie denken, auf seine logische Struktur zu prüfen. Wenn Sie das täten, würden Sie wahrscheinlich durchdrehen. Ich möchte Ihnen lediglich einen gewissen *Sprachskeptizismus* nahelegen. Sie sollten daran zweifeln, dass Ihre Aussagen und die Aussagen anderer absolut *eindeutig* sind. Dies zumindest legt Ihnen mein erster Tipp des Kapitels nahe.

> **Tipp 20: Prüfen Sie, ob sich sprachliche Ausdrücke unterschiedlich deuten lassen.**

Warum sollten Sie diesen Tipp berücksichtigen?

Die Antwort habe ich Ihnen gerade gegeben: weil Mehrdeutigkeit oft zu Denkfehlern führt. Anhand des folgenden Beispiels lässt sich das gut illustrieren.

Angenommen, Sie starten mit einer sehr glaubhaften Annahme.[2]

> (P1) Eine Katze hat einen Schwanz mehr als keine Katze.

Bis hierhin würden Sie zustimmen, oder?

Dann fügen Sie dieser Annahme noch eine zweite hinzu, die ebenfalls extrem plausibel ist.

---

[2] Das Beispiel entnehme ich A. Bühler, *Einführung in die Logik*, Freiburg/München, 1992.

(P2) Keine Katze hat fünf Schwänze.

Wenn Sie diese beiden Prämissen bejaht haben, müssten Sie dann nicht schließen, dass Folgendes gilt?

(K)   Eine Katze hat sechs Schwänze.

Schließlich haben Sie ja zugestanden, dass eine Katze einen Schwanz mehr hat als keine Katze. Und wenn keine Katze fünf Schwänze hat, dann muss doch eine Katze sechs Schwänze haben.

Ein sehr ähnliches Argument sieht wie folgt aus:

(P1) Nichts ist besser als die Freuden des Himmels.
(P2) Erdnussbutter ist besser als nichts.
(K)   Erdnussbutter ist besser als die Freunden des Himmels.

Natürlich würden Sie Denkfehler wie diese beiden nie begehen – aber nur weil Sie wissen, dass die Konklusion jeweils falsch ist. Sie schließen darauf, dass sich hier irgendwo ein Denkfehler eingeschlichen haben *muss*. Problematischer wird es, wenn die Konklusion nicht offensichtlich falsch ist. Dann könnten auch Sie in die Sprachfalle tappen! Um das zu vermeiden, sollten Sie darauf achten, was hier schief läuft.

Das Problem bei beiden oben genannten Argumenten liegt darin, dass bestimmte sprachliche Ausdrücke, die in

P1, P2 und K vorkommen, in unterschiedlichen Bedeutungen verwendet werden. Diese Bedeutungen werden jeweils gleichgesetzt. So entsteht ein *Mehrdeutigkeitsfehlschluss*. Im vorliegenden Fall besteht dieser Mehrdeutigkeitsfehlschluss darin, dass unterschiedliche Bedeutungen ein und desselben Wortes gleichgesetzt werden. In diesem Zusammenhang spricht man von einer *Äquivokation*.

Betrachten wir das erste Beispiel etwas genauer. Worin liegt hier die Äquivokation? Das Wort „keine" wird sowohl in P1 als auch in P2 verwendet – allerdings jeweils in einer unterschiedlichen Bedeutung. In P1 bedeutet „keine" schlicht die Zahl 0. P1 könnte man also auch so formulieren:

(P1) 1 Katze hat einen Schwanz mehr als 0 Katzen.

In P2 kommt das Wort „keine" ebenfalls vor. Dort bedeutet es jedoch etwas anderes. P2 könnte man z. B. wie folgt umformulieren:

(P2) Katzen, die fünf Schwänze haben, existieren nicht.

Wenn wir P1 und P2 so formulieren, dann ist sofort ersichtlich, dass die Konklusion nicht folgt. Um auf die Konklusion, dass 1 Katze sechs Schwänze hat, zu schließen, müssten wir zusätzlich annehmen, dass 0 Katzen fünf Schwänze haben. Und das ist offensichtlich falsch.

Worin besteht die Äquivokation im zweiten Argument? Hier tritt der Begriff „nichts" zweimal und in unterschiedlichen Bedeutungen auf. Die Annahme

(P1) Nichts ist besser als die Freuden des Himmels

könnte man umformulieren zu

(P1) Die Freuden des Himmels sind besser als alles andere, was es gibt.

Wenn wir nun die zweite Annahme

(P2) Erdnussbutter ist besser als nichts

so stehen lassen, dann ist offensichtlich, dass die Konklusion

(K)   Erdnussbutter ist besser als die Freunden des Himmels

nicht folgt.

Nun wissen Sie, was eine Äquivokation ist. Und Sie haben anhand der beiden Beispiele gesehen, wie Äquivokationen funktionieren. Vielleicht halten Sie dieses Phänomen dennoch für trivial und unwichtig. Ich mache immer wieder die Erfahrung, dass Teilnehmer meiner Argumentationskurse unterschätzen, wie wichtig es ist, auf Äquivokationen zu achten. Zwei weitere Beispiele sollen das klarmachen.

Das erste Beispiel kommt aus der Debatte um die Evolutionstheorie, die vor allem in Amerika sehr öffentlichkeitswirksam geführt wird. Fundamentale Christen neigen dazu, die Evolutionstheorie abzulehnen, weil sie ihrer Einschätzung nach der biblischen Schöpfungsgeschichte widerspricht. Sie sympathisieren in der Regel mit einer anderen Theorie über den Ursprung der Lebewesen auf der Welt – dem *Kreationismus*. Eine überwältigende Mehrheit unter den akademischen Biologen erachtet die Evolutionstheorie für wahr. Dies hält Anhänger des Kreationismus allerdings nicht davon ab, regelmäßig ein Argument vorzubringen, das zeigen soll, dass es sich bei der Evolutionstheorie nicht um eine bewiesene Tatsache handelt. Sie versuchen mit diesem Argument nachzuweisen, dass die Evolutionstheorie selbst innerhalb der biologischen Wissenschaft nicht als etablierte Tatsache gelten kann.

(P1) Biologen bezeichnen die Evolutionstheorie selbst als eine „Theorie".

(P2) Das Wort „Theorie" bezeichnet eine unsichere Vermutung.

(K) Biologen halten die Evolutionstheorie also für eine unsichere Vermutung.

Stellen Sie sich nun vor, Sie diskutieren mit einer Person, die dieses Argument vorbringt. Könnten Sie ihr erklären, was hier schief läuft? Wenn Sie nicht erkennen, dass hier eine Äquivokation im Spiel ist, werden Sie Probleme haben, das Argument zu entkräften.

Aber worin besteht die Äquivokation?

Richtig! Das Wort „Theorie" wird in unterschiedlichen Bedeutungen verwendet. Wenn Wissenschaftler von einer „Theorie" sprechen, dann verwenden Sie dieses Wort üblicherweise folgendermaßen:

> Bedeutung 1: Eine Theorie ist ein System von Hypothesen, das empirisch gut bestätigt ist und einen bestimmten Aspekt unserer Umwelt gut erklärt.

Einigen Theorien gestehen Wissenschaftler sogar den Status bewiesener Tatsachen zu. Darüber haben wir bereits in Kap. 3 gesprochen. Die Gravitations*theorie* fiele beispielsweise in diese Kategorie.

Wenn das Wort „Theorie" in der *Alltagssprache* verwendet wird, dann häufig so:

> Bedeutung 2: Eine Theorie ist eine lose Vermutung, die nicht empirisch bestätigt ist.

Wenn Sie z. B. sagen:

> „Es könnte sein, dass ich mein Handy im Auto gelassen habe",

dann vertreten Sie damit im alltagssprachlichen Sinne eine Theorie. Das heißt, Sie formulieren eine *lose Vermutung*, für die Sie noch keine empirischen Anhaltspunkte haben.

Natürlich ist es niemandem verboten, das Wort „Theorie" in der einen oder andere Bedeutung zu verwenden.

Beide Verwendungsweisen sind legitim. Aber der gesunde Menschenverstand verlangt, die beiden Sinne strikt voneinander zu trennen! Genau das wird im Argument des Evolutionsskeptikers nicht gemacht. Aus der Prämisse, dass Biologen die Evolutionstheorie selbst als Theorie bezeichnen (P1), wird geschlossen, dass Biologen die Evolutionstheorie für eine unsichere Vermutung halten (K). Es wird dabei vorausgesetzt, dass Biologen das Wort „Theorie" genauso verwenden, wie wir das im Alltag tun (P2). Das aber ist falsch. Und darin liegt der Denkfehler!

Ein zweites Beispiel, das ich Ihnen kurz vorstellen möchte, sieht folgendermaßen aus: Stellen Sie sich vor, Sie sind Mitglied einer Jury in einem amerikanischen Gerichtsprozess. Es wird der Fall eines Autodiebstahls verhandelt. Einem jungen Mann wird vorgeworfen, das Auto einer älteren Frau gestohlen zu haben. Und vor Gericht soll die Dame den Täter identifizieren. Nehmen Sie weiterhin an, die Zeugin gibt zu Protokoll, bei dem Angeklagten handle es sich um den Autodieb. Sie sei sich sicher, sie habe den jungen Mann in ihrem Auto davon fahren sehen. Nach der Gerichtssitzung bringt einer der Juroren folgendes Argument vor:

Liebe Kollegen, ich denke, der springende Punkt in diesem Fall ist doch folgender: Sagt die Zeugin die Wahrheit – ja oder nein? Wenn ja, dann müssen wir den Angeklagten schuldig sprechen. Wenn nein, dann nicht. Ich zumindest bin absolut sicher, dass die Frau die Wahrheit sagt. Ich kann mir nicht vorstellen, dass sie einfach in den Zeugenstand geht, ihre Hand auf die Bibel legt, schwört die Wahrheit zu sagen und dann lügt. Ich denke, sie ist aufrichtig. Daher habe ich keinen Zweifel, dass es sich bei dem Angeklagten um den Täter handelt. Ich denke also, wir sollten ihn schuldig sprechen.[3]

Genau genommen stellt der Juror zwei Argumente vor. Das *erste Argument* sieht wie folgt aus.

(P1)   Wenn die Zeugin die Wahrheit sagt, dann muss der Angeklagte schuldig gesprochen werden.
(P2)   Die Zeugin sagt die Wahrheit.
(K)   Der Angeklagte muss also schuldig gesprochen werden.

Das *zweite Argument* dient dazu, die zweite Prämisse zu erhärten. Es könnte folgendermaßen dargestellt werden.

(P1)   Die Zeugin lügt nicht.
(P2)   Die Zeugin sagt also die Wahrheit.

Im zweiten Argument gibt es eine Äquivokation, die allerdings nur mit etwas Übung zu erkennen ist. Die Annahme, dass die Zeugin nicht lügt, kann wahr sein. Aber daraus lässt sich nicht ableiten, dass sie auch die Wahrheit sagt. Denn nicht zu lügen, ist etwas anderes als die Wahrheit zu sagen. Wer lügt, der sagt *bewusst* etwas, von dem er *glaubt*, es sei *unwahr*. Wenn also gesagt wird, die Zeugin lüge nicht, dann bedeutet das lediglich, dass sie nicht bewusst

---

[3] Bei der eingerückten Passage handelt es sich um meine Übersetzung des Arguments aus B. N. Waller, *Consider the Verdict*, Englewood Cliffs, 1988, S. 235–236.

etwas sagt, das sie für unwahr hält. Es ist vorstellbar, dass sie unbewusst die Unwahrheit sagt – was im Widerspruch zur Konklusion steht. Der Schluss ist also ungültig.[4]

Seien Sie ehrlich: Hätten Sie die Äquivokationen in diesen beiden Beispielen erkannt? Und wären Sie in der Lage gewesen, sie zu erklären?

Wenn Sie mit ja antworten, dann besitzen Sie entweder eine außergewöhnliche sprachliche Auffassungsgabe oder Sie sagen unbewusst die Unwahrheit.[5] Denn meiner Erfahrung nach tun die meisten Menschen sich bei der Anwendung von Tipp 20 relativ schwer. Ohne Übung ist es schwierig, die Mehrdeutigkeit sprachlicher Ausdrücke souverän zu erkennen. Deswegen möchte ich Ihnen noch einige weitere Beispiele geben – und zwar nicht nur Beispiele von Äquivokationen. Denn Äquivokationen sind nur ein Beispiel für sprachliche Denkfehler.

Warum auch Gebrauchtwagenhändler manchmal die Wahrheit sagen

Wie wir gerade gesehen haben, laufen wir Gefahr, den Fehlschluss der Äquivokation zu begehen, wenn wir es mit einzelnen Ausdrücken zu tun haben, die unterschiedliche Bedeutungen haben können (z. B. das Wort „Theorie"). Der Fehlschluss der *Amphibolie* ist dem Fehlschluss der Äquivokation sehr ähnlich. Auch hierbei handelt es sich um einen

---

[4] Auch hier kam die Mögliche-Welten-Technik zum Einsatz, die wir bereits in Kap. 2 und 6 kennengelernt haben.
[5] Ich möchte Ihnen natürlich nicht unterstellen, dass Sie lügen.

Mehrdeutigkeitsfehlschluss. Allerdings liegt das Problem bei einer Amphibolie nicht darin, dass ein bestimmtes Wort auf unterschiedliche Weise gedeutet werden kann. Es liegt vielmehr darin, dass eine ganze sprachliche Konstruktion, die aus mehreren Wörtern besteht, mehrdeutig ist.

Ein Amphibolie-Fehlschluss entsteht dann, wenn unterschiedliche Bedeutungen eines komplexen sprachlichen Ausdrucks miteinander vermischt werden. Genau wie Fehlschlüsse der Äquivokation kommen Amphibolie-Fehlschlüsse recht häufig vor, weil unsere Sprache oft unpräzise ist und man dies bisweilen schwer erkennt. Als der Inhaber eines indischen Restaurants mit der Botschaft

„Kein Curry ist besser als unser Curry"

warb, war er sich der Doppeldeutigkeit dieser Aussage offensichtlich nicht bewusst. In die gleiche Falle tappte der Autohändler, der seine Kunden aus Versehen vor den eigenen Geschäftspraktiken warnte:

„Neu im Angebot: Gebrauchtwagen – warum woanders hingehen und sich betrügen lassen?"

Diese Beispiele zeigen, dass sich bereits aus recht einfachen Aussagen sehr unterschiedliche Schlüsse ziehen lassen – je nachdem, wie man sie deutet.

Wiederum gilt: Amphibolien sind bisweilen nicht nur peinlich. Sie können auch extrem folgenschwer sein, wie das folgende Beispiel zeigt.

Der 5. Zusatzartikel der amerikanischen Verfassung wurde verabschiedet, um die Rechte von Angeklagten in den USA zu regeln. Der englische Originaltext liest sich folgendermaßen:

No person shall be held to answer for a capital, or otherwise infamous crime, unless on a presentment or indictment of a Grand Jury, except in cases arising in the land or naval forces, or in the Militia, when in actual service in time of War or public danger.

Es ist nicht ganz klar, welche Regel der US-Kongress hier verabschiedete. Fällt Ihnen die Mehrdeutigkeit auf?

Zunächst wird – vereinfacht gesprochen – der Grundsatz

„Keine Strafe ohne Prozess!"

aufgestellt. Dann werden *Ausnahmen* eingeführt. Dieser Grundsatz, so die Verfasser des Zusatzartikels 5, solle in bestimmten Fällen nicht gelten. Es geht dabei um

Fälle, die sich bei den Land- und Seestreitkräften und der Miliz ereignen („cases arising in the land or naval forces, or in the Militia").

Und nun kommt noch ein Nachsatz, der lautet

(…) when in actual service in time of War or public danger.

Es ist aufgrund der Formulierung aber nicht klar, worauf sich dieser Nachsatz bezieht. Hier gibt es zwei Interpretationen.

Interpretation 1: Ausgenommen sind Fälle, die sich bei den Land- und Seestreitkräften und der Miliz ereignen, *während* diese in Kriegszeiten oder bei öffentlichem Notstand im Dienst stehen.

Interpretation 2: Ausgenommen sind Fälle, die sich bei den Land- und Seestreitkräften und der Miliz ereignen. *Insbesondere* sind Fälle ausgenommen, die sich ereignen, während Land- und Seestreitkräfte sowie Miliz zu Kriegszeiten oder bei öffentlichem Notstand im Dienst stehen.

Die entscheidenden Wörter, die den Unterschied zwischen Interpretation 1 und 2 ausmachen, sind *kursiv* gedruckt.

Welche Interpretation gewählt wird, macht hier einen großen Unterschied für Personen, die eines Kapitalverbrechens beschuldigt werden. Nach Interpretation 1 kann ein Mitglied des Militärs, dem ein Kapitalverbrechen vorgeworfen wird, in Friedenszeiten nicht ohne Gerichtsurteil bestraft werden. Nur in Kriegszeiten gibt es dafür eine Ausnahmeregelung. Nach Interpretation 2 ist das anders. Wenn Interpretation 2 stimmt, dann können Mitglieder des Militärs für Kapitaldelikte immer ohne Gerichtsurteil bestraft werden. Sie haben also generell weniger Rechte als normale Bürger.

Wer die Rechtslage ein wenig studiert, stellt fest, dass Interpretation 1 die richtige ist. Das heißt, derjenige, der

Schlüsse aus Interpretation 2 zieht, begeht einen folgenschweren Amphibolie-Fehlschluss und entzieht militärangehörigen Angeklagten einen Teil ihrer verfassungsmäßigen Rechte.[6]

„Trinken Sie jeden Abend ein Glas Schnaps!"

Bei Äquivokationen und Amphibolien resultiert die Mehrdeutigkeit daraus, dass ein und derselbe sprachliche Ausdruck in einem gegebenen Kontext auf unterschiedliche Weise verstanden werden kann. Meist hat dies nichts damit zu tun, dass ein bestimmtes Wort auf eine bestimmte Weise ausgesprochen wird. Egal wie Sie das Wort „Bank" aussprechen, es kann sich immer wahlweise auf ein Geldinstitut oder eine Sitzgelegenheit beziehen. Eine Untergruppe sprachlicher Mehrdeutigkeiten hat ihre Ursache allerdings in der Betonung. Deswegen sollten Sie auf diese achten!

---

[6] Dies wird auch in der deutschen Übersetzung deutlich, die keine Amphibolie enthält: „Niemand darf wegen eines Kapitalverbrechens oder eines sonstigen schimpflichen Verbrechens zur Verantwortung gezogen werden, es sei denn aufgrund eines Antrags oder einer Anklage durch ein Großes Geschworenengericht. Hiervon ausgenommen sind Fälle, die sich bei den Land- oder Seestreitkräften oder bei der Miliz ereignen, wenn diese in Kriegszeit oder bei öffentlichem Notstand im aktiven Dienst stehen.".

> *Tipp 20.1: Prüfen Sie, ob sich die Bedeutung einer Aussage mit der Betonung ändert.*

Wenn eine Aussage bei unterschiedlicher Betonung unterschiedlich gedeutet werden kann und Sie diese verschiedenen Bedeutungen gleichsetzen, dann begehen Sie einen Mehrdeutigkeitsfehlschluss. Wenn Sie dabei bewusst gegen das Prinzip der wohlwollenden Interpretation verstoßen, dann kann es sich bei diesem Mehrdeutigkeitsfehlschluss gleichzeitig um ein *Strohmann-Argument* handeln, das wir bereits in Kap. 2 kennengelernt haben.

Dabei können unterschiedliche Arten von Betonungen eine Rolle spielen. Wie eine *ironische Betonung* den Sinn einer Aussage verändern kann, illustriert eine Anekdote über den Philosophen Sidney Morgenbesser. Morgenbesser besuchte den Vortrag seines Kollegen John L. Austin. Dieser stellte die These auf, dass eine doppelte Verneinung zwar wieder eine Bejahung ergebe, eine doppelte Bejahung aber keine Verneinung. Morgenbesser quittierte dies – zum Amüsement der anderen Zuhörer – mit dem Ausruf „Yeah, right!"

Wenn Sie die Pointe in der Anekdote von Morgenbesser und Austin verstanden haben, dann haben Sie die entsprechende Betonung, mit der Morgenbesser seinen Ausspruch „Ja, genau!" versehen hat, gedanklich richtig ergänzt. Wenn wir „Ja, genau!" sagen, dann können wir damit zu verstehen geben, dass wir zustimmen. Wenn wir den Ausspruch aber mit einem ironischen Unterton versehen, dann können wir damit genau das Gegenteil aussagen. Genau das war Morgenbessers Punkt. Sowohl das Wort „Ja" als auch das Wort

„genau" markieren eine Bejahung. Dennoch können beide Wörter hintereinander das Gegenteil bedeuten, wenn sie entsprechend betont werden.

Exkurs 7.1 Logik und Pragmatik

Es gibt zwei Sichtweisen der doppelten Bejahung: die *logische* und die *pragmatische*. Nach den Regeln der Logik sind einfache und doppelte Bejahung äquivalent. Die Pragmatik interessiert sich dafür, wie die intendierte Bedeutung einer Aussage kontextabhängig variieren kann. Hier kann sich ein Bedeutungsunterschied zwischen einfacher und doppelter Bejahung ergeben. Austin wollte nur eine logische Bemerkung machen. Morgenbesser antwortete darauf auf der pragmatischen Ebene. Er bediente sich also lediglich eines rhetorischen Tricks!

Aber nicht nur eine ironische Betonung kann die Bedeutung eines Satzes verändern. Das ist ebenso möglich, wenn wir bestimmte Wörter besonders betonen und sie damit hervorheben. Mehrdeutigkeiten, die durch *Hervorhebungen* entstehen, sind sehr häufig. Denn fast jeder Satz lässt sich abhängig von der Hervorhebung einzelner Wörter unterschiedlich deuten. Folgendes Beispiel macht dies klar:

„Trinken Sie jeden Abend ein Glas Schnaps."

Dieser Satz kann – abhängig von der *Betonung* – sieben unterschiedliche Bedeutungen bekommen.

1. *Trinken* Sie jeden Abend ein Glas Schnaps.

Mit dieser Betonung wird darauf abgehoben, dass Sie das Glas Schnaps jeden Abend trinken und nicht etwas anderes damit tun sollen. Sie sollen es z. B. nicht verwenden, um einen Kuchen zu backen.

2. Trinken *Sie* jeden Abend ein Glas Schnaps.

Hiermit wird gesagt, dass *Sie* das Glas Schnaps trinken sollen, nicht etwa eine andere Person (z. B. ihre Kinder).

3. Trinken Sie *jeden* Abend ein Glas Schnaps.

Die Betonung des Wortes „jeden" stellt klar, dass die Regelmäßigkeit, mit der Sie Ihr Glas Schnaps trinken sollen, eine wichtige Rolle spielt. Sie sollen das Glas Schnaps *jeden* Abend trinken – und nicht nur jeden zweiten!

4. Trinken Sie jeden *Abend* ein Glas Schnaps.

Mit der Betonung des Wortes „Abend" wird hervorgehoben, dass Sie nicht schon tagsüber mit dem Schnapstrinken beginnen sollen.

5. Trinken Sie jeden Abend *ein* Glas Schnaps.

Wer das Wort „ein" betont, hebt auf die Menge Schnaps ab, die zu konsumieren ist. Ein Glas ist genug. Es müssen keine acht sein!

6. Trinken Sie jeden Abend ein *Glas* Schnaps.

Ähnliches gilt, wenn das Wort „Glas" betont wird. Ein Glas Schnaps reicht. Es muss nicht gleich die ganze Flasche sein!

7. Trinken Sie jeden Abend ein Glas *Schnaps.*

Schließlich kann man noch das Wort „Schnaps" hervorheben. Wer das tut, macht man deutlich, dass es in der obigen Aussage nicht um irgendeine Art von Getränk geht, sondern speziell um Schnaps: Trinken Sie einen guten Obstler und nicht etwa ein Bier!

Die scheinbare Trivialität dieses Beispiels verdeckt unter Umständen die praktische Bedeutung von Betonungsfehlschlüssen. Im zwischenmenschlichen Bereich sind diese sehr wichtig. Um dies zu verdeutlichen, betrachten wir wieder ein Beispiel.

Anna und Bernd sind zu einer Party eingeladen, zu der Anna gerne gehen möchte. Die beiden haben verabredet, dass sie sich um 8:00 Uhr in der gemeinsamen Wohnung treffen und dann dort hingehen. Als sie sich dort sehen, sagt Bernd zu Anna:

Bernd: „Anna, ich habe nachgedacht. Ich denke, wir sollten nicht zur Party gehen."

Bernd möchte damit sagen, dass er lieber das Auto nehmen würde. Anna versteht ihn jedoch anders. Sie denkt, Bernd möchte überhaupt nicht zur Party gehen.

Sie begeht also – bewusst oder unbewusst – einen Betonungsfehlschluss, indem sie Bernds Aussage nicht auf die beabsichtigte Art interpretiert. Die zwischenmenschlichen Konsequenzen können Sie sich ausmalen.

Verpackung ist alles!

Die verbale Beschreibung eines Sachverhalts hat bekanntlich einen großen Einfluss auf dessen Bewertung. Werbestrategen, Versicherungsvertreter, „Bankberater", Gebrauchtwagenverkäufer, Boulevard-Journalisten und Politiker machen sich dies tagtäglich zunutze. In ihren Argumentationen wenden sie insbesondere zwei taktische Manöver an. Sie nutzen „Framing-Effekte" aus und bringen geladene Wörter zum Einsatz. Darauf sollten Sie achten!

Tipp 20.2: Prüfen Sie, ob sich Ihre Einstellung zu einem Gedanken mit der verbalen Formulierung verändert.

Was mit Tipp 20.2 gemeint ist, lässt sich mit einer bekannten Geschichte verdeutlichen.

Zwei Mönche rätseln, ob sie während des Betens rauchen dürfen. Da keiner von ihnen die Antwort weiß, beschließen sie, dem Bischof jeweils einen Brief zu schreiben. Der erste Mönch bekommt die Antwort, dass das Rauchen beim Gebet strikt verboten sei. Dem zweiten teilt der Bischof das Gegenteil mit. Darüber ist der erste Mönch sehr verwundert.

Erster Mönch: „Ich habe den Bischof gefragt, ob ich beim Beten rauchen darf. Er sagte, ich dürfe das nicht. Ich verstehe nicht, warum er es dir erlaubt hat. Was in Gottes Namen hast du ihn denn gefragt?"

Zweiter Mönch: „Ich habe ihn gefragt, ob ich beim Rauchen beten darf."

„Framing-Effekte" dieser Art wurden zuerst von den Psychologen Amos Tversky (1937–1996) und Daniel Kahneman (*1934) systematisch erforscht.[7] Dazu führten sie unter anderem den folgenden, klassischen Versuch durch. Sie bildeten zwei Versuchsgruppen, denen sie unterschiedliche Versionen eines Entscheidungsproblems vorlegten.

Fall 1: Stellen Sie sich vor, die Vereinigten Staaten bereiteten sich auf den Ausbruch einer gefährlichen asiatischen Erkrankung vor, die voraussichtlich 600 Menschen das Leben kosten wird. Zwei Maßnahmen zur Bekämpfung der Erkrankung werden Ihnen vorgestellt. Wenn Maßnahme A umgesetzt wird, dann werden mit Sicherheit genau 200 dieser 600 Menschen *gerettet*. Wenn Maßnahme B umgesetzt wird, dann werden mit einer Wahrscheinlichkeit von 1/3 alle 600 Menschen *gerettet* und mit einer Wahrscheinlichkeit von 2/3 niemand. Für welche Maßnahme entscheiden Sie sich?

Fall 2: Stellen Sie sich vor, die vereinigten Staaten bereiteten sich auf den Ausbruch einer gefährlichen asiatischen Erkrankung vor, die voraussichtlich 600 Menschen das Leben kosten wird. Zwei Maßnahmen zur Bekämpfung der Erkrankung werden Ihnen vorgestellt. Wenn Maßnahme C umgesetzt wird, dann werden mit Sicherheit genau 400 dieser 600 Menschen *sterben*. Wenn Maßnahme D umgesetzt wird, dann wird mit

---

[7] A. Tversky und D. Kahneman, „The Framing of Decisions and the Psychology of Choice", *Science* 211 (4481), 1981, S. 453–458.

einer Wahrscheinlichkeit von 1/3 niemand *sterben* und mit einer Wahrscheinlichkeit von 2/3 alle. Für welche Maßnahme entscheiden Sie sich?

Wenn Sie die Fallbeschreibungen aufmerksam gelesen haben, dann haben sie erkannt, dass die beiden Entscheidungsprobleme, mit denen die zwei Gruppen konfrontiert wurden, *logisch identisch* sind. Die Wahl zwischen A und B entspricht genau der Wahl zwischen C und D. Der einzige Unterschied besteht darin, dass die Konsequenzen der beiden Maßnahmen *unterschiedlich formuliert* sind.

Die Fallbeschreibung der Gruppe 1 enthält die Information, dass genau 200 von 600 Menschen mit Sicherheit *gerettet* werden, wenn Maßnahme A umgesetzt wird. Das bedeutet, dass 400 *sterben* werden. In der Fallbeschreibung der Gruppe 2 findet sich genau diese Information bzgl. Maßnahme C. Das heißt, die Maßnahmen A und C haben die gleichen Konsequenzen. Das Gleiche gilt für die Maßnahmen B und D. Die Fallbeschreibung der Gruppe 1 enthält die Information, dass mit einer Wahrscheinlichkeit von 1/3 alle 600 Menschen gerettet werden und mit einer Wahrscheinlichkeit von 2/3 niemand. Das bedeutet, mit einer Wahrscheinlichkeit von 1/3 stirbt niemand und mit einer Wahrscheinlichkeit von 2/3 sterben alle 600 Menschen. Das ist genau die Informationen, die in der zweiten Fallbeschreibung bzgl. Maßnahme D enthalten ist. Die Maßnahmen B und D haben also auch identische Konsequenzen. Das Entscheidungsproblem zwischen A und B ist demnach das Gleiche wie das Entscheidungsproblem zwischen C und D.

Interessanterweise beurteilten die Versuchspersonen in Gruppe 1 die Situation mehrheitlich anders als die Versuchspersonen in Gruppe 2. Wie Tversky und Kahneman berichten, war in Gruppe 1 die Mehrheit (ca. 80 %) der Versuchspersonen der Meinung, Maßnahme A sei Maßnahme B vorzuziehen. In Gruppe 2 war es genau umgekehrt. Eine deutliche Mehrheit (ebenfalls ca. 80 %) war der Meinung, Maßnahme D sei Maßnahme C gegenüber vorzuziehen.

Warum urteilen die Teilnehmer in den beiden Gruppen so unterschiedlich? Tversky und Kahneman begründen dies so: In unserer Wahrnehmung wiegen Verluste stärker als Gewinne. Das heißt, es ist uns vergleichsweise wichtiger, Verluste zu vermeiden als Gewinne zu erzielen. Dies schlägt sich auch in unserer Risikobereitschaft nieder. Wir sind eher bereit, ein Risiko einzugehen, um einen Verlust zu vermeiden. Dagegen lehnen wir es eher ab, ein Risiko einzugehen, um einen Gewinn zu erzielen. Verluste und Gewinne sind jedoch keine absoluten Größen. Was als Gewinn und Verlust *wahrgenommen* wird, hängt davon ab, wie die Situation beschrieben ist.

In Fall 1 erfahren wir, dass 200 Personen durch Maßnahme A gerettet werden können. Maßnahme B dagegen stellt mit einer Wahrscheinlichkeit von 1/3 einen Gewinn von weiteren 400 Menschenleben in Aussicht und mit Wahrscheinlichkeit von 2/3 einen Verlust von 200 Menschenleben. Da Verluste für uns schwerer wiegen als Gewinne und wir eine geringe Bereitschaft besitzen, für Gewinne Risiken einzugehen, entscheiden wir uns mehrheitlich für die sichere Alternative A.

In Fall 2 ist das verbale „Framing" anders. Und dies schlägt sich in unserer Wahrnehmung des Falles nieder. Anders als in Fall 1 werden wir darauf aufmerksam gemacht, dass Maßnahme A mit Sicherheit zu dem Verlust von 400 Menschenleben führen wird. Maßnahme B kann diesen Verlust abwenden. Die Wahrscheinlichkeit dafür beträgt zwar nur 1/3. Mit einer Wahrscheinlichkeit von 2/3 führt die Maßnahme zum Tod aller 600 Menschen. Aber wir sind mehrheitlich bereit, dieses Risiko in Kauf zu nehmen, um den Verlust von 400 Menschenleben abzuwenden.

Gewinn-/Verlust-Framing-Effekte werden oft strategisch eingesetzt. Bankberater werden beispielsweise darauf getrimmt, ihre Kunden zu sinnlosen Transaktionen zu veranlassen, die alleine den Zweck haben, Courtagen für die Bank zu erwirtschaften. Zu diesem Zweck suchen Sie eine Anlage im Depot des Kunden, die seit Kauf einen ordentlichen Zugewinn verbuchen konnte. Dann wird der Kunde auf seinen Kursgewinn aufmerksam gemacht. Dazu genügt ein kurzer Anruf, der sich wie folgt anhören könnte.

Berater: „Herr Meyer, bei der Durchsicht ihrer Anlagen habe ich festgestellt, dass die XY-Aktie in den vergangenen Wochen einen guten Gewinn einfahren konnte. Diesen Gewinn sollten sie mitnehmen, indem sie die Aktie jetzt veräußern. Sonst könnte es nämlich sein, dass der Kurs wieder fällt und der Gewinn dahin ist."

Meyer: „Oh, vielen Dank, dass sie mich darauf hinweisen. Ich möchte natürlich nicht, dass der Kursgewinn wieder flöten geht. Deswegen ist es wohl am besten, wenn sie die Aktie für mich verkaufen."

Berater: „Gut, Herr Meyer, das mache ich natürlich gerne für sie."

Was passiert hier? Der Berater weist Herrn Meyer darauf hin, dass der Kurs der XY-Aktie gestiegen ist. Der neue

Kurs, der bereits den Gewinn beinhaltet, wird so in Herrn Meiers Wahrnehmung als *Status quo* festgeschrieben. Im nächsten Schritt wird Herr Meyer vor eine Wahl gestellt: verkaufen oder nicht verkaufen? Dann weist der Berater darauf hin, dass der eingefahrene Gewinn wieder verloren sein könnte, wenn Meyer nicht verkauft. Denn Aktien schwanken ja im Kurs. Da Meyer den Gewinn bereits gedanklich verbucht hat, möchte er sich sehr ungern auf dieses Verlustrisiko einlassen und ist bereit zu verkaufen.

Der Rest des Gesprächs könnte dann folgende Wendung nehmen:

Berater: „Herr Meyer, dürfte ich sie noch fragen, wie sie das Geld aus dem Aktienverkauf anlegen möchten? Ich nehme an, sie wollen es nicht auf dem Konto liegen lassen?"

Meyer: „Nein, nein. Da gibt es ja nur lächerliche 0,2 % Zinsen."

Berater: „Sollen wir es dann wieder in Aktien investieren? Da haben sie größere Gewinnchancen."

Meyer: „Aktien hört sich gut an. Was können sie denn dann empfehlen?"

Berater: „Ich sehe gerade, dass sich die XY-Aktie in den vergangenen Wochen gut entwickelt hat. Da sollten sie investieren, um an weiteren Kurssprüngen zu partizipieren."

Meyer: „Das hört sich gut an. Kaufen sie diese Aktie für mich."

Berater: „Gerne, Herr Meyer. Darauf entfällt dann wieder 1 % Handelsprovision – wie üblich."

Denkfehler, die auf Framing-Effekten beruhen, sind psychologisch sehr wirkmächtig und können daher für Sie sehr teuer werden! Wenn Sie dazu neigen, zu denken wie Herr Meyer, dann werden Sie auch dazu neigen, Ihrer Bank Geld zu schenken!

Es ist doch alles eine Frage der Sichtweise

Bei Framing-Effekten führen unterschiedliche sprachliche Formulierungen eines jeweils identischen Sachverhalts zu unterschiedlichen Bewertungen. Die Bewertung entsteht psychologisch. Sie ist nicht bereits in der Formulierung enthalten. Bei *geladenen Wörtern* ist das anders. Hierbei handelt es sich um einzelne Wörter oder ganze sprachliche Wendungen, die bereits eine Bewertung enthalten. Das sprichwörtliche Glas, das man wahlweise als halbvoll oder halbleer ansehen kann, ist ein Beispiel dafür. Auch auf solche Bewertungen sollten Sie achten!

> Tipp 20.3: Prüfen Sie, ob die Formulierung eines Gedankens bereits eine Bewertung enthält.

Sprachliche Formulierungen können positive und negative Ladungen enthalten. Bei positiven Ladungen spricht man von *Euphemismen*. Hier wird ein Sachverhalt durch die Wortwahl besser dargestellt, als man ihn auf den ersten Blick wahrnehmen würde. Bei negativen Ladungen spricht man dagegen von *Dysphemismen* oder – noch besser – von *Kakophemismen*.[8] Hier wird ein Umstand durch die Wortwahl schlechter dargestellt, als man ihn auf den ersten Blick wahrnehmen würde.

---

[8] Das Wort „Kakophemismus" hat den Vorzug, dass jeder sofort weiß, was das ist. Wenn Sie einen Kakophemismus verwenden, dann klingt das, was Sie sagen, nämlich ziemlich sch. . . .

Es ist wichtig zu betonen, dass geladene Wörter nicht *per se* problematisch sind. Schließlich kann es ja sein, dass die Bewertung, die in der Formulierung eines Sachverhalts enthalten ist, argumentativ gut belegt werden kann. Wer geladene Wörter verwendet, begeht also nicht unbedingt einen Fehlschluss. Das tut nur derjenige, der die Bewertung lediglich voraussetzt und keine Gründe liefert, die sie stützen.[9]

Zu ähnlichen Fehlschlüssen kommt es, wenn ein Sachverhalt auf eine Art beschrieben wird, die einen positiven oder negativen Beiklang hat. In diesem Fall enthält die Darstellung des jeweiligen Sachverhalts keine geladenen Wörter. Aber es werden Formulierungen gebraucht, die positive oder negative Assoziationen wecken. Betrachten wir auch dazu ein Beispiel.

Stellen wir uns vor, eine Regierung ist neu ins Amt gewählt worden. Diese Regierung übernimmt einen Haushalt, der eine Milliarde Euro Schulden hat. Im ersten Jahr ihrer Legislatur macht die neue Regierung zwei Milliarden neue Schulden. Im zweiten Jahr sind es bereits drei Milliarden, im vierten Jahr sogar vier Milliarden.

Die Sprecherin der Opposition kritisiert:

> „Diese Regierung macht immer mehr neue Schulden! Seit ihrer Amtsübernahme kam in jedem Jahr eine Milliarde an Neuverschuldung hinzu. Wo soll das hinführen?"

---

[9] Fehlschlüsse, die auf geladenen Wörtern basieren, fallen in der Regel unter die Rubrik „ungerechtfertigte Behauptungen". In Kap. 10 werden wir uns damit noch eingehender befassen.

Regierungssprecher jedoch beschwichtigt:

„Es stimmt. Wir haben neue Schulden gemacht. Das war
notwendig. Aber wir waren jedes Jahr in der Lage, unsere
Neuverschuldung zu verringern. Im ersten Jahr nach unserer Regierungsübernahme betrug die Neuverschuldung noch
200 %. Bereits im zweiten Jahr konnten wir die Neuverschuldungsquote jedoch auf nur noch 100 % senken. Im dritten Jahr
betrug die Neuverschuldungsquote nur noch 66 %. Und wie es
aussieht, werden wir diesen Trend fortsetzen."

Beide Politiker haben – interessanterweise – mit ihrer
Darstellung recht. Die Oppositionssprecherin hat recht,
wenn sie sagt, die Verschuldung sei über die Jahre hinweg
immer weiter angestiegen. Auch der Regierungssprecher
hat recht, wenn er sagt, die Neuverschuldungsquote – also
die prozentuale Veränderung der Schuldenlast gemessen
an den bestehenden Schulden – sei immer weiter gefal-
len. Im ersten Jahr gab es eine bestehende Schuldenlast
von einer Milliarde Euro. Dann wurden zwei Milliarden
Euro neue Schulden gemacht. Gemessen an der bestehenden Schuldenlast von einer Milliarde Euro entspricht das
in der Tat einer Neuverschuldungsquote von 200 %. Im
zweiten Jahr hatte der Haushalt bereits drei Milliarden Euro Schulden. Drei Milliarden Euro neue Schulden wurden
aufgenommen. Das entspricht in der Tat einer Neuverschuldungsquote von 100 %. Im vierten Jahr betrug die
Schuldenlast dann sechs Milliarden Euro. Hinzu kamen
vier Milliarden Euro neue Schulden, also 66 % gemessen
an der bestehenden Schuldenlast.

Allerdings sind die Formulierungen jeweils so gewählt, dass die eigene Position plausibel gemacht wird. Die Oppositionssprecherin möchte darlegen, dass die Regierung einen schlechten Job gemacht hat. Sie belegt dies, indem sie der Regierung eine desolate Haushaltspolitik attestiert. Der Regierungssprecher hat das entgegengesetzte Ziel. Er möchte zeigen, dass die Regierung gute Arbeit geleistet hat, und wählt eine Beschreibung der Haushaltspolitik, die dies nahelegt.

Es ist wichtig zu betonen, dass weder die eine noch die andere Darstellung einen Fehlschluss involviert. Einen Denkfehler macht nur der, der die objektive Faktenlage ignoriert und die Bewertung der Regierungspolitik stattdessen von einer einseitigen verbalen Darstellung der Situation abhängig macht. Wer das tut, begeht einen *Einseitigkeitsfehlschluss*. In Kap. 9 werden wir diese Art des Denkfehlers noch genauer kennenlernen.

Jetzt wird's komplex

Nicht nur Wörter und Aussagen können Ladungen enthalten. Das Gleiche gilt für Fragen. Allerdings handelt es sich bei diesen Ladungen nicht um die positive oder negative Darstellung eines Sachverhalts, sondern um eine oder mehrere *Vorannahmen*, die bereits in der Frage stecken. Mit diesen Vorannahmen wird die Frage gewissermaßen „aufgeladen".

Ein klassisches Beispiel[10] für eine solche *geladene Frage*
liegt im folgenden Fall vor:

> Anna: „Bernd, hast du endlich aufgehört, deine Freundin zu
> schlagen?"
> Bernd: „Moment mal! Wer hat denn gesagt, dass ich ... "
> Anna: „*Ja* oder *nein*, Bernd?!"

Anna stellt Bernd hier eine geladene *Ja-Nein-Frage*. Ja-
Nein-Fragen haben normalerweise genau eine richtige Antwort – nämlich „ja" oder „nein". In diesem Fall könnte es
aber sein, dass keine davon zutrifft. Denn wenn Bernd entweder keine Freundin hat oder er diese nie geschlagen hat,
dann sind beide Antwortalternativen falsch. Wenn Bernd
mit „ja" antwortet, dann gibt er schließlich zu, dass er eine
Freundin hat und er sie zu irgendeinem Zeitpunkt geschlagen hat. Und wenn er mit „nein" antwortet, dann räumt er
ein, dass er eine Freundin hat, er sie zu irgendeinem Zeitpunkt geschlagen hat und das immer noch tut. Weil diese Antwortalternativen aber nicht alle Möglichkeiten abde-
cken, kann es sein, dass keine stimmt.

Eine geladene Frage ist immer auch eine *komplexe Frage*.
Das bedeutet, dass es sich bei ihr um ein *Bündel von Fragen*
handelt, die stillschweigend mitgedacht und teilweise beantwortet werden. Annas Frage an Bernd besteht offensichtlich
aus den folgenden drei Fragen, wobei die Antworten auf
zwei davon bereits vorausgesetzt werden:

---

[10] Vgl. D. Walton, *Informal Logic – A Pragmatic Approach* (2. Aufl.), Cambridge
1989/2008, S. 46 ff.

Frage 1: „Hast du eine Freundin?"

Frage 2: „Wenn ja zu Frage 1: Hast du deine Freundin zu irgendeinem Zeitpunkt in der Vergangenheit geschlagen?"

Frage 3: „Wenn ja zu Frage 2: Hast du endlich aufgehört, sie
zu schlagen?"

Frage 2 kann nur sinnvoll gestellt werden, wenn die Antwort auf Frage 1 „ja" lautet. Und Frage 3 kann nur sinnvoll
gestellt werden, wenn die Antwort auf Frage 2 „ja" lautet.
Indem Anna im obigen Dialog mit Bernd nur Frage 3 stellt,
setzt sie also stillschweigend voraus, dass Fragen 1 und 2
mit „ja" zu beantworten sind. Sie lädt ihre Frage mit diesen
Vorannahmen auf. Wenn Bernd darauf direkt mit „ja" oder
„nein" antwortet, dann tappt er in die Sprachfalle! Das kann
er nur auf eine Art vermeiden: indem er die Voraussetzungen der Frage erklärt und zurückweist.

Trauen Sie niemandem, der einen Fallschirm trägt

Ein weiterer Mehrdeutigkeitsfehlschluss ist der *definitorische Fallschirm*. Hierbei wird zunächst ein bestimmter
Standpunkt behauptet. Und es wird ein Argument für
diesen Standpunkt angeführt. Wenn Gegenargumente vorgebracht werden und sich herausstellt, dass der Standpunkt
nicht haltbar ist, wird die Reißleine gezogen. Der definitorische Fallschirm öffnet sich und sorgt für eine sichere
Landung. Zu diesem Zweck wird der Standpunkt so um-

interpretiert, dass Gegenargumente nicht mehr greifen. Betrachten wir dazu ein Beispiel.

Stellen wir uns vor, Anna und Bernd diskutieren miteinander. Bernd behauptet, alle Ausländer seien arbeitsunwillig und faul. Anna bestreitet dies. Um ihren Standpunkt zu unterstützen, führt sie ein Beispiel an.

> Anna: „Bernd, ich möchte dir von meinem türkischen Bekannten Can erzählen. Er betreibt in unserer Stadt eine Bäckerei. Seit Jahren steht er morgens um 4:00 Uhr auf, fährt zur Arbeit und bäckt seine Brötchen. Meist kommt er erst um 20:00 Uhr nach Hause. Das macht Can sechs Tage pro Woche. In seiner wenigen Freizeit engagiert sich Can zudem ehrenamtlich im deutsch-türkischen Verein seiner Gemeinde. Ich denke nicht, dass er fauler ist als die meisten von uns."

An dieser Stelle zieht Bernd die Reißleine seines definitorischen Fallschirms.

> Bernd: „Anna, da hast du dein Beispiel schlecht gewählt. Ich kenne Can auch. Ihn habe ich mit meiner Aussage nicht gemeint. Er ist schließlich schon seit zehn Jahren in Deutschland und deswegen nicht mehr als Ausländer anzusehen. Ich meinte natürlich diejenigen, die erst seit Kurzem hier sind."

In diesem Beispiel ist es leicht zu erkennen, dass Bernd den definitorischen Fallschirm einsetzt. Das liegt daran, dass sein Begriff von einem „Ausländer" von der normalen Gebrauchsweise abweicht und daher seltsam wirkt.

Oft ist der definitorische Fallschirm jedoch nicht ohne Weiteres zu erkennen. Das gilt besonders dann, wenn er gut vorbereitet wurde. Ein richtiger Fallschirmspringer muss den Fallschirm vor seinem Sprung gut „packen." Er muss darauf achten, dass der Schirm richtig gefaltet ist und die Leinen richtig liegen. Denn sonst kann es passieren, dass sich der Fallschirm nicht ordnungsgemäß öffnen lässt. Der argumentative Fallschirmspringer muss seinen Fallschirm genauso packen. Zu diesem Zweck muss er seine *These möglichst vage formulieren*, denn eine vage These lässt sich leichter uminterpretieren, um das argumentative Ziel zu erreichen. Aus diesem Grund sollten Sie besonders auf vage Formulierungen achten und gegebenenfalls Klarheit einfordern! Wie Sie das tun, wissen Sie bereits. Verwenden Sie Tipp 13 aus Kap. 5. Fragen Sie, was der Fall sein müsste, damit die fragliche These als zutreffend gelten kann.

Ein wunderbares Beispiel eines definitorischen Fallschirms findet sich übrigens in der jüngeren amerikanischen Politikgeschichte. Die Strategen der demokratischen Partei der USA gaben ihrem Präsidentschaftskandidaten Barack Obama 2008 den Slogan „Change" mit auf den Weg. Obama – so das Versprechen aus dem Wahlkampf – werde für „Wandel" sorgen. Im Nachhinein konnte man ihm kaum nachweisen, dass er dieses Versprechen nicht eingelöst hatte. Denn irgendein Wandel findet immer statt. Und woher wollen wir wissen, dass Obama den nicht gemeint hat, als er einen „Change" versprach?

Eine besondere Variante des definitorischen Fallschirms sollte nicht unerwähnt bleiben. Sie ermöglicht es, *eine These komplett gegen eine Widerlegung zu immunisieren*. Sie geht auf den britischen Philosophen Anthony Flew (1923–2010) zurück und wird aufgrund des von Flew gewählten Beispiels *No True Scotsman* genannt. Nehmen wir an, Anna und Bernd sind auf einem Wochenendtrip in Edinburgh. Dort besuchen sie eine traditionelle Veranstaltung, auf der Schotten im Schottenrock auftreten. Beim Auftritt der Dudelsackspieler flüstert Anna Bernd etwas zu.

> Anna: „Schau Bernd, *keiner* dieser schottischen Dudelsackspieler trägt etwas unter seinem Rock."

Bernd hat diese Geschichte zwar auch schon einmal gehört, glaubt sie aber nicht. Deswegen entgegnet er:

> Bernd: „Also Anna, ich denke, das ist eher Hörensagen. Ich glaube nicht, dass alle Schotten nichts unter ihrem Rock tragen."

Es lässt sich schwer herausfinden, wer recht hat – außer ein Windstoß kommt den beiden zur Hilfe. Nehmen wir an, eine starke Böe fördert zutage, dass zumindest einer der schottischen Dudelsackspieler eine wärmende Unterhose trägt. Würde das nicht Annas These widerlegen? Eigentlich schon. Aber an dieser Stelle könnte sie ihren definitorischen Fallschirm öffnen, um ihre These zu retten.

> Anna: „Dann ist dieser eine Dudelsackspieler eben *kein echter Schotte*. Echte Schotten tragen nichts unter ihrem Rock. Meine These steht also immer noch!"

Manche definitorischen Fallschirme können auch nach hinten losgehen, wenn sich herausstellt, dass auch der

Standpunkt, auf den man sich zurückzieht, kritisiert werden kann. Aber Annas Fallschirm ist anders. Ihre Argumentationsstrategie besteht einfach darin zu behaupten, dass ein Schotte ein Mann ist, der aus Schottland kommt und keine Unterhose unter seinem Rock trägt. Wenn man diese Definition zugrunde legt, dann kann Anna mit ihrer Behauptung „Kein Schotte trägt etwas unter seinem Rock" tatsächlich nie falsch liegen. Denn diese Aussage schreibt Schotten lediglich eine Eigenschaft zu, die sie – nach Annas Definition – definitionsgemäß besitzen. Die Aussage „Kein Schotte trägt etwas unter seinem Rock" hat dann den logischen Status einer *Tautologie*. Sie kann nicht falsch sein – wie die Aussage „Alle Junggesellen sind unverheiratete Männer".

Geschickte Debattierer wenden den definitorischen Fallschirm oft bewusst an, um recht zu behalten. Damit das auch funktioniert, ergänzen sie ihn durch eine vorbereitende Strategie, die man *Hedging* nennt. Sie formulieren ihre These bewusst vage (z. B. „Change!"), um später die Möglichkeit zu haben, sie auf verschiedene Arten zu interpretieren. Eine besonders geschickte Methode dafür ist die *versteckte Quantifikation*, wie sie Bernd in folgendem Dialog verwendet.

Bernd: „Politiker sind doch Ganoven!"

Anna: „Aber das stimmt doch nicht. Unser Bundestagsabgeordneter Dr. Ehrlich ist ein wirklich feiner Kerl."

Bernd: „Den hab ich auch nicht gemeint. Ich habe ja nicht gesagt, dass *alle* Politiker Ganoven sind. Nur *viele* von ihnen."

Bernds These ist nicht eindeutig formuliert. Er sagt, Politiker seien Ganoven. Aber er sagt nicht, wie viele er meint.

Sind es alle? Die meisten? Viele? Manche? Einzelne? Diese Information – Logiker nennen sie die „Quantifikation" – unterschlägt er strategisch, um zurückrudern zu können, wenn er mit guten Gegenargumenten konfrontiert wird.

Zusammenfassung

In diesem Kapitel zeigte ich Ihnen, wie Sie das siebte Gebot des gesunden Menschenverstands einhalten können und vermeiden, in die Sprachfalle zu tappen. Ich empfahl Ihnen erstens zu prüfen, ob sich sprachliche Ausdrücke, die in Ihren Gedanken und in den Gedanken anderer vorkommen, unterschiedlich deuten lassen. Sie sollten das tun, um zu gewährleisten, dass Sie keine Mehrdeutigkeitsfehlschlüsse begehen. Diese entstehen, wenn einzelne Wörter oder ganze sprachliche Ausdrücke auf unterschiedliche Weise gedeutet werden können. Zweitens gab ich Ihnen den Tipp, auf die Betonung zu achten. Denn ein und dieselbe Aussage kann abhängig von der Betonung völlig unterschiedlich gedeutet werden. Wer diese Bedeutungsunterschiede übersieht, begeht unter Umständen einen Mehrdeutigkeitsfehlschluss. Drittens gab ich Ihnen den Hinweis, dass die psychologische Bewertung eines Sachverhalts sich abhängig von der Formulierung ändern kann. Auch darauf sollten Sie achten, ebenso wie auf Bewertungen mittels geladener Wörter, die ohne Rechtfertigung vorgenommen werden. Schließlich riet ich Ihnen noch, auf Vagheit zu achten und Klarheit einzufordern. Denn sprachliche Vagheit – etwa beim „definitorischen Fallschirm" – kann manipulativ gegen Sie eingesetzt werden.

Das achte Gebot: Seien Sie schlauer als ein junger Jagdhund

Wenn Sie einen Sachverhalt durchdenken, dann sollten Sie zwischen relevanten und irrelevanten Informationen unterscheiden. Sie sollten nur relevanten Aspekten Beachtung schenken. Und Ihre Schlussfolgerungen sollten sich nur auf Relevantes stützen. Alles Irrelevante sollte keine Rolle spielen. Das ist das achte Gebot des gesunden Menschenverstands.

Das achte Gebot hört sich banal an. Aber es steckt mehr dahinter, als Sie vielleicht glauben. Denn wenn Sie so denken wie die meisten Menschen, dann spielen irrelevante Informationen in Ihrem Denken eine größere Rolle, als Sie annehmen. Dann lassen Sie sich regelmäßig von irrelevanten Informationen ablenken und stützen sich auf Annahmen, die für Ihre Schlussfolgerungen nicht von Belang sind.

In diesem Kapitel möchte ich Ihnen zeigen, wie Sie der *Anziehungskraft irrelevanter Informationen* Einhalt gebieten, um Ihr Denken zu fokussieren, Fehlschlüsse zu vermeiden und damit das achte Gebot des gesunden Menschenverstands einzuhalten.

© Springer-Verlag Berlin Heidelberg 2017
N. Mukerji, *Die 10 Gebote des gesunden Menschenverstands*,
DOI 10.1007/978-3-662-50339-3_8

Von roten Heringen, belanglosen Schlussfolgerungen und Irrelevanz-Fehlschlüssen

Wenn irrelevante Informationen sich in Ihr Denken einschleichen, dann führen sie nicht notwendigerweise zu Fehlschlüssen. Meist führen sie stattdessen zu einer Verwirrung, die man je nach Fall als *roten Hering* oder als *belanglose Schlussfolgerung* bezeichnet.

Was verbirgt sich jeweils dahinter?

Für die Namensgebung „roter Hering" gibt es eine hilfreiche Erklärung.[1] Rote Heringe sind gepökelte und gelagerte Heringe, die aufgrund ihres intensiven Geruchs bei der Ausbildung junger Jagdhunde eingesetzt wurden. Den Hunden wollte man beibringen, bei der Jagd die Fährte nicht zu verlieren. Zu diesem Zweck band man einen intensiv riechenden roten Hering an eine Leine und zog ihn quer zur Fährte. So wurden die Hunde abgelenkt. Ein Hund, der auf diesen Trick herein fiel, wurde bestraft. Er wurde so lange bestraft, bis er sich durch den roten Hering nicht mehr ablenken ließ – bis er gelernt hatte, Relevantes von Irrelevantem zu unterscheiden.

Ein metaphorischer roter Hering ist eine Art der *Verwirrung im Denken*. Hierbei werden irrelevante Informationen eingeführt. Sie sind für das Thema, das gerade besprochen wird, belanglos.

---

[1] Meines Wissens ist diese Erklärung historisch falsch. Aber sie ist dennoch nützlich, um zu verstehen, welcher Gedanke sich hinter dem Ausdruck „roter Hering" verbirgt.

Wie könnte ein praktisches Beispiel für einen roten Hering aussehen? Nehmen wir an, in einer Fernsehdiskussion wird über den skandalgebeutelten Politiker Meier debattiert. Ihm wird ein persönliches Fehlverhalten zur Last gelegt. Die Runde diskutiert die Frage, ob Meier sein Ministeramt noch ausüben kann oder er von diesem Amt zurücktreten sollte. Klar ist, dass er zurücktreten *muss*, wenn sich die Vorwürfe, die gegen ihn erhoben werden, erhärten. Einer der Diskussionsteilnehmer, Meiers Parteispezi Hinz, wirft ein:

„Man sollte nicht vergessen, dass Herr Meier immer einwandfrei gearbeitet und sich dabei hohes Ansehen erworben hat."

Hiermit spricht Hinz einen Punkt an, der mit der Frage, die in der Talkshow diskutiert wird, eigentlich nichts zu tun hat. Es geht nicht darum, ob Meier gute Arbeit geleistet hat. Es geht auch nicht darum, welches Ansehen er genießt. Es geht alleine um die Frage, ob er aufgrund der ihm zur Last gelegten Verfehlungen aus dem Amt scheiden sollte. Der Hinweis des Diskussionsteilnehmers Hinz ist also wahrscheinlich nur ein irrelevanter Einwurf.

Ein solcher roter Hering ist für sich genommen ein *Faux-pas*. Indem Hinz ihn vorbringt, lenkt er vom eigentlichen Thema der Talkrunde ab. Das hat einen negativen Einfluss auf den Diskussionsverlauf. Aber wenn die anderen Diskussionsteilnehmer auf diesen roten Hering eingehen, dann machen auch sie einen Fehler. Wenn sie selbst damit beginnen, die Verdienste und das Ansehen des Ministers Meier zu diskutieren, dann verhalten sie sich so wie ein junger

Jagdhund. Sie lassen sich – bildlich gesprochen – von der richtigen Fährte abbringen. Sie *folgen* dem roten Hering.

Rote Heringe haben ein wesentliches Merkmal, das sie von einer anderen Art der Verwirrung unterscheidet. Sie beinhalten *keine Schlussfolgerung*. Es handelt sich bei ihnen lediglich um *Diskussionseinwürfe*. Sie sind *bruchstückhafte Gedanken*, die mit dem Thema der Diskussion nichts zu tun haben. Oft werden sie als taktische Manöver eingesetzt, um die Aufmerksamkeit in eine andere Richtung zu lenken.

Bei *belanglosen Schlussfolgerungen* ist das auch so. Auch sie werden bisweilen taktisch eingesetzt, um vom Thema der Diskussion abzulenken. Allerdings beinhalten sie, wie es der Name schon sagt, eine Schlussfolgerung. Diese kann durchaus durch Annahmen valide gestützt sein. Aber sie hat – wie im Fall des roten Herings – keinen Bezug zur diskutierten Fragestellung.

Wie eine belanglose Schlussfolgerung praktisch aussieht, können wir uns vor Augen führen, indem wir das eben besprochene Beispiel leicht verändern. Stellen wir uns vor, der Teilnehmer unserer Polit-Talkshow, Herr Hinz, hätte Folgendes eingeworfen:

„Man sollte nicht vergessen, dass Herr Meier immer einwandfrei gearbeitet und sich dabei hohes Ansehen erworben hat. Es steht also außer Zweifel, dass er ein Politiker von Format ist."

In diesem Fall hätte Herr Hinz nicht nur einen irrelevanten Einwurf geäußert. Er hätte ein ganzes Argument vorgebracht, allerdings eines mit einer belanglosen Schlussfolgerung. Dieses Argument zeigt – wenn man es akzeptiert –

lediglich, dass Herr Meier „ein Politiker von Format" ist. Es lässt die Frage offen, ob er zurücktreten sollte.[2]

Sowohl rote Heringe als auch belanglose Schlussfolgerungen sind problematisch, weil sie Verwirrung in die Diskussion bringen und deswegen eine negative Rolle spielen. Aber es handelt sich bei ihnen streng genommen nicht um *Denkfehler*. Bei roten Heringen wird überhaupt nicht gedacht, sondern bestenfalls assoziiert. Bei belanglosen Schlussfolgerungen wird zwar gedacht. Aber hier liegt das Problem nicht darin, dass falsch, sondern, dass in eine belanglose Richtung gedacht wird. Bei Irrelevanz-Fehlschlüssen ist das anders.

Wer einen *Irrelevanz-Fehlschluss* zieht, der *denkt* – und zwar nicht nur in eine belanglose Richtung. Er denkt *falsch*! Eine Schlussfolgerung wird aus Annahmen gezogen, die für diese Schlussfolgerung irrelevant sind und sie deshalb nicht stützen. Die Logik hat für diese Art von Fehler einen Begriff, den wir bereits in Kap. 6 kennengelernt haben: *Non sequitur* („es folgt nicht").[3]

Wir können das Szenario der Polit-Talkshow wieder leicht verändern, um ein Beispiel für einen Irrelevanz-Fehlschluss zu konstruieren. Legen wir unserem Diskussionsteilnehmer, Herrn Hinz, dazu Folgendes in den Mund:

---

[2] Die belanglose Schlussfolgerung hat eine lange Geschichte. Aristoteles nennt sie *ignoratio elenchi* („Unwissenheit der Widerlegung") und beschreibt sie in seinen *Sophistischen Widerlegungen*.
[3] Allerdings handelt es sich hier um eine andere Art von *Non sequitur* als in Kap. 6. Dort ging es um Argumente, bei denen die Schlussfolgerung nicht mit logischer *Notwendigkeit* aus den Annahmen folgt. Hier geht es um Argumente, bei denen die Annahmen für die Schlussfolgerung schlicht *belanglos* sind. Sie erhöhen nicht einmal die *Wahrscheinlichkeit*, dass die Schlussfolgerung zutrifft.

„Man sollte nicht vergessen, dass Herr Meier immer einwandfrei gearbeitet und dabei hohes Ansehen erworben hat. Er
sollte also nicht zurücktreten."

In diesem Fall würde sich Herr Hinz auf die Fragestellung beziehen. Er würde auf die Frage antworten, ob Meier
von seinem Amt als Minister zurücktreten sollte. Allerdings
würde er seine Antwort mit einem Grund stützen, der keine Rolle spielt. Denn wir haben ja angenommen, dass die
Verfehlung, die Herrn Meier vorgeworfen wird, so schwer
wiegt, dass er zurücktreten müsste, wenn sie zuträfe – trotz
seiner vermeintlich guten Arbeit und seines hohen Anse-
hens.

„Was ist die Fragestellung?" – Das ist hier die Fragestellung

Sie sollten in Ihrer eigenen Denkpraxis rote Heringe, belanglose Schlussfolgerungen und Irrelevanz-Fehlschlüsse
vermeiden. Und wenn Sie Anzeichen dafür im Denken
Ihrer Gesprächspartner entdecken, sollten Sie darauf hinweisen und um Klärung bitten.

Dies zu beherzigen, ist allerdings nicht einfach – vor allem wenn es um komplizierte Sachverhalte geht. Bei einem
komplexen und verästelten Thema kann man leicht aus dem
Auge verlieren, worum es *genau* geht. Man kann leicht ab-
driften und sich in Details verlieren, wenn – salopp gesagt –
„das große Ganze" aus dem Blick gerät. Ich möchte Ihnen
daher einen praktischen Tipp geben, mit dem Sie Ihr Den-

ken gegen rote Heringe, belanglose Schlussfolgerungen und Irrelevanz-Fehlschlüsse immunisieren können.

> **Tipp 21: Behalten Sie die Fragestellung, über die Sie nachdenken, immer im Auge!**

Tipp 21 fordert Sie – genau genommen – dazu auf, zwei Dinge zu tun. Erstens sollten Sie die Fragestellung *klären*.

> **Tipp 21.1: Klären Sie die Fragestellung!**[4]

Wenn es keine klare Fragestellung gibt, können Sie Tipp 21 nicht anwenden. Aber wie können Sie feststellen, ob eine Fragestellung hinreichend klar ist? Eine gute *Faustformel* stellt folgende Regel dar:

> Eine Fragestellung ist *klar*, wenn Sie beurteilen können, ob es sich bei einer gegebenen These um eine Antwort auf diese Fragestellung handelt.

Wenn Sie die Fragestellung geklärt haben, sollten Sie zweitens alle Ihre Gedanken auf deren *Relevanz* für diese Fragestellung überprüfen.

---

[4] Der Philosoph Karl Homann (*1943) betont in seinen Texten regelmäßig, wie wichtig es ist, die Fragestellung, über die man nachdenkt, genau herauszuarbeiten. Vgl. hierzu etwa K. Homann, *Sollen und Können*, Wien, 2014, S. 38 ff.

Tipp 21.2: Prüfen Sie jeweils, ob ein Gedanke relevant für die Fragestellung ist!

Wenn Sie feststellen, dass ein bestimmter Gedanke nicht für Ihre Fragestellung relevant ist, sollten Sie sich nicht weiter mit diesem Gedanken aufhalten. Sonst würden Sie sich verhalten wie ein junger Jagdhund, der einem roten Hering hinterherrennt!

Exkurs 8.1 So vermeiden Sie, abzuschweifen

Das bedeutet nicht, dass Sie den entsprechenden Gedanken vergessen müssen. Vielleicht ist er für sich genommen oder in einem anderen Zusammenhang interessant. In diesem Fall können Sie ihn schnell notieren, damit Sie später auf ihn zurückkommen können. Dafür gibt es mittlerweile hilfreiche Software-Anwendungen (z. B. Evernote oder Microsoft OneNote). Wichtig ist jedoch, dass Sie sich dann wieder auf Ihre ursprüngliche Fragestellung konzentrieren!

Aber wann ist ein Gedanke relevant für eine Fragestellung? Das ist sicherlich dann der Fall, wenn es sich bei dem Gedanken um eine These handelt, die eine Antwort auf Ihre Fragestellung darstellt. In diesem Fall ist der Gedanke *unmittelbar relevant* für die Fragestellung.

Ein Beispiel für unmittelbare Relevanz findet sich in folgendem Dialog:

Anna: „Wie viel Uhr ist es?"
Bernd: „Es ist 9.13 Uhr."

Anna fragt Bernd, wie viel Uhr es ist. Bernd antwortet: „9:13 Uhr." Bernds Antwort ist unmittelbar relevant für Annas Fragestellung, da das, was er sagt, eine *direkte Antwort* auf diese Fragestellung darstellt.

Ein Gedanke muss jedoch nicht unmittelbar relevant für eine Fragestellung sein, um überhaupt für diese relevant zu sein. Es muss sich bei dem Gedanken nicht um eine direkte Antwort auf die diskutierte Fragestellung handeln. Warum nicht? Um das zu verstehen, stellen wir uns vor, dass das Gespräch zwischen Anna und Bernd wie folgt weitergeht:

Anna: „Woher weißt du, dass es 9.13 Uhr ist?"
Bernd: „Auf der Küchenuhr steht, dass es 9.13 Uhr ist. Also ist es wohl 9.13 Uhr."

Wenn Bernd sagt, dass die Küchenuhr 9.13 Uhr anzeigt, dann ist auch das relevant für Annas Fragestellung. Denn diese Behauptung wird von Bernd als Annahme verwendet, um zu belegen, dass es 9.13 Uhr ist. Allerdings ist der Verweis auf die Küchenuhr nicht mehr unmittelbar, sondern nur noch *mittelbar relevant*. Denn es handelt sich dabei nicht um eine direkte Antwort auf Annas Frage. Schließlich betraf Annas Frage nicht die Anzeige der Küchenuhr, sondern die Uhrzeit.

Gleiches gilt, wenn Anna Folgendes erwidert.

Anna: „Aber die Küchenuhr ist gestern stehen geblieben."

Mit dieser Bemerkung weist sie Bernd drauf hin, dass die These „Es ist 9.13 Uhr" nicht aus der Annahme „Die Küchenuhr zeigt 9.13 Uhr an" folgt. Damit zieht sie Bernds Antwort auf ihre Fragestellung in Zweifel. Und auch das ist mittelbar relevant für die Diskussion.

Wir können also festhalten, dass ein Gedanke auf dreifache Weise relevant für eine Fragestellung sein kann.

1. Ein Gedanke ist *unmittelbar relevant* für eine Fragestellung, wenn er eine Antwort auf diese Fragestellung darstellt.
2. Ein Gedanke ist *mittelbar relevant* für eine Fragestellung, wenn er Teil eines Arguments (oder einer Argumentation) ist, das eine Antwort auf diese Fragestellung stützt.
3. Ein Gedanke ist auch dann *mittelbar relevant* für eine Fragestellung, wenn er Teil eines Gegenarguments ist, das sich gegen eine bestimmte Antwort auf die Fragestellung richtet.

„Grau, teurer Freund, ist alle Theorie, doch nur das Leben ist relevant" (oder so ähnlich)

Soviel zur Theorie. In der Praxis lässt sich oft schwer feststellen, ob ein Gedanke für eine Fragestellung relevant ist. Das gilt vor allem in alltäglichen Gesprächssituationen wie der folgenden:

Anna: „Wie wird das Wetter morgen?"
Bernd: „Naja, die Schwalben fliegen heute tief."

Hier fragt Anna Bernd, wie das Wetter wird. „Das Wetter wird morgen schön" oder „Das Wetter wird apokalyptisch" wären jeweils akzeptable, direkte Antworten. Bernd wählt keine von ihnen. Stattdessen sagt er etwas über den Flug der Schwalben. Wenn Sie sich etwas mit Bauernregeln auskennen, dann können Sie dieser Bemerkung eine mittelbare Relevanz abtrotzen. Denn es heißt ja:

„Fliegt die Schwalbe nieder, kommt grobes Wetter wieder."

Man kann den Gedanken, den Bernd formuliert, also als Teil eines Arguments interpretieren, das eine bestimmte Antwort auf Annas Frage stützt, nämlich: „Das Wetter wird morgen schlecht."

Wer die Bauernregel aber nicht kennt, wird Bernds Bemerkung wahrscheinlich als irrelevant einstufen. Denn sie stellt keine direkte Antwort auf Annas Frage dar. Und ohne die gerade genannte Regel ist es schwer zu verstehen, wie Bernds Bemerkung mit einer Antwort auf Annas Frage zusammenhängen könnte.

Die Relevanz eines Gedankens für eine Fragestellung ist also oft schwer zu beurteilen. Denn ob ein Gedanke für eine Fragestellung von Belang ist, hängt nicht nur von dem Gedanken selbst und der entsprechenden Fragestellung ab. Auch *Hintergrundannahmen* – in diesem Fall handelt es sich dabei um unsere Bauernregel – können eine Rolle spielen.

Wenn Sie Tipp 21.2 anwenden und dabei die Relevanzfrage stellen, sollten Sie also beachten, dass Hintergrundwissen vorausgesetzt sein könnte, über das Sie nicht verfügen. Bevor Sie schlussfolgern, dass der Gedanke einer anderen Person für eine Fragestellung irrelevant ist, sollten Sie also plausibler Weise ausschließen, dass diese Person Annahmen trifft, die Ihren Gedanken relevant machen würden. Auch das gehört zum Prinzip der wohlwollenden Interpretation aus Kap. 2.

Formen von Irrelevanz

Im vorangegangenen Abschnitt haben wir uns mit Relevanz bzw. Irrelevanz im Allgemeinen befasst. Nun werden wir einige konkrete Formen der Irrelevanz besprechen, die in alltäglichen Diskussionen regelmäßig vorkommen. Dabei handelt es sich um *Argumentschemen*, in denen bestimmte inhaltliche Motive vorkommen. Bevor wir beginnen, sollte ich allerdings zwei Dinge anmerken.

Es ist *erstens* nicht immer klar, ob es sich bei einem bestimmten Argumentschema um eine kritikwürdige Form von Irrelevanz handelt. Oft liegt der Teufel im Detail. Deswegen sollten wir uns bemühen, die Bedingungen für das Vorliegen einer Irrelevanz genau herauszuarbeiten.

Auch wenn ein bestimmter Gedankengang nachweislich irrelevant ist, ist *zweitens* oft nicht klar, in welche Kategorie von Irrelevanz er fällt. Denn bei vielen Argumentschemen verschwimmen die Grenzen zwischen roten Heringen, belanglosen Schlussfolgerungen und Irrelevanz-Fehlschlüssen. Den Grund dafür haben wir bereits in Kap. 2 besprochen.

Dort haben wir angemerkt, dass Argumente, die in alltäglichen Diskussionen vorgebracht werden, häufig unvollständig sind. Sie müssen *interpretiert* werden. Abhängig von der gewählten Interpretation kann sich ein anderes Bild ergeben.

Strohmann-Argumente

Das erste Argumentationsschema, das wir nun besprechen, ist Ihnen ebenfalls bereits aus Kap. 2 bekannt. Es handelt sich um das *Strohmann-Argument*. Es ist mir einen eigenen Tipp wert!

Tipp 22: Hüten Sie sich vor Strohmann-Argumenten!

Bei einem Strohmann-Argument handelt es sich um eine Verletzung des *Prinzips der wohlwollenden Interpretation* (Kap. 2), mit dem wir uns bereits vertraut gemacht haben. Dieses Prinzip verlangt, Lücken und Interpretationsspielräume in der Argumentation anderer *wohlwollend* zu schließen. Dazu gehört unter anderem, dass die Thesen, für die unsere Gesprächspartner argumentieren, so wiedergegeben werden, wie sie wahrscheinlich gemeint waren (z. B. indem man die intendierte Betonung wählt). Ein Strohmann-Argument liegt dann vor, wenn das nicht getan wird. Es liegt vor, wenn man die Position des Gesprächspartners stattdessen *vereinfacht*, *überspitzt* oder schlicht *falsch* darstellt, um sie dann leichter widerlegen zu können.

Ein Strohmann-Argument fällt üblicherweise in die Kategorie der *belanglosen Schlussfolgerung*, denn die Schlussfolgerung, die es widerlegt – ob erfolgreich oder nicht – steht ja nicht zur Debatte. Sie wird von niemandem in der Diskussion vertreten. Deswegen ist sie *weder mittelbar noch unmittelbar relevant* für die vorliegende Fragestellung und damit belanglos.

Es kann sich bei einem Strohmann-Argument allerdings auch um einen *Irrelevanz-Fehlschluss* handeln. Das ist dann der Fall, wenn die Person, die das Strohmann-Argument konstruiert hat, für sich in Anspruch nimmt, die Position ihres Gesprächspartners widerlegt zu haben.

Wie sehen Strohmann-Argumente konkret aus? Veranschaulichen wir uns das anhand eines Beispiels.

Nehmen wir an, Anna ist der Meinung, in der deutschen Politik solle das Referendum auf Bundesebene eingeführt werden. Sie denkt also, es müsse in Deutschland die Möglichkeit geschaffen werden, bei wichtigen politischen Fragen eine Volksabstimmung durchzuführen, wie dies beispielsweise in der Schweiz üblich ist. Sie würde gerne von Bernd wissen, ob er das genauso sieht. Deswegen fragt sie ihn, welche Einstellung er zum Thema Volksabstimmung hat.

Anna: „Bernd, bist du nicht auch der Meinung, dass in Deutschland das Referendum auf Bundesebene eingeführt werden sollte?"

Damit legt Anna eine *Fragestellung* für das weitere Gespräch mit Bernd fest, die den Maßstab für Relevanz und Irrelevanz darstellt.

Bernd: „Anna, diese Vorstellung ist völlig absurd. Wir können doch nicht wegen jeder Kleinigkeit das Volk nach seiner Meinung fragen."

Bernd hat wahrscheinlich recht. Es erscheint wirklich absurd, das Volk bei jeder noch so kleinen politischen Entscheidung zu befragen. Allerdings erscheint diese Feststellung weder mittelbar noch unmittelbar relevant für Annas Fragestellung. Anna möchte schließlich nicht diskutieren, ob man das Volk *bei jeder Kleinigkeit* befragen sollte. Sie möchte darüber reden, ob es prinzipiell die *Möglichkeit* geben sollte, das Volk nach seiner Meinung zu fragen und politische Entscheidungen davon abhängig zu machen. Was Bernd sagt, beantwortet diese Frage nicht. Und es ist schwer zu sehen, in welchem Zusammenhang das, was er sagt, mit einer Antwort auf Annas Frage stehen könnte.

Es gibt verschiedene Arten von Strohmann-Argumenten. Sehr häufig handelt es sich dabei um *sprachliche Fehlschlüsse*, die wir bereits in Kap. 7 besprochen haben. Der Fehlschluss bzw. die Belanglosigkeit entsteht dadurch, dass bestimmte Ausdrücke in der Fragestellung in einem anderen, nicht intendierten Sinn interpretiert werden. Im vorangegangenen Beispiel war das der Fall. Bernd interpretiert Annas Fragestellung „Sollte es in Deutschland nicht endlich ein Referendum auf Bundesebene geben?" in einem anderen Sinne, als Anna sie gemeint hat. Anna fragt, ob es prinzipiell möglich sein sollte, das Volk bei bestimmten, wichtigen politischen Entscheidungen zu befragen. Bernd begeht hier den sprachlichen *Fehlschluss der Erweiterung*. Das heißt, er interpretiert Annas Fragestellung allgemeiner als sie gemeint war. Er antwortet auf die Fragestellung, ob wir das Volk bei *jeder* Entscheidung nach seiner Meinung fragen sollten. Das hatte Anna nicht gemeint.

Fraglich ist nun, wie man reagieren sollte, wenn man es mit einem Strohmann-Argument zu tun hat. Sie selbst sollten es natürlich vermeiden, Strohmann-Argumente vorzubringen. Das sagt Ihnen bereits das *Prinzip der wohlwollenden Interpretation* (Kap. 2). In Gesprächssituationen sollten Sie außerdem darauf achten, dass Sie nicht Opfer eines Strohmann-Arguments werden. Dafür sollten Sie *Präventionsarbeit* leisten, indem Sie Tipp 21.1 anwenden, den Sie bereits kennengelernt haben: Sie sollten die Fragestellung klären!

Im obigen Beispiel hätte das folgendermaßen aussehen können:

Anna: „Bernd, bist du nicht auch der Meinung, dass in Deutschland das Referendum auf Bundesebene eingeführt werden sollte? *Damit meine ich nicht, dass wir das Volk bei jeder Kleinigkeit um Erlaubnis bitten sollten. Ich meine, dass es die Möglichkeit geben sollte, bei besonders wichtigen Entscheidungen das Volk zu befragen.*"

Mit dieser (kursivierten) Erklärung hätte Anna zweierlei erreicht. Zum einen hätte sie geklärt, was sie mit ihrer Fragestellung meint. Zum anderen hätte sie geklärt, was sie mit ihrer Fragestellung *nicht* meint.

Daran sollten Sie sich ein Beispiel nehmen. Um Strohmann-Argumenten vorzubeugen, sollten Sie wahrscheinliche Interpretationsfehler ansprechen, bevor sie entstehen.

Tipp 22.1: Beugen Sie wahrscheinlichen Interpretationsfehlern vor, indem Sie sie proaktiv ansprechen!

Wenn der Strohmann bereits im Brunnen liegt bzw. Ihr Gesprächspartner bereits einen konstruiert hat, dann sollten Sie sich bemühen, so schnell wie möglich klarzustellen, was klarzustellen ist. Weisen Sie darauf hin, dass hier ein Strohmann-Argument vorliegt.

Tipp 22.2: Weisen Sie auf Strohmann-Argumente hin, sobald Sie sie erkennen!

Tipp 22.2 wirft natürlich Fragen auf. Teilnehmer meiner Seminare zur *Gesprächsführung* wenden oft ein, dass man seinen Gesprächspartner ausreden lassen sollte. Da ist etwas dran – und zwar aus zwei Gründen. *Erstens* ist es ein Gebot der Höflichkeit, andere aussprechen zu lassen. *Zweitens* hat die Beachtung dieses Prinzips einen positiven Einfluss auf Gespräche generell. Ihr Gesprächspartner kann seine Position besser darstellen. Und Sie haben eine größere Chance zu verstehen, was er meint. Wenn Sie jedoch mit einem Strohmann-Argument konfrontiert werden, dann sollten Sie dieses Prinzip – nicht unbedingt, aber gegebenenfalls – brechen. Dazu reicht es in der Regel, wenn Sie kurz einwerfen: „Das war nicht die Fragestellung!" oder „Das ist nicht meine Position!" Ein solcher Einwurf ist nicht unbedingt unhöflich. Denn es bringt weder Ihnen noch Ihrem Gesprächspartner etwas, wenn dieser an der vorliegenden Fragestellung vorbeiredet.

Quellen-Argumente

Neben dem Strohmann-Argument gibt es natürlich noch weitere problematische Arten von Irrelevanz, vor denen Sie sich in Acht nehmen sollten. Eine wichtige Gattung davon sind Quellen-Argumente.

Tipp 23: Hüten Sie sich vor Quellen-Argumenten!

Quellen-Argumente sind Argumente, bei denen ein Standpunkt gestützt oder angegriffen wird, indem man ihn in eine bestimmte „Gesellschaft" rückt. Wer etwa seine Einschätzung zu einer medizinischen Frage mit dem Hinweis auf eine Expertenmeinung stützt oder eine Politik ablehnt, „weil die Nazis das nicht anders gemacht hätten", der verwendet ein Quellen-Argument.

Problematische Quellen-Argumente sind oft schwierig einzuordnen und zu beurteilen, denn es kann sich bei ihnen um rote Heringe, belanglose Schlussfolgerungen oder Irrelevanz-Fehlschlüsse handeln. Vergegenwärtigen wir uns das wieder anhand eines Beispiels.

Betrachten wir noch einmal das Szenario der Polit-Talkshow. Dem Politiker Meier wird eine persönliche Verfehlung zur Last gelegt, die so schwer wiegt, dass er als Minister zurücktreten müsste, wenn sich die Vorwürfe erhärten ließen. Einer der Talkshow-Teilnehmer – Meiers Parteispezi Herr Hinz – versucht ihn gegen die Argumente des Herrn Kunz zu verteidigen. Herr Kunz, der der Opposition angehört, sieht glaubhafte Belege dafür, dass Meier wirklich schuldig ist und deswegen zurücktreten sollte. Hinz kontert diesen Gedankengang von Kunz mit einem *Angriff auf die Person*. Er argumentiert *ad hominem*.

> „Mich wundert es schon, was der Herr Kunz hier abzieht – bei seiner eigenen Vergangenheit."

Mit diesem Einwurf spielt Herr Hinz auf eine Verfehlung von Herrn Kunz an, die in dessen Vergangenheit liegt. Es ist nicht klar, was dieser Hinweis mit der Fragestellung der Talkrunde zu tun hat. Denn dort geht es ja darum, ob Herr Meier zurücktreten sollte. Der Verweis auf die Verfehlungen von Herrn Kunz ist sehr wahrscheinlich ein roter Hering.

Die *Ad-hominem*-Attacke von Herrn Hinz hätte auch folgendermaßen aussehen können:

> „Mich wundert es schon, was der Herr Kunz hier abzieht – bei seiner eigenen Vergangenheit. Er war als Minister in eine viel schlimmere Affäre verstrickt. *Er* hätte damals zurücktreten sollen!"

Hierbei handelt es sich nicht nur um einen irrelevanten Einwurf, sondern um ein komplettes Argument mit belangloser Schlussfolgerung. Die Schlussfolgerung, die Hinz zieht, ist für die Zwecke der Runde belanglos. Denn hier geht es um die Frage, ob Meier als Minister zurücktreten sollte. Ob Kunz damals als Minister hätte zurücktreten sollen, sei dahingestellt.

Herr Hinz hätte auch eine andere Variante des Ad-hominem-Arguments wählen können:

„Also, der Herr Kunz hat für mich jegliche Glaubwürdigkeit
verspielt, bei dem Dreck, den der selber am Stecken hat. Seinen Argumenten sollte man in dieser Frage keinen Glauben
schenken!"

Dieses *Ad hominem* hat eine Schlussfolgerung, die im
Rahmen der Gesprächsrunde sogar relevant ist. Dort geht
es um die Frage, ob Meier zurücktreten sollte. Kunz bejaht
dies. Was er sagt, ist direkt relevant für die Fragestellung.
Wenn Hinz nun argumentiert, dem Argument von Kunz
solle man nicht glauben, dann ist auch das, was er sagt,
mittelbar relevant für die Fragestellung. Er liefert ein Gegenargument gegen das Argument von Kunz.

Aber auch in diesem Fall gibt es ein Problem mit dem Argument von Herrn Hinz. Es liegt darin, dass die Annahmen,
die seine Schlussfolgerung stützen sollen, für diese belanglos scheinen. Es handelt sich offenbar um einen *Irrelevanz-
Fehlschluss*.

Diese Beispiele machen eines klar: Immer wenn Sie es mit
einem Quellen-Argument zu tun haben, sollten Sie prüfen,
ob es problematisch ist.

> Tipp 23.1: Beurteilen Sie, ob es sich bei einem vorliegenden
> Quellen-Argument um eine kritikwürdige Form der Irrelevanz
> handeln könnte!

Im vorliegenden Beispiel waren die *Ad-hominem*-Atta-
cken problematisch, weil sie nur auf Herrn Kunz als Person
gerichtet waren und die inhaltliche Qualität seiner Argumente außer Acht ließen. Herr Hinz verstieß damit gegen

den *Grundsatz der Trennung von Argument und Person*, der Folgendes besagt:

> *Die inhaltliche Qualität eines Arguments ist unabhängig davon, aus welcher Quelle dieses Argument kommt!*

Dieser Grundsatz hat eine *radikale Konsequenz*: Ein Argument wird nicht schlechter, wenn bekannt wird, dass Adolf Hitler (1889–1945) es vertreten hat. Und es wird auch nicht besser, wenn sich herausstellt, dass Mutter Theresa (1910–1997) es für richtig hielt. Die inhaltliche Qualität eines Arguments ist unabhängig von seiner Quelle!

Haben Sie das verdaut? Wenn ja, dann kommen Sie wahrscheinlich zu dem Schluss, dass man alle Quellen-Argumente ablehnen sollte. Dieser Schluss ist naheliegend. Denn bei Quellen-Argumenten wird ja immer von der Quelle einer Sichtweise auf deren inhaltliche Qualität geschlossen. Also scheinen doch alle Quellen-Argumente gegen den oben genannten Grundsatz zu verstoßen.

Das ist nicht ganz richtig. In manchen Diskussionssituationen ist es nämlich unmöglich, Argumente inhaltlich zu diskutieren (z. B. aufgrund von Zeitknappheit). Hier kann es relevant und vernünftig sein, auf die Quelle eines Arguments hinzuweisen, um dessen Qualität zu *antizipieren*. Wenn wir z. B. feststellen, dass eine bestimmte Person in der Vergangenheit oft die Unwahrheit gesagt hat, dann können wir künftige Aussagen dieser Person begründet anzweifeln. Indem wir das tun, verstoßen wir nicht gegen den Grundsatz der Trennung von Argument und Person.

Dass es auch schlüssige Quellen-Argumente geben kann, wird anhand des folgenden Beispiels deutlich. Betrachten wir erneut die Situation in der Polit-Talkshow, wobei wir einige Eckpunkte verändern. Diesmal nehmen wir an, dass Herr Kunz nicht Teil der Runde ist. Vielmehr ist bekannt geworden, dass er in einem noch unveröffentlichten Zeitungsartikel schwere Vorwürfe gegen Minister Meier erhebt und dessen Rücktritt fordert. Herr Hinz wird mit dieser Tatsache konfrontiert und soll sich dazu äußern. Er antwortet folgendermaßen:

> „Ich kann mich mit den Argumenten von Herrn Kunz noch nicht inhaltlich auseinandersetzen, denn sein Artikel ist ja noch nicht gedruckt. Ich möchte allerdings alle warnen, die sich bereits jetzt seiner Einschätzung blind anschließen wollen. Wir sollten nicht vergessen, dass Herr Kunz zu seiner Zeit als Minister in einer ähnlichen Situation war wie Herr Meier heute. Damals trat er nicht zurück, obwohl ihm ein ähnliches Fehlverhalten eindeutig nachgewiesen wurde. Heute fordert er aber den Rücktritt von Minister Meier. Für mich ist das ein Beleg dafür, dass es ihm nicht um die Sache geht. Ich vermute, seine Einschätzung basiert auf politischem Opportunismus und nicht auf einem guten inhaltlichen Argument."

In diesem Fall akzeptiert Herr Hinz, dass die inhaltliche Qualität des Arguments von Herrn Kunz so ist, wie sie eben ist. Er antizipiert diese lediglich und verweist dazu auf die Quelle des Arguments: Herrn Kunz. Der habe sich zu seiner Zeit als Minister in einer ähnlichen Situation entschieden, im Amt zu bleiben. Für Herrn Hinz deutet das darauf hin, dass die Motive, die Herrn Kunz zu seiner Einschätzung bewegen, nicht gute Gründe, sondern politischer Opportunismus sind. Allerdings müsste er einräumen, dass sein Gedankengang keine Rolle mehr spielt, sobald das Argument von Herrn Kunz bekannt ist und inhaltlich bewertet werden kann. Sonst würde er sich verhalten wie ein Meteorologe, der an seiner Wettervorhersage auch dann noch festhält, wenn das Thermometer statt der vorhergesagten 20 °C einen Wert von 30 °C anzeigt.

Nun haben wir geklärt, wie Sie Tipp 23.1 anwenden können. Sie wissen also, wie Sie prüfen können, ob es sich bei einem gegebenen Quellen-Argument um eine kritikwürdige Form von Irrelevanz oder um ein schlüssiges Argument handelt. Um diesen Tipp anwenden zu können, müssen Sie jedoch in der Lage sein, Quellen-Argumente routiniert zu erkennen. Das können Sie tun, indem Sie sich mit ihren häufigsten Varianten vertraut machen.

Tipp 23.2: Machen Sie sich mit den häufigsten Varianten von Quellen-Argumenten vertraut.

Damit Sie diesen Tipp umsetzen können, möchte ich Ihnen noch ein paar häufige Quellen-Argumente nahebringen: das *Tu quoque*, das *Experten-Argument*, die *Hitler-Karte*, das *Traditionsargument* und den *emotionalen Appell*.

Tu quoque

Ein sehr populäres Quellen-Argument haben wir bereits angesprochen: das *Ad hominem*. Bei diesem Argument wird die Person attackiert, die ein Argument vertritt. Alle Punkte, die Herr Hinz in den obigen Beispielen gegen Herrn Kunz vorbringt, sind Quellen-Argumente dieser Art. Das letzte Argument ist eine spezielle Variante des *Ad hominem*: das *Tu quoque* („Du auch!") oder Heuchler-Argument. Herr Hinz weist darauf hin, dass Herr Kunz, der Minister Meier zum Rücktritt auffordert, selbst nicht zurückgetreten ist, als ihm eine ähnliche Verfehlung nachgewiesen wurde.

Das *Tu quoque* ist im Alltag häufig anzutreffen. Und oft handelt es sich dabei um ein vernünftiges Argument. Stellen Sie sich z. B. folgende Situation vor. In Ihrer Firma wird eine begehrte Stelle frei. Sie könnten sich bewerben, da Sie fachlich qualifiziert und erfahren genug sind. Einer Ihrer Kollegen kommt auch infrage. Er hat sich schon beworben. Nun stellen Sie sich vor, dieser Kollege kommt zu Ihnen und rät Ihnen, sich nicht auf die Stelle zu bewerben. Wie würden Sie diesen Ratschlag aufnehmen? Es liegt nahe zu fragen, warum Sie sich nicht bewerben sollten, wo sich doch Ihr Kollege *auch* beworben hat. Wenn Sie Ihrem Kollegen das entgegenhalten, verwenden Sie ein *Tu quoque*, dessen Gebrauch vernünftig scheint.

Anders sieht das in folgendem Fall aus. Stellen Sie sich vor, Sie hören bei einer öffentlichen Veranstaltung den Vortrag eines Arztes, der über die Gefahren des Rauchens aufklärt und seinen Zuhörern rät, nicht zu rauchen. Dieser Arzt legt dezidiert dar, welche negativen Auswirkungen das Rauchen auf die Gesundheit hat und durch welche Studien diese Effekte belegt wurden. Später prüfen Sie die Argumente durch eine eigene, umfangreiche Recherche. Dabei stellen Sie fest, dass der Arzt die Forschungslage in der Tat fair und ausgewogen zusammengefasst hat. Sie ziehen den Schluss, dass Rauchen wirklich gesundheitsgefährdend ist und dass

Sie besser nicht rauchen sollten. Eines Tages begegnen Sie dem Arzt zufällig auf der Straße. Zu Ihrer Verwunderung hat er eine Zigarette im Mund. Sollte das Ihre Einschätzung der Sachlage ändern?

Nein. Denn die Sachlage hat sich nicht geändert. Es wäre zwar nachvollziehbar, wenn Sie dadurch einen seltsamen Eindruck von diesem Arzt erhalten. Sie könnten ihm wohl mangelnde Willenskraft unterstellen, weil er offenbar in seinem Handeln hinter seine eigenen Einsichten zurückfällt. Aber deswegen an den Argumenten, die der Arzt gegen das Rauchen vorgebracht hat, zu zweifeln, wäre falsch. Ein solches *Tu quoque* wäre ein Denkfehler!

Experten-Argumente

Neben dem *Tu quoque* gibt es weitere Quellen-Argumente, die in die Kategorie des *Ad hominem* fallen. Ein Beispiel ist das Experten-Argument, das die Ambivalenz von Quellen-Argumenten besonders deutlich macht. So kann der Hinweis, dass ein bestimmter Experte einen bestimmten Standpunkt stützt, unter Umständen ein gutes Argument sein. Im Rahmen einer Expertendiskussion haben Expertenmeinungen dagegen überhaupt kein Gewicht, wie wir bereits in Kap. 3 besprochen haben. Hier wäre der Appell an die Expertenmeinung

„Experte E stützt aber meinen Standpunkt S!"

ein roter Hering. Der Appell

> „Experte E stützt aber meinen Standpunkt S. *Deswegen* ist S richtig!"

wäre ein Irrelevanz-Fehlschluss.

Generell lässt sich festhalten, dass die Qualität von Experten-Argumenten davon abhängt, wie bestimmte „kritische Fragen" beantwortet werden.

> **Tipp 24: Wenn Sie es mit einem Experten-Argument zu tun haben, dann stellen Sie sechs kritische Fragen!**

Die kritischen Fragen, auf die Sie Tipp 24 hinweisen soll, lauten folgendermaßen:[5]

Frage 1: Wird überhaupt ein Experte genannt?

Frage 1 mutet seltsam an. Wie könnte man denn von einem Experten-Argument sprechen, wenn in dem Argument überhaupt kein Experte genannt wird? Diesen Fall kann es geben. Er ist sogar ziemlich häufig. Experten-Argumente werden oft mithilfe *vager Bezugnahmen* wie „Experten sind auch der Ansicht, dass ..." oder „Studien zeigen, dass ..." formuliert. Das ist problematisch. Denn hier bleibt die Frage offen, welcher Experte bzw. welche Experten sich dahinter verbergen, sodass die Qualität des Experten-Arguments nicht eingeschätzt werden kann.

---

[5] Ich übernehme hier sehr weitgehend die Liste von Fragen, die Douglas Walton vorschlägt. Vgl. D. Walton (Kap. 7, Fußnote 11), S. 218.

Frage 2: Ist der zitierte Experte überhaupt ein Experte?

Wenn aber ein klarer Bezug da ist, dann kann die Frage gestellt werden, ob es sich bei dem zitierten, *vermeintlichen* Experten überhaupt um einen *echten* Experten handelt. Ist das nicht der Fall, dann ist der Hinweis auf seinen Standpunkt aus argumentativer Sicht nicht ertragreich und sollte ignoriert werden. Daher sollten Sie z. B. fragen, ob die zitierte Person überhaupt

- eine einschlägige Ausbildung hat,
- ihren Expertenstatus durch eigene Arbeiten belegt hat und
- diese Arbeiten von Kollegen im entsprechend Bereich anerkannt werden.

Ein Wort der Vorsicht ist allerdings angebracht: Alle diese Attribute kann man fälschen! Und das wird auch gemacht, z. B. mit falschen Titeln, wertlosen Veröffentlichungen usw. Deswegen ist ein Blick auf die Details bei der Beurteilung des Expertenstatus sehr wichtig! Dieser Ratschlag scheint, wie so oft, trivial. Ich möchte ihn dennoch betonen, denn wie sich herausstellt, haben die meisten Menschen die *Neigung, die falschen Leute für Experten zu halten*. Der Grund dafür liegt in einem psychologischen Effekt, den der amerikanische Psychologe Ted Thorndike (1874–1949) „halo effect"[6] taufte. Sobald wir einer Person *eine* positive Eigenschaft zuschreiben, verpassen wir ihr – bildlich gesprochen –

---

[6] E. L. Thorndike, „A constant error in psychological ratings", *Journal of Applied Psychology* 4(1), 1920, S. 25–29.

einen *Halo* („Heiligenschein"). Das heißt, wir schreiben ihr auch andere positive Eigenschaften zu, ohne dafür Gründe zu haben. Darunter fällt auch die Eigenschaft, Experte zu sein.[7]

Exkurs 8.2 So einfach bekommt man einen Doktortitel

Wie einfach es ist, von einen Doktortitel zu bekommen, zeigte kürzlich der Spiegel-Journalist Armin Himmelrath (*1967). Er kaufte sich eine Promotionsurkunde und ließ den Doktortitel sogar ohne Probleme beim Einwohnermeldeamt in seinen Personalausweis eintragen.[8]

Frage 3: Ist der zitierte Experte ein Experte auf dem relevanten Gebiet?

Wenn es sich jedoch bei dem vermeintlichen Experten tatsächlich um einen Experten handelt, dann ist immer noch fraglich, ob er ein Experte auf dem relevanten Themengebiet ist. Nur wenn auch das bejaht wird, ist ein Hinweis auf dessen Meinung sinnvoll. Dagegen ist es kaum

---

[7] Vgl. D. Walton, *Appeal to Expert Opinion: Arguments from Authority*, University Park (PA), 1997, S. 260. Den Halo-Effekt nutzen Unternehmen bei der Bewerbung ihrer Produkte gezielt aus. Bei Testimonialwerbung spricht sich eine berühmte Persönlichkeit für ein Produkt aus. Roger Federer empfiehlt z. B. die Bank Credit Suisse. Da Federer ein hervorragender Tennisspieler ist, unterstellen wir ihm aufgrund des Halo-Effekts (unterbewusst), dass er auch in Fragen des Bankwesens Experte ist. Durch seine Empfehlung der Credit Suisse wird die Bank in unserer Wahrnehmung aufgewertet.

[8] Vgl. A. Himmelrath, „Promotionsbetrug im Selbstversuch: Wie ich mir einen Doktortitel erschummelte", *Spiegel-Online*, 05.07.2012. Online-Version verfügbar unter: http://bit.ly/1NyIqyK (abgerufen am 27.11.2015).

relevant, etwa in einer Debatte über die wirtschaftspolitischen Auswirkungen einer bestimmten Steuerpolitik die Expertenmeinung eines angesehenen Zoologen anzuführen.

Frage 4: Hat der Experte überhaupt gesagt, was ihm unterstellt wird?

Bei Frage 4 sollte man besonders aufpassen. Expertenmeinungen werden oft falsch zitiert, unangemessen zusammengefasst, aus dem Kontext gerissen oder schlicht frisiert. Die Homöopathie-Debatte, die wir bereits in Kap. 3 angesprochen haben, ist ein gutes Beispiel.

Homöopathie-Befürworter zitieren regelmäßig Studien, um ihre Sichtweise zu belegen. Die *British Homeopathic Association* zitiert z. B. eine wissenschaftliche Auswertung – eine *Metaanalyse* – zur Effektivität von Homöopathie wie folgt:

There is some evidence that homeopathic treatments are more effective than placebo.[9]

Daraus könnte man ableiten, dass die Studie tatsächliche Belege *für* die Effektivität von Homöopathie gefunden hat („some evidence that homeopathic treatments are more effective than placebo"). Im Original-Text heißt es aber:

---

[9] http://www.britishhomeopathic.org/media-centre/news-press-release/british-homeopathic-association-did-not-misrepresent-evidence-to-mps (abgerufen am 21.12.2014).

> There is some evidence that homeopathic treatments are more effective than placebo; *however, the strength of this evidence is low because of the low methodological quality of the trials. Studies of high methodological quality were more likely to be negative than the lower quality studies.*[10]

Die Autoren der Studie weisen in der hervorgehobenen Passage darauf hin, dass die Kraft der Belege für die Wirksamkeit der Homöopathie gering ist. Sie begründen das mit der geringen Qualität der Studien, aus denen diese Belege stammen. Außerdem weisen sie darauf hin, dass hochwertige Studien mit höherer Wahrscheinlichkeit negativer ausfielen. Mit anderen Worten: Die Expertenmeinung, die von der British Homeopathic Association zitiert wird, stützt ihren Standpunkt keineswegs.[11]

Wenn Sie eine Expertenmeinung für Ihre Argumentation verwenden, sollten Sie sicherstellen, dass Sie nicht denselben Fehler machen. Sie sollten die Aussage des jeweiligen Experten wie intendiert und *im Kontext* wiedergeben, um Missverständnisse auszuschließen. Und wenn Sie mit einem Experten-Argument konfrontiert werden, sollten Sie darauf achten, dass Ihr Gesprächspartner das auch tut.

Frage 5: Ist der Experte verlässlich?

---

[10] M. Cucherat et al., „Evidence of clinical efficacy of homeopathy – A meta-analysis of clinical trials", *European Journal of Clinical Pharmacology* 56(1), 2000, S. 27–33. (Meine Hervorhebung; NM).

[11] Ironischerweise findet sich das von mir ausgewählte irreführende Zitat auf einer Seite der BHA-Website, auf der man versucht, „Missverständnisse" über die fehlerhafte Repräsentierung von Expertenmeinungen durch die British Homeopathic Association auszuräumen.

Außerdem sollten Sie fragen, ob der jeweilige Experte überhaupt verlässlich ist. Wenn eine Person viel über ein bestimmtes Fachgebiet weiß, lässt das nicht unbedingt darauf schließen, dass die Aussagen, die sie über dieses Fachgebiet trifft, verlässlich sind. Ein Grund dafür liegt darin, dass Gutachten oft gegen Honorar in Auftrag gegeben werden. Die *Interessenlage* kann dabei einen Einfluss auf die darin geäußerte Expertenmeinung haben. Das muss natürlich nicht der Fall sein. Wahrscheinlich besitzen die meisten Experten genug professionelle Integrität, um sich nicht von der Interessenlage ihrer Auftraggeber beeinflussen zu lassen. Dennoch lohnt es sich genauer hinzusehen, wenn ein Gutachten von einer Partei in Auftrag gegeben wird, die ein besonderes Interesse an einer bestimmten Einschätzung der Lage hat. Denn diese Interessenkonstellation erhöht die Wahrscheinlichkeit dafür, dass die Fakten vom jeweiligen Experten falsch wiedergegeben werden.

Frage 6: Wie schätzen andere Experten die Sachlage ein?

Schließlich sollten Sie fragen, ob die zitierte Einschätzung sich mit den Einschätzungen anderer Experten deckt.[12] Es ist leicht zu sehen, warum Sie diese Frage stellen sollten: Wenn es über die jeweilige Fragestellung in der Expertengemeinschaft einen nennenswerten Dissens gibt, dann handelt es sich bei der Expertenauskunft nicht um gesichertes Wissen. Und das verringert das Gewicht von Argumenten, die sich auf diese Auskunft stützen, beträchtlich.[13]

---

[12] Ich danke Martin Kaspar, der mich auf diese kritische Frage hinwies.
[13] Vgl. hierzu etwa B. Russell, *Sceptical Essays*, London, 1928/2004, S. 2.

Allerdings machen Meinungsverschiedenheiten Experten-Argumente nicht komplett wertlos. Auch wenn Dissens vorliegt, kann ein Experten-Argument vernünftig sein – und zwar zumindest in zwei Fällen.

Fall 1: Sie wollen Ihren Standpunkt durch eine Expertenauskunft lediglich *plausibilisieren*.

In diesem ersten Fall verwenden Sie die entsprechende Expertenauskunft nicht als Beleg dafür, dass Ihr Standpunkt zutrifft. Sie wollen eine schwächere Behauptung untermauern – nämlich, dass Ihr Standpunkt nicht leichtfertig zurückgewiesen werden sollte, d. h., dass er *möglicherweise* zutrifft. Das ist schon dann gezeigt, wenn zumindest einige Experten ihn vertreten – Dissens hin oder her!

Fall 2: Sie verwenden ein *negatives Experten-Argument*.

Ein negatives Experten-Argument können Sie nicht verwenden, um Ihren eigenen Standpunkt zu belegen. Aber Sie können es verwenden, um den Standpunkt eines anderen in Zweifel zu ziehen. Das können Sie auch dann tun, wenn es nennenswerte Meinungsverschiedenheiten unter den Experten gibt. Denn auch wenn sich diese noch nicht zu einem gemeinsamen Standpunkt durchringen konnten, kann es sein, dass sie bereits bestimmte Standpunkte als unplausibel ausgeschlossen haben. Und diesen Umstand können Sie nutzen. Wenn Sie glaubhaft machen können, dass eine These, die Sie in Zweifel ziehen möchten, *von keinem Experten vertreten* wird, haben Sie einen guten Grund, sie zurückzuweisen. Einen noch besseren Grund haben Sie, wenn Sie zudem zeigen können, dass alle bzw. die meisten Experten die fragliche These explizit für falsch halten. Auch in einem kontroversen Themenfeld kann ein solches negatives Experten-Argument vernünftig sein.

Es gibt weitere Aspekte, die wichtig sind, um die Verlässlichkeit einer Experteneinschätzung einstufen zu können. Die wichtigste Frage, die Sie in diesem Zusammenhang stellen sollten, ist die folgende: Ist es überhaupt realistisch anzunehmen, dass man im fraglichen Fachgebiet Expertise haben *kann*? Denn in manchen Fachgebieten ist es – entgegen landläufiger Meinung – gar nicht möglich, wirkliche Expertise aufzubauen. Deswegen sollten Sie feststellen, ob die Experteneinschätzung, die Sie beurteilen wollen, zu einem Gebiet gehört, in dem es keine wirkliche Expertise geben kann.

Um das festzustellen, sollten Sie fragen, ob es im entsprechenden Gebiet klare *Regularitäten* gibt oder es dort *chaotisch* zugeht.[14] Man weiß beispielsweise, dass Investmentmanager es nur selten schaffen, besser abzuschneiden als der Gesamtmarkt. Das liegt daran, dass die Bewegung von Aktienkursen chaotisch ist.[15] Der amerikanische Wirtschaftswissenschaftler und Bestsellerautor Burton G.

---

[14] Natürlich gibt es in diesem Zusammenhang weitere wichtige Fragen, auf die ich hier jedoch nicht eingehen kann. Eine hilfreiche Diskussion findet sich in D. Kahneman und G. Klein, „Conditions for Intuitive Expertise – A Failure to Disagree", *American Psychologist* 64(6), 2009, S. 515–526.
[15] Das ist kein Geheimnis! Jeder BWL-Student, der einen Kurs in Finanzwirtschaft belegt, lernt heutzutage, dass Aktienkurse mithilfe von Zufallsprozessen (engl.: „random walks") modelliert werden. Vgl. hierzu etwa K. Spreman, *Portfoliomanagement* (4. Aufl.), München, S. 419.

Malkiel (*1932) stellte deswegen die Hypothese auf, dass ein Affe, der mit verbundenen Augen Dartpfeile auf eine Liste von Aktien wirft, ein Portfolio auswählen würde, das im Durchschnitt genauso gut abschneidet wie das Portfolio eines Investment-„Experten".[16]

Aber es gibt auch *echte Expertise*, der man vertrauen kann. Ein Beispiel dafür kommt aus dem medizinischen Pflegebereich. Es ist bekannt, dass erfahrene Krankenschwestern recht akkurat und ohne aufwendige medizinische Tests erkennen können, dass ein neugeborenes Baby an einer bedrohlichen Infektion leidet.[17] Denn diese Infektionen führen zu Symptomen, die eine erfahrene Pflegekraft erkennen und einordnen kann.

Halten wir also fest: Experten-Argumente können vernünftige Quellen-Argumente sein, wenn die oben genannten kritischen Fragen – und insbesondere die Frage nach der Verlässlichkeit einer Experteneinschätzung – so beantwortet werden, dass Zweifel am Argument ausgeräumt werden. Ist das nicht der Fall, dann sollte man vernünftigerweise skeptisch bleiben.

Die Hitler-Karte

Bei Quellen-Argumenten kann es sich um rhetorische Tricks handeln. Sie werden oft mit der taktischen Absicht

---

[16] Vgl. B. G. Malkiel, *A Random Walk Down Wall Street: The Time-Tested Strategy for Successful Investing* (10. Aufl.), New York, 1973/2011, S. 26.
[17] Vgl. B. Crandall und V. Gamblian, *Guide to early sepsis assessment in the NICU* [Instruction manual prepared for the Ohio Department of Development under the Ohio Small Business Innovation Research Bridge Grant program]. Fairborn, 1991. Zitiert nach D. Kahneman und G. Klein (Fußnote 14).

eingesetzt, die wahrgenommene Überzeugungskraft einer Aussage oder eines Arguments künstlich zu beeinflussen. Bereits der Philosoph Arthur Schopenhauer (1788–1860) empfahl seinen Lesern, ungeliebte Standpunkte dadurch verdächtig zu machen, „daß wir sie unter eine verhaßte Kategorie bringen".[18] Ein Beispiel für ein solches Argument ist die *Hitler-Karte*, die manchmal auch (halbernst) als *Argumentum ad hitlerum* bezeichnet wird.

Wenn man dem amerikanischen Juristen und Autor Mike Godwin (*1956) glauben will, dann ist die Hitler-Karte besonders häufig in Online-Diskussionen anzutreffen. Godwin beobachtete den Verlauf von Diskussionen in Internetforen und stellte dabei fest, dass sich die Argumente der Teilnehmer bei fortgeschrittener Zeit von der ursprünglichen Fragestellung entfernen. Bleibt eine Diskussion beständig ohne erkennbaren Fortschritt, dann ist ein plumpes „Das hat Hitler auch gesagt" (oder ein anderer Hitler-Vergleich) laut Godwin nur noch eine Frage der Zeit. Mit einem Augenzwinkern formulierte er schließlich, was heute als *Godwins Gesetz* bekannt ist:

> Wenn sich eine Online-Diskussion lange genug hinzieht, nähert sich die Wahrscheinlichkeit eines Hitler- oder Nazi-Vergleichs 100 % an.

Wir haben schon oben gesagt, dass es aus argumentativer Sicht für die Beurteilung eines Arguments oder eines Standpunkts keine Rolle spielt, ob Adolf Hitler ihn vertreten hat. Denn wer eine Sichtweise auf dieser Grundlage bewertet,

---

[18] A. Schopenhauer, *Eristische Dialektik oder Die Kunst, Recht zu behalten – in 38 Kunstgriffen dargestellt*, Zürich, 1831/1987, §32.

verstößt gegen den Grundsatz der Trennung von Argument und Person.

Dennoch sind Hitler-Karten und Nazi-Vergleiche häufig. Und sie besitzen oft eine sehr starke psychologische Wirkung, die schwer zu kontern ist. Wenn Sie selbst Opfer der Hitler-Karte werden, dann sollten Sie sich dessen bewusst sein. Behalten Sie einen kühlen Kopf. Wahrscheinlich will Ihr Gesprächspartner Sie provozieren, indem er Ihre Sichtweise in die Nähe einer menschenverachtenden Ideologie rückt. Machen Sie deutlich, dass Sie das durchschaut haben. Machen Sie ihm klar, dass Sie das nicht schätzen, und schlagen Sie vor, zur Sachebene zurückzukehren. Wenn Ihr Gesprächspartner dann noch einmal zur Hitler-Karte greift, sollten Sie das Gespräch abbrechen. Manche Gespräche sind es nicht wert geführt zu werden.

Traditionsargumente

Eine weitere Klasse von Quellen-Argumenten sind die Traditionsargumente, die selbst eine lange Tradition haben. „Gewohnheit, Sitte und Brauch", sagte bereits Voltaire, „sind stärker als die Wahrheit."[19] Hier sollten Sie vorsichtig sein!

Traditionsargumente treten in Gesprächskontexten auf, wo diskutiert wird, ob eine bestimmte Tradition oder Praxis weitergeführt werden sollte. Sie können in drei Varianten auftreten: als roter Hering:

---

[19] S. Knischek, *Lebensweisheiten berühmter Philosophen* (8. Aufl.), Hannover 2011, S. 269.

„Das war schon immer so!",

als belanglose Schlussfolgerung:

„Wir haben das schon immer so gemacht. Es hat also Tradition!"

und als Irrelevanz-Fehlschluss:

„Das hat Tradition! Deswegen sollte es so bleiben".

In allen diesen Erscheinungsformen sind Traditionsargumente problematisch. Denn der Hinweis auf eine Tradition rechtfertigt für sich genommen nicht, dass diese auch befürwortet werden sollte. Er ist irrelevant.[20]

Allerdings sollte man nicht den Fehler machen, alle Traditionsargumente zu verdammen. Wenn Sie es mit einem Traditionsargument zu tun haben, sollten Sie fragen, ob es eine vernünftige Rechtfertigung für die entsprechende Tradition gibt. Dies rät Ihnen Tipp 25.

Tipp 25: Wenn Sie es mit einem Traditionsargument zu tun haben, dann fragen Sie nach der Rechtfertigung für die zitierte Tradition.

---

[20] Zudem ist er überflüssig. Wenn die Frage gestellt wird, ob eine bestimmte Praxis weitergeführt werden soll, dann weiß schließlich jeder, dass diese Praxis Tradition hat.

Worin kann nun die Rechtfertigung einer Tradition bestehen? Denkbar sind zwei verschiedene Ansätze:

- *Erstens* kann gezeigt werden, dass die infrage gestellte Praxis bisher gute Resultate erzielt hat. Wenn das zumindest plausibel scheint, kann die Tatsache, dass sie Tradition hat, als Beleg gewertet werden.
- *Zweitens* kann argumentiert werden, dass Alternativen zu dieser Praxis schlecht(er) oder mit Risiken verbunden sind.

Idealerweise sollte ein Traditionsargument beides zeigen. Es sollte die Vorzüge einer bewährten Praxis herausarbeiten und gleichzeitig nachweisen, dass die Alternativen zur Tradition mit Problemen verbunden sind.

Emotionale Appelle

Bei emotionalen Appellen stehen Emotionen im Mittelpunkt des Arguments. Eine Teilklasse von emotionalen Appellen fällt in die Kategorie des Quellen-Arguments. Hier wird einer Person, die einen bestimmten Standpunkt vorbringt, unterstellt, sie habe diesen Standpunkt nur (oder maßgeblich), weil sie sich in einer bestimmten Gefühlslage befindet. Beispiele für solche emotionalen Appelle gibt es wie Sand am Meer:

„Du bist doch nur neidisch"

oder

„Dir hat offensichtlich der Ärger die Sicht vernebelt"

sind Beispiele, die hier genannt werden können.

Diese Hinweise können nur dann relevant für die Bewertung eines Standpunkts sein, wenn eine inhaltliche Auseinandersetzung mit demselben nicht möglich ist. Wenn Herr Schulze den Standpunkt vertritt, die Bonuszahlung für Frau Schmidt sei unverdient, dann könnte es sein, dass wir diesen Standpunkt als unbegründet ablehnen, wenn wir erstens die Sachlage nicht wirklich einschätzen können und wir zweitens wissen, dass Herr Schulze ein neidischer Zeitgenosse ist. Wenn Herr Schulze allerdings detailliert und nachvollziehbar begründen kann, warum Frau Schmidt die Bonuszahlung nicht verdient hat, dann sollten wir seinen Standpunkt auch dann akzeptieren, wenn wir glauben, er sei auf Frau Schmidt neidisch. In diesem Fall spielt seine Gefühlssituation keine Rolle – und zwar auch dann, wenn sein Neid auf Frau Schmidt die alleinige Ursache dafür war, dass er sich diese Argumente überlegt hat. Denn es gibt ein Argument, das zeigt, dass er recht hat.

> **Exkurs 8.3 Entdeckungs- und Rechtfertigungszusammenhang**
>
> In der modernen Wissenschaftstheorie hat sich deswegen eine Unterscheidung zwischen „Entdeckungszusammenhang" und „Rechtfertigungszusammenhang" etabliert.[21] Der Neid von Herrn Schulze erklärt nur, warum er sich das Argument

ausgedacht hat. Er gehört zum Entdeckungszusammenhang.
Die guten Gründe, die er vorbringt, erklären, warum er damit
recht hat. Sie gehören zum Rechtfertigungszusammenhang.

Zusammenfassung

In diesem Kapitel gab ich Ihnen einige Hinweise, wie Sie
das achte Gebot des gesunden Menschenverstands beachten
und irrelevanten Informationen Einhalt gebieten können.
Zunächst unterschieden wir drei Varianten, in denen irrelevante Informationen Ihr Denken beeinflussen können:
nämlich rote Heringe, belanglose Schlussfolgerung und
Irrelevanz-Fehlschlusse. Rote Heringe sind irrelevante Ge-
sprächseinwürfe, die Ihre Aufmerksamkeit in eine andere
Richtung lenken sollen. Belanglose Schlussfolgerungen sind
Argumente, bei denen die Schlussfolgerung für das jeweilige
Gesprächsthema irrelevant ist. Und Irrelevanz-Fehlschlüsse
sind Argumente, deren Annahmen für die Schlussfolgerung
irrelevant sind und diese deswegen nicht stützen.

Um diese drei Erscheinungsformen von Irrelevanz zu erkennen, riet ich Ihnen, die Fragestellung, um die es geht,
immer im Auge zu behalten. Danach empfahl ich Ihnen, auf
häufige Formen von Irrelevanz zu achten. Auf diese gingen
wir kurz ein. Zunächst befassten wir uns mit Strohmann-
Argumenten, die das Prinzip der wohlwollenden Interpretation verletzen. Danach kamen wir auf Quellen-Argumente
zu sprechen. Hierbei handelt es sich um Argumente, die

---

[21] Vgl. H. Reichenbach, *Erfahrung und Prognose*, Wiesbaden, 1938/2013, S. 3.

einen Standpunkt stützen oder torpedieren, indem sie auf seine Quelle hinweisen. Wir hielten fest, dass Strohmann-Argumente immer problematisch sind, es sich bei Quellen-Argumenten aber durchaus um vernünftige Argumente handeln kann. Wie wir sahen, gilt Letzteres jedoch nur in bestimmten Fällen. Quellen-Argumente sind nämlich nur dann vernünftig, wenn es keine oder kaum inhaltliche Gesichtspunkte gibt, die eine schlüssige Beantwortung der jeweiligen Fragestellung zulassen.

Das neunte Gebot: Schauen Sie mit beiden Augen hin (wenn Sie müssen)

Erinnern Sie sich noch an René Descartes – den Philosophen, dem wir in Kap. 3 begegnet sind? Er suchte nach einem sicheren Fundament für unser Wissen – einem „fundamentum inconcussum" – an dem sich nicht zweifeln ließe. Sein Ziel bestand darin, einen Gedanken zu finden, der nicht vernünftig bestritten werden kann – einen Gedanken, gegen den *kein vernünftiges Gegenargument* spricht!

In der philosophischen Debatte ist heute gemeinhin anerkannt, dass Descartes mit seinem Projekt weit übers Ziel hinausgeschossen ist. Der Maßstab absoluter Sicherheit ist einfach zu hoch. Es ist auch dann vernünftig, etwas zu glauben, wenn es „nur" wahrscheinlich stimmt. Dennoch können wir – einmal mehr – etwas von Descartes lernen: Wir sollten Gegenargumente, die unser Bild von der Realität in Zweifel ziehen, ernst nehmen – nicht so ernst wie Descartes selbst, aber dennoch: ernst!

Warum ist das eine wichtige Lehre? Ganz einfach: Argumente, die sich gegen einen Standpunkt richten, sind – solange sie vernünftig sind – *relevant* für die Beurteilung dieses Standpunkts! Sie beeinflussen die Wahrscheinlichkeit mit der wir ihn für wahr halten sollten. Und als solches sollten wir sie beachten!

© Springer-Verlag Berlin Heidelberg 2017
N. Mukerji, *Die 10 Gebote des gesunden Menschenverstands*,
DOI 10.1007/978-3-662-50339-3_9

Diese Einsicht bildet das Gegenstück zur Quintessenz des vorangegangenen Kapitels. Dort gab ich Ihnen den Hinweis, sich nicht von Irrelevantem ablenken zu lassen. Denn der gesunde Menschenverstand verlangt, nur relevante Informationen zu beachten. In diesem Kapitel möchte ich Ihnen raten, mit beiden Augen hinzuschauen und *keine relevanten Informationen auszulassen* – zumindest *wenn Sie das müssen*.

Wann müssen Sie das? Nicht immer. Bisweilen ist einseitiges Denken zweckmäßig und empfehlenswert. Darauf werden wir zuerst eingehen. Dann werde ich jedoch betonen, wie wichtig es ist, Fehler zu vermeiden, die sich durch einseitiges Denken einschleichen können. Und ich werde problematische Formen einseitigen Denkens und entsprechende Gegenrezepte explizit thematisieren.

Wann reicht es, mit einem Auge hinzusehen?

Bevor ich Ihnen schildere, wann einseitiges Denken zu Problemen führt, möchte ich Ihnen dessen Vorzüge verdeutlichen. Denn alles, was ich später sage, steht unter einer wichtigen Einschränkung:

Nicht alle Formen des einseitigen Denkens verletzen die Erfordernisse des gesunden Menschenverstands. Manche davon sind sogar wünschenswert!

Das hört sich zunächst paradox an. Im vorangegangenen Kapitel haben wir besprochen, warum wir uns nicht von irrelevanten Informationen ablenken lassen sollten. Es liegt nahe anzunehmen, dass es genauso wichtig ist, relevante Informationen zu beachten – und zwar *alle*. Aber das ist nicht unbedingt richtig. Alle relevanten Informationen einzubeziehen, ist grundsätzlich wünschenswert. Aber es erfordert *Aufwand*. Und dieser Aufwand ist nicht immer gerechtfertigt. Er steht nicht immer in einem angemessenen Verhältnis zum Ertrag. Daher kann es uns sogar schaden, wenn wir zu viel Aufwand betreiben, um alle relevanten Informationen zu berücksichtigen. Oftmals müssen wir uns schnell einen Überblick über eine schwierige Situation verschaffen. Dann kann es sinnvoll sein, bestimmte Informationen auszublenden.[1] Und ein vernünftiger Mensch sollte das tun.[2]

In der Tat: Wenn wir immer alle verfügbaren Informationen heranzögen, dann würden wir uns oft in eine Situation manövrieren, die man als *Paralyse durch Analyse* bezeichnet (engl.: „analysis paralysis"). Sprich: Wir wären häufig unfähig, ein Urteil zu fällen oder eine Entscheidung zu treffen. Um dieses Problem zu veranschaulichen, verwendet man in der Philosophie und den Wirtschaftswissenschaften nicht selten das Gleichnis von *Buridans Esel*.[3]

---

[1] Darauf weist der deutsche Psychologe Gerd Gigerenzer seit Jahrzehnten hin. Siehe etwa G. Gigerenzer, *Gut Feelings*, London, 2007.
[2] Wer das außer Acht lässt und in jeder Situation gegen einseitiges Denken plädiert, der denkt übrigens selbst einseitig. Denn er lässt die Argumente, die für einseitiges Denken sprechen, unbeachtet.
[3] Das Gleichnis ist nach dem scholastischen Philosophen Buridan (1300–1358) benannt. Interessanterweise kommt es jedoch in dessen Schriften überhaupt nicht vor. Vgl. hierzu N. Rescher, *Essays in Philosophical Analysis*, Pittsburgh, 1969, S. 127.

Was hat es mit diesem Gleichnis auf sich? Stellen Sie sich einen Esel vor, der hungrig zwischen zwei Heuhaufen steht. Beide würden seinen Hunger stillen. Aber da beide genau gleich groß und gleich lecker aussehen, kann der Esel sich nicht zwischen ihnen entscheiden. Er verhungert zwischen den beiden Heuhaufen – hin- und hergerissen zwischen seinen Wahlmöglichkeiten.

Buridans Esel wäre gut beraten, eine Entscheidungs- bzw. Denkhilfe zu verwenden: eine *Heuristik*. Dabei handelt es sich um eine Regel, die nicht auf alle verfügbaren Informationen zugreift, sondern nur auf einen Teil davon. Naheliegend wäre im vorliegenden Fall folgende Heuristik:

Gut-genug-Heuristik: Wähle die erste Option, die gut genug ist!

Jeder der beiden Heuhaufen ist gut genug und würde den Hunger des Esels stillen. Deswegen hätte die Gut-genug-Heuristik den Esel von seiner Paralyse befreien können. Würde er sie benutzen, dann liefe er einfach zum ersten Haufen, der ihm gut genug erscheint.

Wir lernen daraus, dass es durchaus zielführend sein kann, auf bestimmte Informationen zu verzichten und einseitig zu denken. Das sollten Sie tun, wenn sich das für Sie lohnt. So zumindest lautet mein nächster Tipp für Sie!

Tipp 26: Schauen Sie nur mit einem Auge hin, wenn sich das für Sie lohnt!

Tipp 26 lässt sich wiederum in zwei Teile aufgliedern. Denn um ihn zu befolgen, müssen Sie zwei Dinge tun. Sie müssen erstens die Lage einschätzen. Das heißt, Sie müssen beurteilen, ob es sich in der vorliegenden Situation für Sie lohnt, alle verfügbaren Informationen heranzuziehen. Das sagt Ihnen der folgende Tipp:

Tipp 26.1: Beurteilen Sie, ob es in der vorliegenden Situation zweckmäßig ist, alle Informationen heranzuziehen.

Tipp 26.1 ist nicht einfach zu befolgen – vor allem dann, wenn Sie kaum Erfahrungen mit der Situation haben, um die es geht. Hier können Sie gegebenenfalls auf *Experten-wissen* zurückgreifen. Wenn ein Experte über wirkliche Expertise verfügt, dann weiß er genau, wie viel Information man in einer gegebenen Situation für eine fundierte Lage-einschätzung oder Entscheidungsfindung braucht.

Wenn Sie beschlossen haben, dass Sie *nicht* alle vorhandenen Informationen brauchen, dann müssen Sie zweitens eine geeignete Heuristik auswählen. Hier gibt es – abhängig von der Situation – unterschiedliche Möglichkeiten. Viele davon kennen Sie bereits. Sie sind fest in unsere Alltags-praxis und teilweise auch in unserem Sprachgebrauch verankert. Wenn Sie z. B. ein Freund fragt, ob Sie am Abend mit ins Kino kommen, und Sie sagen: „Warum eigentlich nicht?", dann verwenden Sie bereits eine Heuristik. Sie suchen nach *einem guten Grund*, warum Sie nicht mit ins Kino gehen sollten. In vielen Lebensbereichen ist das völlig ausreichend. Sie müssen nicht immer über alle Ihre Wahlmöglichkeiten nachdenken und alle möglichen Konsequenzen abwägen, die diese Wahlmöglichkeiten haben könnten. Es gibt Abkürzungen im Denken, die Ihnen helfen können. Nach diesen sollten Sie als vernünftiger Mensch suchen!

> *Tipp 26.2: Identifizieren Sie Heuristiken, die Ihnen helfen, besser zu denken und zu entscheiden.*

In diesem Buch kann ich Ihnen leider keinen Überblick über die vielen empfehlenswerten Entscheidungs- und Denkheuristiken geben. Das hat zwei Gründe. Erstens würde dieses Unterfangen den vorliegenden Rahmen sprengen. Zweitens unterscheiden sich empfehlenswerte Heuristiken stark nach den jeweiligen Praxisbereichen.[4] Was in einem Bereich gut funktioniert, mag in einem anderen Bereich bisweilen katastrophale Konsequenzen haben. Dennoch möchte ich Ihnen zwei Ansatzpunkte geben. Den ersten bildet der folgende Tipp:

> *Tipp 26.2.1: Erkunden Sie die Heuristik-Forschung.*

Heuristiken werden seit Langem erforscht und ihre Effektivität wurde intensiv studiert. Deswegen lohnt es sich, diesen Forschungsbereich näher zu betrachten. Beginnen können Sie z. B. mit den Arbeiten des deutschen Psychologen Gerd Gigerenzer (*1947).[5] Er ist einer der

---

[4] Eine Reihe von Heuristiken für den Alltag finden Sie in T. Parker, *Rules of Thumb: A Life Manual*, New York, 1983/2008.
[5] Eine leicht lesbare Darstellung aktueller Ergebnisse der Heuristik-Forschung finden Sie in Gigerenzer (Fußnote 1).

einflussreichsten Wissenschaftler im Bereich der Heuristik-Forschung.

Eine andere Möglichkeit, gute Heuristiken zu identifizieren, liefert Ihnen Tipp 26.2.2.

> *Tipp 26.2.2: Üben Sie sich in „best practice".*

Tipp 26.2.2 rät Ihnen, die Praxis erfolgreicher Menschen nach erfolgversprechenden Verhaltensweisen zu durchforsten. Diese Herangehensweise nennt man „best practice". Der Erfolgscoach und Managementberater Brian Tracy (*1944) fasst den Gedanken, der dahinter steht, wie folgt zusammen:

> If you do what other successful people do, in any field, you eventually get the same results they do.[6]

Das Problem bei Tipp 26.2.2 liegt darin, dass die besten Praktiken unter Umständen schwer zu identifizieren sind. Nicht alle erfolgreichen Menschen geben gerne ihre Tipps preis. Und auch wenn sie das tun, handelt es sich dabei nicht immer um Erfolgsgarantien. Denn es kann sein, dass ihre vermeintlichen Erfolgspraktiken tatsächlich wirkungslos sind und sich ihre Leistungen weitgehend durch Glück erklären lassen. Oder die Umstände haben sich geändert, sodass gut gemeinte Ratschläge nun wirkungslos bleiben. Dennoch lohnt es sich, Tipp 26.2.2 anzuwenden – und zwar behutsam und vorsichtig!

---

[6] B. Tracy, *Reinvention*, New York, 2009, S. 39.

Diese Lehre empfiehlt sich generell, wenn Sie es mit Heuristiken zu tun haben. Diese fordern Sie dazu auf einseitig zu denken. Das kann seine Tücken haben. Und mit diesen wollen wir uns nun befassen.

Welche Gefahren birgt einseitiges Denken?

Problematisch ist einseitiges Denken, wenn es Sie systematisch in die Irre führt. Das ist – nicht nur, aber besonders – bei *Bestätigungsfehlern* (engl.: „confirmation biases") der Fall. Hierbei handelt es sich um bestimmte psychologische Routinen. Sie schotten unser Denken gegen Informationen ab, die unsere Überzeugungen in Zweifel ziehen könnten. Weil Bestätigungsfehler eine besonders problematische und facettenreiche Quelle einseitigen Denkens darstellen, möchte ich sie im Folgenden sehr genau besprechen.

Wie alle Denkfehler können Bestätigungsfehler harmlos sein. Viele unserer Überzeugungen haben überhaupt keine praktischen Konsequenzen. Wenn sich hier der eine oder andere Bestätigungsfehler einschleicht, dann ist das ziemlich egal. Problematischer wird es, wenn Bestätigungsfehler praktische Konsequenzen haben. Das ist der Fall, wenn sie unser Bild von der Realität systematisch verzerren und wir auf dieser Basis folgenreiche Entscheidungen treffen.

Auf den Philosophen Bertrand Russell geht ein Beispiel zurück, das diesen Punkt verdeutlicht.[7] Hauptfigur ist ein

---

[7] Vgl. B. Russell, *Russell – The Basic Writings*, New York, 1961/2009, S. 123. Russell nutzte sein Beispiel allerdings nicht, um den Bestätigungsfehler zu veran-

Huhn, das bei einem Bauern aufwächst. Jeden Tag kommt der Bauer in den Stall und füttert das Huhn. Schnell gewöhnt sich das Huhn daran. Es vermutet, dass der Bauer sich um sein Wohlbefinden sorgt und es ab jetzt immer füttert. Daher bleibt es gerne bei ihm. Es könnte jederzeit ausbüxen, aber das tut es nicht. Jeden Abend kehrt es freiwillig in den Hühnerstall zurück. Eines Tages passiert etwas Unerwartetes: Der Bauer kommt wieder in den Stall. Das Huhn erwartet Futter vom ihm. Stattdessen dreht der ihm den Hals um und verspeist es zum Abendessen.

Das Huhn, das die tragische Hauptrolle in unserem Beispiel spielt, denkt einseitig. Es zieht nur eine Hypothese in Erwägung, um das Verhalten des Bauern zu erklären.

Hypothese 1: „Der Bauer füttert mich, weil ihm mein Wohlergehen wichtig ist."

Zwar hat das Huhn recht, wenn es jede Fütterung als Bestätigung seiner Hypothese 1 auffasst. Aber es gibt eine zweite Hypothese, die auch durch die vorliegenden Daten bestätigt wird.

Hypothese 2: „Der Bauer füttert mich, um mich zu mästen. Er trachtet mir nach dem Leben!"

---

schaulichen, sondern um das „Induktionsproblem" zu diskutieren, das auf David Hume (1711–1776) zurückgeht. Dabei handelt es sich um die Frage, wie es rational zu rechtfertigen ist, dass wir aus unseren Erfahrungen Schlüsse ziehen, die über diese Erfahrungen hinausgehen, z. B. indem wir annehmen, dass die Sonne *morgen* aufgehen wird, nur weil sie *gestern*, *vorgestern* usw. aufgegangen ist.

Hätte das Huhn gedacht wie ein Wissenschaftler, dann wäre ihm aufgefallen, dass die zweite Hypothese die Erfahrungen, die es täglich macht, ebenfalls erklärt. Es wäre dann vielleicht vorsichtiger gewesen und hätte beizeiten versucht auszubüxen.

Warum wir einseitig denken

Um am Ende nicht in die Röhre zu schauen – oder wie im Fall unseres Huhns, um nicht in derselben zu landen – müssen wir Bestätigungsfehler erkennen und vermeiden. Und um das zu tun, müssen wir zunächst ihre psychologischen Ursachen verstehen. Mit diesen setzen wir uns im Folgenden auseinander.

Bestätigungsfehler entstehen vor allem dann, wenn sich Fehler bei der

- *Wahrnehmung*,
- *Erinnerung* und
- *Interpretation*

von Informationen einschleichen. Auch

- *Wunschdenken* und
- *logische Blindheit*

können in diesem Zusammenhang eine Rolle spielen. Im Folgenden werden wir uns diese fünf Faktoren zunächst etwas genauer ansehen.

Wahrnehmungsfehler

Wahrnehmungsfehler bestehen darin, dass wir bestimmte Informationen aus unserer Umwelt schlicht übersehen. Trickbetrüger und Scharlatane haben schon immer beobachtet, dass Menschen diese Art von Fehler machen. Und sie haben effektive Methoden entwickelt, um sie auszubeuten. Mittlerweile ist es auch wissenschaftlich gut belegt, dass die menschliche Wahrnehmung äußerst begrenzt ist. In der Tat ist sie viel begrenzter, als psychologische Laien es für möglich halten.

Ein bekanntes Experiment, das dies eindrucksvoll zeigte, wurde von den amerikanischen Psychologen Daniel J. Simons und Christopher F. Chabris durchgeführt.[8] Die beiden Forscher gaben Versuchspersonen die Aufgabe, ein Video anzusehen. Dieses Video zeigte mehrere Personen. Die eine Hälfte trug weiße T-Shirts, die andere schwarze T-Shirts. Die Versuchspersonen bekamen die Aufgabe, die Anzahl der Pässe zu zählen, die zwischen Spielern des weißen Teams hin und her geworfen wurden. Die Pässe des anderen Teams sollten sie ignorieren.

Nach etwa einer Dreiviertelminute passierte etwas völlig Unerwartetes: eine Frau in einem Gorillakostüm lief durch das Bild und war für einige Sekunden zu sehen.[9] Nachdem die Versuchspersonen das komplette Video angesehen und die Zahl der gezählten Pässe aufgeschrieben hatten, wurden sie gefragt, ob ihnen etwas aufgefallen sei, das sie nicht

---

[8] Vgl. D. J. Simons und C. F. Chabris, „Gorillas in our midst: Sustained inattentional blindness for dynamic events", *Perception*, 28, 1999, S. 1059–1074.

[9] Das Videomaterial, das Simons und Chabris für ihre Studie verwendeten, ist unter http://youtu.be/vJG698U2Mvo zu finden (abgerufen am 21.03.2015).

erwartet hatten. Dabei wurde klar, dass die meisten Versuchspersonen den Gorilla, der einmal quer durch das Bild gelaufen war, überhaupt nicht wahrgenommen hatten. Sie waren so damit beschäftigt, die Pässe zu zählen, dass ihre Wahrnehmungskapazitäten mit dieser Aufgabe völlig ausgeschöpft waren.

Wahrnehmungsfehler können durch kognitive Überlastung verursacht werden, wie das Experiment von Simons und Chabris zeigt. Hier lag die Ursache für den Wahrnehmungsfehler der Versuchspersonen offenbar darin, dass diese zu beschäftigt waren, etwas anderes zu tun. Aber das ist nicht die einzig mögliche Ursache. Wer eine bestimmte Einschätzung der Sachlage hat, wird tendenziell Belege dafür finden. Zumindest wird er dies mit einer höheren Wahrscheinlichkeit tun als eine Person, die unvoreingenommen ist oder eine andere Einschätzung der Sachlage hat.

Das ist seit Langem bekannt. Ein Beleg dafür findet sich z. B. in einer 1950 veröffentlichten Studie des amerikanischen Sozialpsychologen Harold H. Kelley (1921–2003). Kelley wies nach, dass Studierende das Verhalten von Lehrtätigen signifikant unterschiedlich wahrnehmen, wenn ihnen vorab unterschiedliche Informationen zu den entsprechenden Personen vorliegen.

Kelley demonstrierte dies, indem er folgendes Experiment durchführte. Er ließ Studierenden, die gerade auf den Beginn einer Lehrveranstaltung warteten, mitteilen, ihr Dozent sei an diesem Tag verhindert. Der Dozent, so wurde ihnen erklärt, lasse sich bei der Veranstaltung durch eine andere Person vertreten. Der Vertretungsdozent war keinem der Studierenden bekannt. Deswegen ließ Kelley

Informationen über ihn verteilen. Die Studierenden lasen diese Informationen vor Veranstaltungsbeginn.

Die entscheidende Aussage war die folgende:

> People who know him [damit war Vertretungsdozent gemeint; NM] consider him to be a rather cold person, industrious, critical, practical, and determined.[10]

Alle Studierenden lasen die Informationen, die ihnen zur Verfügung gestellt worden waren. Sie taten dies alleine und ohne sich mit ihren Kommilitonen darüber auszutauschen. Deswegen bemerkte keiner der Studierenden, dass es unterschiedliche Versionen der Information gab. Nur ein Teil der Studierenden hatte die *Version A* bekommen, die Sie gerade gelesen haben. Der andere Teil hatte eine *Version B* erhalten, in der die Formulierung „rather cold person" durch „rather warm person" ersetzt worden war. Der Vertretungsdozent wurde also dem einen Teil der Studierenden als eine Person vorgestellt, die man eher als „kühl" einschätzt. Dem anderen Teil wurde er ganz anders vorgestellt – nämlich als eine Person, die von den meisten Menschen eher als „herzlich" empfunden wird.

Kelley untersuchte, wie sich die verschiedenen Versionen im Vergleich zueinander auswirkten. Er wollte erfahren, wie die Studierenden den Dozenten abhängig von der jeweiligen Beschreibung wahrnehmen würden. Dabei stellte er fest, dass es bemerkenswerte Unterschiede gab. Diejenigen Studierenden, denen der Dozent als herzlich angekündigt worden war, bewerteten ihn signifikant wohlwollender. Sie

---

[10] H. H. Kelley, „The warm-cold variable in first impressions of persons", *Journal of Personality* 18(4), 1950, S. 433.

zeigten außerdem eine größere Bereitschaft, mit ihm zu diskutieren. Diese Unterschiede stellten sich ein, obwohl alle Studierenden die exakt gleiche Vorlesung gehört hatten und demnach zumindest zu einer ähnlichen Einschätzung hätten kommen sollen.

Erinnerungsfehler

Auch wenn wir Informationen unvoreingenommen wahrnehmen, kann es zu *Erinnerungsfehlern* kommen, wenn uns unser Gedächtnis einen Streich spielt. Dafür gibt es viele Belege. Der Psychologe Daniel Kahneman konnte z. B. zusammen mit dem Mediziner Donald Redelmeier nachweisen, dass Patienten, die sich einer Darmspiegelung (bzw. einer Nierensteinzertrümmerung) unterziehen mussten, die Schmerzhaftigkeit dieses Eingriffs systematisch falsch einschätzten.[11]

Um dies zu zeigen, teilten die beiden Wissenschaftler ihre Versuchspersonen in zwei Gruppen ein. Probanden der ersten Gruppe erhielten eine kürzere Behandlung, Probanden der zweiten Gruppe eine längere. Die zweite, längere Behandlung hatte dabei das gleiche Schmerzprofil wie die erste, kürzere Behandlung. Der einzige Unterschied lag darin, dass die zweite Behandlung mit einer *zusätzlichen*, moderat schmerzhaften Periode endete.

Kahneman und Redelmeier fanden heraus, dass Versuchspersonen der zweiten Gruppe die Schmerzhaftigkeit

---

[11] Vgl. D. Kahneman und D. A. Redelmeier, „Patients' memories of painful medical treatments: real-time and retrospective evaluations of two minimally invasive procedures", *Pain* 66(1), S. 3–8.

ihres Eingriffs insgesamt signifikant positiver bewerteten als Versuchspersonen der ersten Gruppe. Diese Bewertung ist überraschend. Denn die zweite Gruppe unterzog sich der gleichen schmerzhaften Behandlung wie die erste und musste darüber hinaus zusätzliche Schmerzen erdulden. Wer in der zweiten Gruppe gelandet war, musste also insgesamt *mehr* leiden.

Im Experiment von Kahneman und Redelmeier wurden die Erinnerungen der Versuchsteilnehmer durch den *Rezenzeffekt* (engl.: „recency effect") beeinflusst. Die Schmerzen der Behandlung wurden von den Versuchsteilnehmern maßgeblich aufgrund der letzten Eindrücke bewertet, die sie während der Behandlung wahrgenommen hatten. Ihre letzten Schmerzempfindungen waren bei der längeren Behandlung vergleichsweise gering. Deswegen führte der Rezenzeffekt bei ihnen dazu, dass sie die Schmerzhaftigkeit ihrer Behandlung als geringer beurteilten.

Der Rezenzeffekt ist nur eine mögliche Ursache für fehlerhafte Erinnerungen. Eine andere Ursache liegt darin, dass eine Person eine bestimmte Einstellung oder Überzeugung hat. Die Psychologen Martin A. Safer, George A. Bonanno und Nigel P. Field untersuchten z. B. trauernde Personen, die innerhalb der letzten sechs Monate ihren Lebenspartner verloren hatten. Sie baten diese Personen, ihre Trauer einzuschätzen, und stuften ihre Intensität mithilfe verschiedener quantitativer Verfahren ein. Nach viereinhalb Jahren (also fünf Jahre nach dem Verlust des Partners) sprachen Safer, Bonanno und Field erneut mit den Teilnehmern ihrer Studie. Sie baten diese erneut, ihre Trauer zu beschreiben. Außerdem überprüften die Forscher, wie genau sich die Personen an die Trauer erinnerten, die sie viereinhalb Jahre vorher empfunden hatten.

Eine statistische Analyse ergab, dass die Trauer, die die Personen fünf Jahre nach dem Verlust ihres Partners empfanden, ihre Erinnerung beeinflusste. Wer nach fünf Jahren nur geringe Fortschritte in seiner Trauerbewältigung gemacht hatte, schätze die Trauer, die er viereinhalb Jahre früher empfunden hatte, vergleichsweise größer ein. Zwar konnten sich die Teilnehmer der Studie recht genau erinnern. Aber es gab kleine Verzerrungen – d. h. Erinnerungsfehler –, die sich durch die momentane emotionale Einstellung der Testpersonen erklären ließen.

Auch unsere Überzeugungen können unsere Erinnerungen beeinflussen und so zu einem Bestätigungsfehler führen. Die amerikanischen Psychologen Elizabeth F. Loftus und John C. Palmer zeigten z. B. in einer 1974 veröffentlichten Studie, dass es möglich ist, die Erinnerung an den Hergang eines Unfalls gezielt zu beeinflussen. Sie erreichten dies durch *Fragetechniken*, die eine versteckte Annahme kommunizierten. Loftus und Palmer führten Versuchspersonen ein Video vor, das einen Unfall zeigte. Danach fragten sie die Teilnehmer, wie sie die Geschwindigkeit der kollidierenden Fahrzeuge einschätzten.

Der ersten Gruppe von Testpersonen stellten sie folgende Frage:

Formulierung 1: „About how fast were the cars going when they *hit* each other?"[12]

---

[12] E. F. Loftus und John C. Palmer, „Reconstruction of Automobile Destruction: An Example of the Interaction Between Language and Memory", *Journal of*

Der zweiten Gruppe stellten sie diese Frage:

Formulierung 2: „About how fast were the cars going when they *smashed into each other*?"[13]

Die beiden Formulierungen unterschieden sich nur an den hervorgehobenen Stellen. In Formulierung 1 erschien an dieser Stelle das Wort „hit." In Formulierung 2 erschienen dort die Wörter „smashed into".

In Kap. 7 haben wir bereits über geladene Wörter gesprochen. Dabei handelt es sich um Wörter, die nicht nur beschreiben, sondern außerdem eine wertende Botschaft kommunizieren. An dieser Stelle haben wir es mit einem ähnlichen Phänomen zu tun. Die Wörter „hit" bzw. „smash into" kommunizieren zwar keine Bewertungen. Aber sie kommunizieren der befragten Person etwas anderes. Sie geben ihr eine Information darüber, wie *kraftvoll* die beiden Autos vermutlich zusammengestoßen sind.

Diese Information beeinflusste die Antworten der Testpersonen signifikant. Diejenigen unter ihnen, die mit Formulierung 1 konfrontiert wurden, antworteten im Mittel 34,0 Meilen pro Stunde (mph). Diejenigen aber, die Formulierung 2 der Frage beantworten sollten, tippten im Mittel auf 40,8 mph. Viele Testpersonen akzeptierten offenbar die Information, die in der Frage kommuniziert wurde, und passten ihre Erinnerung des Unfallhergangs entsprechend an.

Verbal Learning and Verbal Behavior 13, 1974, S. 586. (Meine Hervorhebung; NM).

[13] Loftus und Palmer (Fußnote 12), S. 586. (Meine Hervorhebung; NM).

Interpretationsfehler

Wir wissen nun, dass Fehler in unserer Wahrnehmung und Erinnerung zu Bestätigungsfehlern führen können. Aber auch wenn wir Informationen vergleichsweise akkurat wahrnehmen und auch wenn wir uns richtig an sie erinnern, kann es zu *Interpretationsfehlern* kommen. Und die können wiederum Bestätigungsfehler verursachen.

Das Huhn aus Bertrand Russells Beispiel macht dies klar. Aber es gibt noch andere Interpretationsfehler, die zu Bestätigungsfehlern führen können. Ein weiteres Beispiel dafür haben wir bereits in Kap. 6 kennengelernt. Dort diskutierten wir eine Anekdote des Psychologen Paul Watzlawick. Watzlawick gab seinem Kollegen, dem klinischen Psychiater Don D. Jackson, die Aufgabe, einen Patienten zu behandeln, der offenbar an Wahnvorstellungen litt. Watzlawick erklärte Jackson, der fragliche Patient hielte sich selbst für einen klinischen Psychiater. Jackson machte sich alsdann an die Arbeit und behandelte im Gespräch dessen Wahnvorstellung. Er wusste nicht, dass es sich bei dem vermeintlichen Patienten tatsächlich um einen Kollegen handelte. Ihm gegenüber saß tatsächlich ein klinischer Psychiater, dem Watzlawick die gleiche Aufgabe gestellt hatte. Auch er versuchte gesprächstherapeutisch auf Jackson einzuwirken.

Beide Gesprächspartner wurden Opfer eines Interpretationsfehlers: Sie interpretierten die Therapieversuche des jeweils anderen als Beleg für dessen Verrücktheit. Sie interpretierten alles, was passierte, als Bestätigung ihrer anfänglichen Hypothese, dass es sich bei dem anderen um eine wahngestörte Person handelte.

Solche Interpretationsfehler haben eine simple Ursache, die auf eine unserer psychologischen Neigungen zurückzuführen ist. Wenn wir eine Sachfrage durchdenken, dann neigen wir – genau wie Russells Huhn – dazu, nur *eine* Hypothese in Erwägung zu ziehen. Und wenn wir das tun, dann versuchen wir alles, was passiert, als Bestätigung dieser Hypothese zu interpretieren, sofern irgend möglich. Dabei ignorieren wir oft *konkurrierende Hypothesen*, die die uns vorliegenden Informationen auch – und vielleicht sogar *besser* – erklären würden.[14]

Eine Anekdote über den Philosophen Ludwig Wittgenstein – überliefert durch seine Schülerin G. E. M. Anscombe (1919–2001) – verdeutlicht diese Art des Denkfehlers. Anscombe und Wittgenstein sprachen über das *geozentrische* und *heliozentrische Weltbild*. Nach dem geozentrischen Weltbild befindet sich die Erde im Zentrum des Planetensystems, und alle Himmelskörper – einschließlich der Sonne – kreisen um sie herum. Nach dem heliozentrischen Weltbild kreisen dagegen alle Planeten – einschließlich der Erde – um die Sonne als Mittelpunkt. Heute wissen wir, dass das geozentrische Weltbild eindeutig falsch ist und das heliozentrische wahr – zumindest annähernd. Warum also glaubten die Menschen im Mittelalter an das geozentrische Weltbild?

Anscombe schlug Wittgenstein eine *naheliegende Erklärung* vor: Es sah eben so aus, als drehte sich die Sonne um die Erde. Daraufhin entgegnete Wittgenstein:

---

[14] Vgl. R. S. Nickerson, „Confirmation Bias: A Ubiquitous Phenomenon in Many Guises", *Review of General Psychology* 2(2), 1998, S. 177.

Und wie würde es aussehen, wenn es so aussehen würde, als drehte sich die Erde um die eigene Achse?[15]

Wittgensteins Replik ist natürlich eine *rhetorische Frage*. Der Punkt ist: Es würde *genauso* aussehen! Man hätte alle Beobachtungen also auch durch die Annahme einer sich drehenden Erde im Rahmen eines heliozentrischen Sonnensystems erklären können. Aber das heliozentrische Weltbild war den Menschen damals – und insbesondere dem Klerus – nicht besonders sympathisch. Deswegen ignorierte man die Tatsache, dass alle damals vorliegenden astronomischen Beobachtungen auch als Bestätigung dieser ungeliebten, konkurrierenden Hypothese gedeutet werden konnten.

Wunschdenken

Auch wenn wir beim Wahrnehmen, Erinnern und Interpretieren von Informationen keine nennenswerten Fehler machen, kann es sein, dass wir diese Informationen falsch gewichten. Ein Grund dafür liegt darin, dass wir uns von unseren *Wünschen* beeinflussen lassen. Der Psychologe Daniel Gilbert (*1957) erklärt dies anhand des folgenden Beispiels.

Stellen Sie sich vor, Sie steigen eines Morgens nichtsahnend auf Ihre Waage. Dann passiert das Unfassbare. Offenbar wiegen Sie stolze acht Kilo mehr als Ihr Normalgewicht.

---

[15] Hierbei handelt es sich um meine eigene Übersetzung des englischen Zitats aus Michael Dummetts *Truth and Other Enigmas* (Cambridge, MA, 1978). Der Originaltext liest sich: „And how would it look if it looked as though the earth rotated on its axis?" (S. 436).

Sie hatten zwar schon befürchtet, dass Sie das eine oder andere Kilo zugelegt haben. Da ist ja auch nix dabei. Aber *acht* Kilo?

Was tun Sie? Daniel Gilbert hält das folgende Szenario für wahrscheinlich: Sie wischen sich noch einmal den Schlaf aus den Augen. Vielleicht haben Sie sich nur verlesen. Nein, da steht die ungute Zahl immer noch! Okay, dann steigen Sie eben ab und versuchen es ein zweites Mal. Vielleicht haben Sie beim letzten Versuch zu viel Gewicht auf ein Bein verlagert. Kein Unterschied! Egal: nochmal wiegen! Vielleicht hatten Sie zu viel Schwung. Hmm, daran lag es auch nicht. Was kann es dann sein? Vielleicht ist die Waage ja kaputt? Und so weiter, und so fort. Kurz: Sie prüfen die Information ziemlich akribisch, denn sie *gefällt* Ihnen nicht!

Nun stellen Sie sich ein anderes Szenario vor. Stellen Sie sich vor, Sie steigen eines Morgens auf Ihre Waage und die zeigt genau Ihr Idealgewicht an. Was tun Sie dann? Steigen Sie nochmal ab? Messen Sie noch einmal nach? Wenn Sie so sind wie die meisten Menschen, dann gehen Sie mit dieser Information weniger kritisch um. Das denkt zumindest Daniel Gilbert. Seine Schlussfolgerung lautet deswegen:

> By uncritically accepting evidence when it pleases us, and insisting on more when it doesn't, we subtly tip the scales in our favor.[16]

Wir folgen also sehr oft dem Ratschlag von Pippi Langstrumpf. Das heißt: „Wir machen uns die Welt, widdewidde

---

[16] D. Gilbert, „I'm O.K., You're Biased", *The New York Times*, 16.04.2006. Online-Version verfügbar unter: http://nyti.ms/1kdn24a (abgerufen am 21.03.2015).

wie sie uns gefällt."[17] Argumentationstheoretiker sprechen in diesem Zusammenhang von *Wunschdenken* (engl.: „wishful thinking"). Und dabei handelt es sich um einen Denkfehler!

Logische Blindheit

Wir haben bereits vier mögliche Gründe kennengelernt, die erklären, warum wir zu Bestätigungsfehlern neigen: Wahrnehmungsfehler, Erinnerungsfehler, Interpretationsfehler und Wunschdenken. Aber auch wenn diese Faktoren nicht am Werk sind, können wir in eine weitere Falle tappen, die zu einem Bestätigungsfehler führt. Das gilt auch für Sie – zumindest dann, wenn Sie so sind wie die meisten von uns. Denn es lässt sich zeigen, dass die meisten Menschen in bestimmten Situationen *logisch blind* sind. Sie nehmen Informationen richtig wahr. Sie erinnern sich daran. Sie interpretieren die Daten richtig und verfallen nicht in Wunschdenken. Dennoch machen sie Bestätigungsfehler, weil Sie nicht in der Lage sind zu erkennen, dass eine gegebene Information *gegen* eine Hypothese spricht.

Sie glauben das nicht? Dann stellen Sie sich Folgendes vor:[18]

Vor Ihnen liegen vier Karten. Jede Karte hat eine Vorder- und eine Rückseite. Alle Karten sind in einer Hinsicht gleich: Auf der einen Seite steht eine Zahl, auf der anderen

---

[17] „Hollahi, hollaho, hollahopsasa!".
[18] Diese Aufgabe basiert auf der bekannten Logikaufgabe des Psychologen Peter C. Wason (1924–2003). Vgl. etwa P. C. Wason, „Reasoning about a rule", *Quarterly Journal of Experimental Psychology*, 20(3), 1968, S. 273–281.

ein Buchstabe. Die Karten liegen auf dem Tisch, sodass Sie nur die nach oben gedrehte Seite sehen können. Das sind sie:

Ich behaupte nun, für alle diese vier Karten gelte Eines:

Hypothese: Wenn auf der einen Seite der Karte ein Vokal steht, dann steht auf der anderen Seite eine gerade Zahl.

Ihre Aufgabe besteht nun darin, für jede der Karten zu prüfen, ob sie diese Hypothese verletzt. Dazu müssen Sie nur bestimmte Karten umdrehen. Welche Karten sind das? Achten Sie nicht auf Karten, die unsere Hypothese bestätigen würden, sondern nur auf Karten, die sie potenziell verletzten würden. Legen Sie ruhig das Buch zur Seite und denken Sie über die Aufgabe nach. (Gerne können Sie dabei einen Stift und einen Notizblock zur Hilfe nehmen.)

Sind Sie auf die richtige Antwort gekommen? Finden wir's heraus!

Beginnen wir mit zwei einfachen Beobachtungen. Nach der Regel muss eine Karte, die einen Vokal auf der einen Seite hat, eine gerade Zahl auf der anderen Seite haben. Die zweite Karte hat ein **A** auf der einen Seite. **A** ist ein Vokal. Also wäre die Regel verletzt, wenn auf der anderen Seite keine gerade Zahl stünde. Also müssen Sie diese Karte umdrehen, um das herauszufinden!

Die dritte Karte hat den Buchstaben **C** auf der einen Seite. Die Regel besagt, dass eine Karte, die einen Vokal auf der einen Seite hat, eine gerade Zahl auf der anderen Seite haben muss. **C** ist aber kein Vokal. Also spielt es keine Rolle, welche Zahl auf der anderen Seite steht. Die Regel ist in keinem Fall verletzt. Sie müssen diese Karte also nicht umdrehen.

Wahrscheinlich haben Sie bisher alles richtig gemacht. Aber es sind noch zwei Karten übrig. Und nun wird es etwas schwieriger.

Betrachten wir die erste Karte. Müssen Sie diese umdrehen? Viele Teilnehmer meiner Argumentations- und Logikkurse haben diese Frage mit „ja" beantwortet. Und auf den ersten Blick spricht einiges dafür. Schließlich sagt ja die Regel, die Sie überprüfen sollen, etwas über Karten mit geraden Zahlen. Und die Zahl **8**, die auf der ersten Karte steht, ist eine gerade Zahl. Also könnte man doch annehmen, dass Sie diese Karte umdrehen müssen, um zu sehen, ob ein Vokal auf der anderen Seite steht. Aber das ist falsch. Warum?

Sehen wir uns noch einmal unsere Hypothese an. Sie sagt: Wenn ein Vokal auf der einen Seite steht, dann muss auf der anderen Seite eine gerade Zahl stehen. Sie sagt nicht, dass eine Karte, auf der eine gerade Zahl steht, einen Vokal auf der Rückseite haben muss. Deswegen spielt es keine Rolle, was auf der anderen Seite der ersten Karte steht. Die Hypothese kann dadurch nicht verletzt werden. Wenn Sie das dennoch glauben, dann machen Sie einen Ja-zur-Konsequenz-Fehlschluss, den wir bereits in Kap. 6 kennengelernt haben.

Die erste Karte richtig zu beurteilen, ist nicht leicht. Aber den meisten von uns fällt es noch schwerer, die vierte Karte zu beurteilen. Auf ihr steht die Zahl **5**. Die Regel sagt, wenn ein Vokal auf der einen Seite der Karte steht, dann muss auf der anderen Seite eine gerade Zahl stehen. Die **5** ist aber keine gerade Zahl. Die vierte Karte ist also offensichtlich von der Regel nicht betroffen. Wenn das Ihr Gedankengang war, dann muss ich Ihnen leider sagen: Auch das ist falsch!

Eigentlich ist das sehr einfach zu sehen. Stellen Sie sich nämlich Folgendes vor: Sie drehen die vierte Karte um und stellen fest, dass auf der anderen Seite ein Vokal steht. Dann wäre die Hypothese klarerweise verletzt, denn in diesem Fall hätten wir eine Karte, die einen Vokal auf der einen Seite hat und eine ungerade Zahl auf der anderen. Also müssen Sie die vierte Karte auch umdrehen.

Die Lösung lautet also: Sie müssen die zweite und die vierte Karte umdrehen (bzw. die Karten mit dem **A** und der **5**). Die erste und die dritte Karte können Sie liegen lassen.

Aus dieser Denkaufgabe können wir eine wichtige Lehre ziehen: Wenn wir es mit Informationen zu tun haben, die eine Hypothese widerlegen können, dann sehen wir das nicht unbedingt. Oft sind wir logisch blind dafür.

Wie wir uns vor den Gefahren einseitigen Denkens schützen können

Auf den vorangegangenen Seiten habe ich Ihnen eine ganze Latte wissenschaftlicher Befunde vorgestellt. Diese Befunde zeigen, dass wir Menschen dazu neigen, einseitig zu denken. Wir ignorieren Informationen, die relevant sind – und zwar systematisch und vorhersehbar! Der israelische Psychologe Dan Ariely (*1968) nennt uns daher „predictably irrational".[19]

Wenn Einseitigkeit im Denken durch einen Bestätigungsfehler ausgelöst wird, dann kann das, wie wir gesehen haben, verschiedene Gründe haben: Manche Informationen treten nicht über unsere Wahrnehmungsschwelle. Andere vergessen wir einfach, oder wir verzerren sie. Wieder andere interpretieren wir voreingenommen – und zwar so, dass sie unsere Überzeugungen bestätigen. Manche wünschen wir uns einfach weg oder wir übersehen, dass sie gegen unsere Standpunkte sprechen. Und schließlich sind wir oft genug logisch blind für Informationen, die eine Hypothese potenziell widerlegen können.

Das sind ernste Probleme. Sie werfen die Frage auf, wie wir uns gegen die kognitiven Mechanismen zur Wehr setzen können, die einseitiges Denken hervorrufen. Ich kann Ihnen hier keine umfassende Antwort auf diese Frage geben. Aber einen bewährten Tipp will ich Ihnen trotzdem nicht vorenthalten.

> *Tipp 27: Ziehen Sie in Erwägung, dass Ihre kognitiven Prozesse zu einer einseitigen Lageeinschätzung führen.*

Ziehen Sie in Erwägung, dass Sie sich irren könnten! Dazu müssen Sie nicht – wie der Philosoph René Descartes – einem radikalen Zweifel anheimfallen. Es reicht, wenn Sie die *Möglichkeit eines Irrtums* in Erwägung ziehen und realistisch prüfen.

---

[19] D. Ariely, *Predictably Irrational*, New York, 2008.

Wie können Sie das tun? Hierfür kommen mindestens drei Möglichkeiten in Betracht. Die erste liefert Ihnen Tipp 27.1.

> *Tipp 27.1: Erforschen Sie die Lageeinschätzungen anderer Menschen.*

Tipp 27.1 basiert auf einem einfachen Prinzip: Wenn Sie sich nicht ausschließlich auf die kognitiven Prozesse verlassen, die sich in Ihrem eigenen Kopf abspielen, sondern diese mit einer größeren Gruppe abgleichen, dann werden sie längerfristig zu verlässlicheren Urteilen kommen. Das brachte bereits der Philosoph John Stuart Mill (1806–1873) auf den Punkt, als er sagte: „He who knows only his own side of the case, knows little of that."[20]

Es gibt viele Beispiele, die diese Einsicht illustrieren. Der amerikanische Journalist James M. Surowiecki (*1967) veranschaulicht sie in seinem Buch *The Wisdom of Crowds* (2004) anhand einer Anekdote über den englischen Universalgelehrten Sir Francis Galton (1822–1911). Der besuchte einst einen Wettbewerb, bei dem es darum ging, das Fleischgewicht eines Ochsen möglichst genau einzuschätzen. Jeder Teilnehmer konnte einen eigenen Tipp abgeben und darauf wetten. Insgesamt wurden 787 Wetten platziert. Nachdem diese ausgewertet worden waren und die Sieger ihre Preise erhalten hatten, bat Galton die Veranstalter, die einzelnen Wettzettel statistisch auswerten zu dürfen. Bei der Auswertung der Daten stellte er fest, dass der Durchschnittswert aller Wetten das Gewicht des Ochsen nur um ein Pfund

---

[20] J. S. Mill, *On Liberty*, London, 1859, S. 67.

verfehlt hatte. Dies war bemerkenswert. Denn keiner der Teilnehmer lag mit seiner individuellen Einschätzung so genau. Surowiecki sagt deswegen:

> [U]nder the right circumstances, groups are remarkably intelligent, and are often smarter than the smartest people in them.[21]

Allerdings ist Tipp 27.1 mit Vorsicht zu genießen. Der Philosoph Julian Nida-Rümelin warnt zu Recht davor, die Meinung der Vielen zu verabsolutieren. Denn es gibt, wie er sagt, „nicht nur Schwarmintelligenz, sondern auch Schwarmidiotie".[22] Die richtigen Umstände (engl.: „right circumstances"), von denen Surowiecki in der zitierten Passage spricht, liegen nicht immer vor.[23] Wenn sich die Mitglieder einer Gruppe gegenseitig beeinflussen, dann können sich systematische Fehler ergeben. Mit diesem Phänomen, das der amerikanische Psychologe Irving Janis (1918–1990) als „groupthink" bezeichnet hat, haben wir es z. B. am Aktienmarkt regelmäßig zu tun. Dort kann die Euphorie oder Panik einzelner Marktteilnehmer auf eine größere Gruppe übergreifen und so zu surrealen Aktienbewertungen führen. Das kann so weit gehen, dass diejenigen Investoren, die die realistischste Lageeinschätzung haben,

---

[21] J. M. Surowiecki, *The Wisedom of Crowds*, New York, 2004, S. xiii. (Meine Hervorhebung; NM).
[22] J. Nida-Rümelin (Kap. 3, Fußnote 17), S. 136. Das Phänomen der Schwarmidiotie in Unternehmen und Organisationen hat der Mathematiker und Manager Gunter Dueck (*1951) kürzlich in seinem Buch *Schwarmdumm – So blöd sind wir nur gemeinsam* (Frankfurt, 2015) beleuchtet.
[23] Siehe J. M. Surowiecki (Fußnote 21), S. 10 für eine nähere Bestimmung der Bedingungen von Schwarmintelligenz.

als erste Pleite gehen – und zwar *nicht trotz* ihrer richtigen Einschätzung, *sondern wegen* ihr.[24]

Welche Lehren können wir daraus ziehen? Zumindest diese drei:

- Wenn Sie andere Menschen nach deren Meinung fragen, dann achten Sie erstens darauf, dass Sie sich dabei nicht nur auf eine bestimmte Gruppe beschränken. Sprechen Sie mit Menschen, die *verschiedene Sichtweisen, Perspektiven und Hintergründe* mitbringen, damit sich keine systematischen Fehler einschleichen.

- Achten Sie zweitens darauf, dass Sie diese Menschen *nicht durch Ihre eigene Einschätzung vorab beeinflussen*. Andere sollten in Ihrer Gegenwart sagen dürfen, was sie wirklich denken, fühlen oder zu wissen meinen. Denn wenn Sie andere Sichtweisen im Keim ersticken, ist die Gefahr groß, dass Sie nichts Neues erfahren. Und das wiederum wird die Einseitigkeit in Ihrem Denken eher vergrößern als verringern.

- Drittens sollten Sie sich nicht auf die Einschätzung einzelner Personen verlassen. Sie sollten vielmehr darauf achten, welcher *Gesamteindruck* sich aus den gewonnenen Informationen ergibt. Die Geschichte von Francis Galton illustriert warum. Keiner der Wettteilnehmer lag mit seinem Tipp genau richtig. Jeder über- oder unter-

---

[24] Dem Ökonom John Maynard Keynes (1883–1946) wird ein Zitat zugeschrieben, das dieses Phänomen passend zusammenfasst: „Markets can remain irrational longer than you can remain solvent." So zumindest zitiert ihn R. Lowenstein, *When Genius Failed: The Rise and Fall of Long-Term Capital Management*, New York, 2000, S. 123.

schätzte das Gewicht des Ochsen. Im Mittel lagen sie jedoch richtig!

Wenn Sie die Einschätzungen anderer Menschen erforschen, wird Ihnen das helfen, Einseitigkeit in Ihrem Denken zu verringern. Aber dieser Tipp lässt sich nicht immer anwenden. Vielleicht haben Sie gerade keine Möglichkeit, andere Einschätzungen einzuholen. Oder Sie können nur auf Mitglieder einer Gruppe zurückgreifen, die jeweils „groupthink" praktizieren und sich gegenseitig in ihren Sichtweisen beeinflussen. In diesem Fall haben Sie noch eine andere Möglichkeit, um einseitiges Denken abzumildern. Sie kennen sie bereits aus Kap. 1. Es handelt sich dabei um Tipp 3.

> *Tipp 3: Klären Sie Gegenargumente.*

Tipp 3 gibt Ihnen einen Hinweis darauf, *was* Sie tun können, um Einseitigkeit zu verringern. Allerdings gibt er Ihnen keinen Anhaltspunkt, *wie* Sie das tun können. Deswegen möchte ich Ihnen einen ergänzenden Hinweis geben.

> *Tipp 27.2: Verwenden Sie die Advocatus-diaboli-Technik.*

Um die *Advocatus-diaboli-Technik* anzuwenden, verfahren Sie wie folgt: Fragen Sie sich, wie Sie eine bestimmte Situation oder ein bestimmtes Ereignis einschätzen würden. Fragen Sie sich dann, wie ein fiktiver *Advocatus diaboli* – d. h. eine andere Person, die Ihre Einschätzung nicht teilt –

argumentieren würde. Indem Sie sich das fragen, kommen Sie auf neue Gegenargumente, an die Sie vorher vielleicht nicht gedacht hätten. Zumindest wäre das die Hoffnung.

In der antiken Philosophie war es üblich, die Gedankenfigur des Advocatus diaboli routinemäßig einzusetzen. Die Texte Platons (428 oder 427 v. Chr. bis 348 oder 347 v. Chr.) enthalten Erzählungen, in denen sich Sokrates (470 oder 469 v. Chr. bis 399 v. Chr.) – der Lehrer Platons – mit anderen Personen unterhält. Üblicherweise stellte er eine Frage (z. B. „Was ist Gerechtigkeit?" oder „Was ist Mut?") und untersucht dann die Antwort seines Gesprächspartners. Dessen Sichtweise wird widerlegt. Danach erst argumentiert Sokrates für seinen eigenen Standpunkt. Ähnlich verfährt auch der scholastische Philosoph und Theologe Thomas von Aquin (1225–1274).[25] Er stellte in seinen Texten Fragen, die z. B. die Natur Gottes oder das göttliche Gesetz betreffen. Dann setzte er sich zunächst akribisch mit Antworten auseinander, die er ablehnte, bevor er seine eigene Theorie vorstellte.

Auch die moderne Wissenschaft hat die Advocatus-diaboli-Technik für sich entdeckt. Der amerikanische Psychologe Gary Klein (*1944) schlägt in seinem Buch *The Power of Intuition* (2004/2007) eine besondere Variante der Technik vor, die er *PreMortem* nennt.[26] Dieser Ausdruck spielt auf die medizinische Praxis der Post-mortem-Autopsie an. Sie wird angewandt, um herauszufinden, woran eine Person gestorben ist. Wie Klein anmerkt, ist diese Methode zwar

---

[25] Für den Hinweis auf Thomas von Aquin danke ich Verena Mayer.
[26] Vgl. G. Klein, *The Power of Intuition: How to Use Your Gut Feelings to Make Better Decisions at Work* (2. Aufl.), New York, 2004/2007, S. 98–101.

geeignet, um die Todesursache zu erfahren. Aber das hilft dem Patienten kein bisschen, denn der ist bereits tot. Wünschenswert wäre also eine Methode, mit der sich vorhersehen ließe, woran ein Patient sterben könnte. Und darauf hat es PreMortem abgesehen. Der „Patient" ist dabei nur eine Metapher. Gary Klein meint damit vor allem Geschäftsprojekte. Die haben eine gewisse Misserfolgswahrscheinlichkeit und PreMortem soll diese Wahrscheinlichkeit verringern, indem Gefahren identifiziert und Gegenmaßnahmen entworfen werden.

Auch Sie können PreMortem anwenden. Sie können damit Pläne überprüfen, die Sie im Alltag oder Geschäftsleben verfolgen, um ein bestimmtes Ziel zu erreichen. Dabei kann es sich um fast alles handeln, von der Organisation eines Kindergeburtstags bis hin zur Verlegung eines Betriebsstandorts. Wenn Sie von Ihrem Plan überzeugt sind und seiner Umsetzung entgegenfiebern, werden Sie Risiken in der Regel unterschätzen. Sie werden *übertrieben selbstsicher* sein – ein Phänomen, das Psychologen „over-confidence"[27] nennen. PreMortem kann Ihnen helfen, übermäßige Selbstsicherheit zu verringern. Dazu stellen Sie sich vor, Sie hätten Ihren Plan bereits umgesetzt und seien dabei katastrophal gescheitert. Alles, was nur schiefgehen konnte, ist schiefgegangen. Im nächsten Schritt fragen Sie sich, was *genau* schiefgegangen ist. Und dann fragen Sie sich, was Sie hätten tun können, welche Maßnahmen Sie hätten ergreifen können, um sicherzustellen, dass dieses Schreckensszena-

---

[27] Der Begriff „over-confidence" ist in der psychologischen Forschung seit Langem gebräuchlich. Siehe etwa P. A. Adams und J. K. Adams, „Confidence in the Recognition and Reproduction of Words Difficult to Spell", *The American Journal of Psychology* 73(4), 1960, S. 544–552.

rio nicht eintritt. Indem Sie diese Schritte durchlaufen und aktiv darüber nachdenken, was alles Furchtbares passieren könnte, reduzieren Sie die Einseitigkeit in Ihrem Denken.

Die Tipps 27.1 und 27.2 sind im Übrigen kombinierbar. Das heißt, Sie können PreMortem auch mit einer größeren Gruppe durchführen. Wenn Sie darauf achten, dass dabei kein „groupthink" entsteht, werden Sie auf diese Weise noch bessere Ergebnisse erzielen!

Schließlich will ich Ihnen noch Tipp 27.3 mit auf den Weg geben. Ich will Ihnen raten, sich mit Ihren eigenen *kognitiven Schwächen* auseinanderzusetzen – mit Denkfehlern, die regelmäßig durch Einseitigkeit entstehen.

> *Tipp 27.3: Achten Sie auf häufige Formen des einseitigen Denkens.*

Es gibt viele Arten von *Einseitigkeitsfehlschlüssen*. Ich halte Folgende für die Wichtigsten:

- das Strohmann-Argument,
- das Analogie-Argument,
- die vorschnelle Verallgemeinerung,
- den anekdotischen Beleg,
- cum hoc, ergo propter hoc,
- den Prävalenzfehler,
- das falsche Dilemma,
- den texanischen Scharfschützen.

Das Strohmann-Argument

Das Strohmann-Argument? Schon wieder? Haben wir darüber nicht schon in Kap. 2 und 8 gesprochen? Ja, haben wir. Aber es gibt noch mehr darüber zu sagen. Also bleiben Sie am Ball!

In Kap. 8 setzten wir uns mit dem Thema Relevanz auseinander und sprachen in diesem Zusammenhang unter anderem über das *Strohmann-Argument*. Dabei handelt es sich, wie wir festhielten, um eine Verletzung des *Prinzips der wohlwollenden Interpretation*, das wir bereits in Kap. 2 kennengelernt hatten. Dieses Prinzip verlangt, Lücken und Interpretationsspielräume in der Argumentation anderer *wohlwollend* zu schließen. Wer das nicht tut und die Position seines Gesprächspartners stattdessen vereinfacht, überspitzt oder schlicht falsch darstellt, um sie leichter widerlegen zu können, der macht sich eines Strohmann-Arguments schuldig.

Wir klassifizierten Strohmann-Argumente entweder als belanglose Schlussfolgerungen oder als Irrelevanz-Fehlschlüsse. Wenn es sich bei einem Strohmann-Argument um eine belanglose Schlussfolgerung handelt, dann widerlegt es nicht den Standpunkt des Gesprächspartners, sondern einen anderen, schwächeren Standpunkt, der für die Debatte irrelevant ist. Wenn es sich dagegen bei einem Strohmann-Argument um einen Irrelevanz-Fehlschluss handelt, dann nimmt die Person, die das Strohmann-Argument verwendet, für sich in Anspruch, die Position ihres Gesprächspartners widerlegt zu haben, obwohl sie das gar nicht getan hat. Strohmann-Argumente sind also problematisch, weil sie – auf die eine oder andere Weise – irrelevant für die Fragestellung sind, die zur Debatte steht. Was hat das mit Einseitigkeit zu tun?

Ganz einfach: Die Grundlage für ein Strohmann-Argument kann durch einen *Einseitigkeitsfehlschluss* geschaffen werden. Schließlich handelt es sich bei einem solchen Argument um eine Verletzung des Prinzips der wohlwollenden Interpretation. Der Standpunkt des Gesprächspartners kann also auf unterschiedliche Art und Weise interpretiert werden, wobei bewusst eine schwache Interpretation ausgewählt wird. Eine Person, die beabsichtigt, ein Strohmann-Argument zu konstruieren, wird in der Regel darauf verzichten, alternative Lesarten des zu widerlegenden Standpunkts zu nennen. Sie wird normalerweise nur mit einem Auge hinschauen und plausiblere Interpretationen nicht beachten. Ein Einseitigkeitsfehlschluss kann also verwendet werden, um das Strohmann-Argument vorzubereiten.

Ergänzend zu den Hinweisen aus dem letzten Kapitel kann ich Ihnen also einen weiteren Tipp für den Umgang mit Strohmann-Argumenten geben. Dieser lautet schlicht: Achten Sie auf einseitige Interpretationen! Problematisieren Sie nicht nur die Tatsache, dass das vorgebrachte Strohmann-Argument irrelevant ist. Erklären Sie, *wie* die Irrelevanz zustande kommt. Weisen Sie darauf hin, dass die Person, die das Strohmann-Argument vorbringt, plausiblere Lesarten des zu widerlegenden Standpunkts ignoriert.

Das Analogie-Argument

Über Strohmann-Argumente hatten wir bereits in den vorangegangenen Kapiteln gesprochen. Nun wenden wir uns einem weiteren Argumenttyp zu, den wir – wenn auch indirekt – bereits thematisiert haben. Wir sprechen über das *Analogie-Argument*.

Das Analogie-Argument könnte man auch *Vergleichsargument* nennen, denn es basiert auf der Annahme der Vergleichbarkeit zweier Vergleichsgegenstände, aus der ein Schluss gezogen wird. Bevor wir diesen Argumenttyp etwas näher betrachten, möchte ich Sie allerdings auf eine wichtige, grundsätzliche Unterscheidung hinweisen: die Unterscheidung zwischen dem

- nicht-argumentativen Gebrauch und dem
- argumentativen Gebrauch

von Analogien.

Wenn *Analogien ohne argumentative Absicht* eingesetzt werden, dann dienen sie normalerweise dem Zweck der *Veranschaulichung*. Das haben sie mit *Metaphern* gemeinsam. Ein Gegenstand soll so beschrieben werden, dass wir ihn uns gut vorstellen können. Wenn wir ihn bereits kennen, soll er so beschrieben werden, dass wir ihn uns möglichst lebhaft in Erinnerung rufen können.[28] Der Spiegel-Journalist Jan Fleischhauer (*1962) zeigt, wie das funktioniert:

---

[28] Nach dem Gedächtnisweltmeister und Neurowissenschaftler Boris Konrad (*1981) basieren alle Gedächtnistechniken auf bildlichem Vorstellungsvermögen und der Umwandlung sprachlicher Informationen in Bilder (vgl. B. Konrad, *Superhirn – Gedächtnistraining mit einem Weltmeister: Über faszinierende Leistungen des menschlichen Gehirns*, Berlin, 2013, S. 104 ff.).

Erinnern Sie sich noch an Donald Trump? Den Erfinder des Trump-Tower, jener Frisur, bei der mit Hilfe einer Dose Haarspray die vordere Haarpartie so in die Stirn gekämmt wird, dass der Kopf aussieht, als habe dort eine Wildente ihre Landebahn errichtet.[29]

Fleischhauer geht es hier nicht darum, etwas zu begründen. Er will uns nicht davon überzeugen, dass wir einen bestimmten Standpunkt glauben sollen. Er will Donald Trump lediglich anschaulich beschreiben, indem er den optischen Eindruck seiner Frisur mit der Landebahn einer Wildente vergleicht.

Auch ich habe in den vorangegangenen Kapiteln Analogien verwendet, um die Sachverhalte, die wir besprochen haben, zu veranschaulichen. Gleich in der Einleitung verglich ich z. B. dieses Buch mit einer Leiter. In Kap. 1 verglich ich die Abwägung von Pro- und Contra-Argumenten mit einem Fußballspiel. Und in Kap. 5 verglich ich klares Denken mit scharfem Sehen. Damit wollte ich Sie nicht davon überzeugen, etwas zu glauben. Ich wollte Ihnen lediglich anschaulich vermitteln, worum es mir ging. Und das ist völlig in Ordnung.

Diese Feststellung lässt sich verallgemeinern:

Gegen die *veranschaulichende Verwendung von Analogien* ist aus argumentativer Sicht nichts einzuwenden.

---

[29] J. Fleischhauer, „Konservative im Vergleich: Die irre Donald-Trump-Show," *Spiegel-Online*, 21.07.2015. Online-Version verfügbar unter: http://bit.ly/1flSF9G (abgerufen am 22.07.2015).

Zwar können Analogien schief oder abgedroschen sein. Dann kann man ihre Verwendung als sprachliche Stilmittel kritisieren.[30] Aber aus argumentativer Sicht ist an ihnen nie etwas auszusetzen. Denn sie verfolgen ja keinen argumentativen Zweck.

Wenn *Analogien mit argumentativer Absicht* eingesetzt werden, dann soll mithilfe eines Vergleichs zwischen (mindestens) zwei Vergleichsgegenständen ein Schluss gestützt werden. In diesem Fall sollte die argumentative Verwendung einer Analogie auch aus argumentativer Sicht geprüft werden. Wie? Das wird klar, wenn man die *Struktur von Analogie-Argumenten* betrachtet. Wie sieht diese Struktur aus? Der Philosoph John Stuart Mill schlug vor, Analogie-Argumente auf das folgende Schema zu reduzieren.[31]

(P1) Gegenstand A und Gegenstand B haben beide die Eigenschaft X. (Annahme der Vergleichbarkeit)

(P2) Gegenstand A hat außerdem die Eigenschaft Y. (Eigenschaftszuschreibung)

(K) Gegenstand B hat ebenfalls die Eigenschaft Y. (Analogie-Schluss)

Dieses Schema ist hilfreich, um zu verstehen, wie Analogie-Argumente aufgebaut sind. Aber es enthält eine Lücke. Das wird klar, sobald wir es auf ein Beispiel anwenden.

---

[30] Vgl. hierzu W. Schneider, *Deutsch für Kenner* (6. Aufl.), München, 1987/2010, S. 236–244.

[31] Mill drückt die Logik des Analogie-Arguments folgendermaßen aus: „Two things resemble each other in one or more respects; a certain proposition is true of the one; therefore it is true of the other." (J. S. Mill, *A System of Logic, Ratiocinative and Inductive: Being a Connected View of the Principles of Evidence and the Methods of Scientific Investigation*, London, 1843, S. 97–98).

Nehmen wir an, Bernd ist in Anna verliebt. Er fragt sich, was er tun kann, damit Anna sich auch in ihn verliebt. Dann fällt ihm ein, dass Annas langjähriger Lebensgefährte Christian Brillenträger war. Vielleicht gefiel Anna das an Christian? Bernd geht also zum Augenarzt und lässt sich eine Brille verschreiben. Er hat folgendes Analogie-Argument im Sinn. Es folgt dem Schema, das ich Ihnen gerade vorgestellt habe.

(P1)   „Christian war Brillenträger. Ich habe nun auch eine Brille."
(Annahme der Vergleichbarkeit)

(P2)   „Anna hat sich in Christian verliebt." (Eigenschaftszuschreibung)

(K)   „Anna wird sich auch in mich verlieben." (Analogie-Schluss)

Dieses Argument lässt einige kritische Rückfragen zu. P1 könnte falsch sein. Vielleicht hatte Christian gar keine Brille, als er mit Anna zusammenkam. Vielleicht bekam Christian seine Brille erst später und Bernd nimmt lediglich an, er habe sie schon immer gehabt. P2 könnte ebenfalls falsch sein. Vielleicht war Anna gar nicht in Christian verliebt. Vielleicht hat sie Bernd ihre Beziehung mit Christian nur vorgespielt, weil seine Avancen ihr auf die Nerven gingen.

Uns interessiert hier jedoch der Schluss von P1 und P2 auf K. Um den zu bewerten, nehmen wir an, dass beide Annahmen stimmen. Ist Bernds Argument dann wasserdicht? Nein. Denn es ist nicht deduktiv gültig. Das heißt, es ist möglich, dass die Annahmen wahr sind und die Schlussfolgerung dennoch falsch.

Das ist nicht weiter schlimm, denn in vielen guten Argumenten stützen die Annahmen die Schlussfolgerung nur mit einer bestimmten Wahrscheinlichkeit. Damit wäre schon einiges gewonnen. Allerdings scheint nicht einmal das in Bernds Argument der Fall zu sein. Denn seine Schlussfolgerung wird durch sein Argument nur wahrscheinlich, wenn man eine weitere Voraussetzung hinzudenkt:

(P3) Wenn Bernd wie Christian eine Brille trägt, dann wird sich Anna wahrscheinlich auch in ihn verlieben.

Man muss mit anderen Worten unterstellen, dass die Eigenschaft einer Person, Brillenträger zu sein (Eigenschaft X), relevant dafür ist, dass Anna sich in diese Person verliebt (Eigenschaft Y). Das obige allgemeine Schema des Analogie-Arguments muss also um eine Annahme erweitert werden. Dabei handelt es sich um die Annahme, dass die *vorausgesetzten Ähnlichkeiten relevant* sind.

Der Vollständigkeit halber betrachten wir noch einmal das komplette Schema:

(P1) Gegenstand A und Gegenstand B haben beide die Eigenschaft X. (Annahme der Vergleichbarkeit)

(P2) Gegenstand A hat außerdem die Eigenschaft Y. (Eigenschaftszuschreibung)

(P3) Wenn die Gegenstände A und B die Eigenschaft X gemeinsam haben und A außerdem die Eigenschaft Y besitzt, dann hat B wahrscheinlich auch die Eigenschaft Y. (Annahme relevanter Ähnlichkeit)

(K)   Gegenstand B hat ebenfalls die Eigenschaft Y. (Analogie-Schluss)

Anhand dieses Schemas lässt sich zeigen, worauf wir achten sollten, wenn wir *Analogie-Argumente bewerten*.

Zunächst sollten wir die *Annahmen hinterfragen*. Allgemein lässt sich festhalten, dass Analogie-Argumente umso stärker sind,

1. je mehr Eigenschaften die Vergleichsgegenstände teilen und je sicherer jede dieser Eigenschaften nachgewiesen werden kann (Hinterfragung von P1),
2. je wahrscheinlicher es ist, dass die Eigenschaftszuschreibung stimmt (Hinterfragung von P2) und
3. je maßgeblicher die gemeinsamen Eigenschaften für die Schlussfolgerung sind (Hinterfragung von P3).

Wir haben bereits oben festgestellt, dass die ersten beiden Annahmen von Bernds Argument angegriffen werden können. Außerdem scheint Bernds dritte Annahme zweifelhaft. Es ist fraglich, ob Anna sich bei der Partnerwahl davon beeinflussen lässt, wer eine Brille trägt und wer nicht.

Aber auch wenn die Prüfung der Annahmen ergibt, dass diese wahrscheinlich zutreffen, könnte es immer noch Grund zur Beanstandung geben. Denn die Schlussfolgerung könnte zu stark und durch die Annahmen nicht gedeckt sein. Allgemein gilt, dass Analogie-Argumente umso stärker sind,

4. je schwächer ihre Schlussfolgerung ist (Hinterfragung des Schlusses von P1, P2 und P3 auf K).

Wenn Bernd folgert, dass Anna sich *sicher* in ihn verliebt, sobald auch er eine Brille trägt, dann begeht er einen Denkfehler. Beansprucht er dagegen lediglich, dass sein Analogie-

Argument seine Schlussfolgerung plausibel macht, dann behauptet er eine sehr viel schwächere These. Und um diese These zu stützen, ist sein Analogie-Argument vielleicht gut genug.

Generell lässt sich festhalten, dass Analogie-Argumente sich am besten eignen, um zu zeigen, dass eine These ernst genommen und weiter erkundet werden sollte.[32] Diese Rolle spielen sie vor allem in der Wissenschaft, wo sie – wie der amerikanische Kognitionswissenschaftler Douglas Hofstadter (*1945) sagt – als „Treibstoff des Denkens" (engl.: „fuel of thinking") verwendet werden.[33]

Bisher haben wir uns in diesem Abschnitt nur mit den Gemeinsamkeiten von Vergleichsgegenständen befasst und uns gefragt, was man gerechtfertigt aus ihnen schließen darf. Wer sich jedoch nur auf Gemeinsamkeiten konzentriert und Unterschiede außer Acht lässt, der begeht einen *Einseitigkeitsfehlschluss*. Um diesen aufzudecken, sollten wir bei der Prüfung von Analogie-Argumenten auf zwei weitere Aspekte achten. Analogie-Argumente sind umso stärker,

5. je weniger Unterschiede zwischen den Vergleichsgegenständen bestehen und
6. je weniger maßgeblich diese Unterschiede für die Schlussfolgerung sind.

In Bernds Fall sollten wir also auch danach fragen, welche Unterschiede zwischen ihm und Christian bestehen und wie maßgeblich diese Unterschiede für Bernds Schlussfol-

---

[32] Vgl. M. C. Beardsley, *Thinking Straight*, New York, 1950, S. 107.
[33] Vgl. hierzu D. Hofstadter und E. Sander, *Surfaces and Essences: Analogy as the Fuel and Fire of Thinking*, New York, 2013, Kap. 8.

gerung sind. Wenn wir z. B. erfahren, dass Bernd klein und schmächtig, Christian dagegen großgewachsen und gut trainiert ist, dann sollten wir daran zweifeln, dass die neue Brille den entscheidenden Unterschied macht. Vielleicht wäre Bernd dann mit Plateauschuhen und Fitnesstraining besser gedient. Wenn wir erfahren, dass Bernd aufbrausend, Christian dagegen eher phlegmatisch ist, dann sollten wir Bernd wohl eher zum Meditationstrainer als zum Optiker schicken.

Zusammenfassend können wir also festhalten, dass Analogie-Argumente immer kritisch geprüft werden sollten. Dabei müssen wir darauf achten, wie plausibel die Prämissen sind und ob die Schlussfolgerung vielleicht zu stark formuliert ist. Außerdem sollten wir Analogie-Argumente auf Einseitigkeitsfehlschlüsse prüfen, indem wir nach relevanten Unterschieden zwischen den Vergleichsgegenständen fragen.

Die vorschnelle Verallgemeinerung

Bei Analogie-Argumenten wird von einem einzelnen Vergleichsgegenstand auf einen anderen geschlossen. Bei einer Verallgemeinerung handelt es sich um ein ähnliches Argument. Hier wird von Einzelfällen auf eine *allgemeine These* geschlossen. Wie bei Analogie-Argumenten kann es auch dabei zu Denkfehlern kommen, wenn aus vorliegenden Informationen ein Schluss gezogen wird, der durch diese Informationen nicht gedeckt ist. In diesem Fall spricht man von einer *vorschnellen Verallgemeinerung*.

Was bedeutet „nicht gedeckt"? Hier müssen wir zwei Fälle unterscheiden.

> Fall 1: Die vorliegenden Informationen stützen den Schluss *für sich genommen* nicht hinreichend.
>
> Fall 2: Die vorliegenden Informationen stützen den Schluss zwar für sich genommen. Aber es werden *andere Informationen ausgeblendet*, die den Schluss in Zweifel ziehen.

Betrachten wir ein Beispiel, um beide Fälle auseinanderzuhalten.

Stellen Sie sich vor, Sie sind ein Tennisspieler. Sie haben gerade ein Match gewonnen und treffen in der nächsten Runde auf einen Gegner, den Sie nicht kennen. Dessen Spiel läuft noch. Sie haben also die Möglichkeit, ihm bei seinem Spiel zuzusehen, um sich taktisch einzustellen. Sie sind daran interessiert herauszufinden, ob Sie Ihrem Gegner im nächsten Spiel öfter auf die Vorhand- oder auf die Rückhandseite spielen sollen. Deswegen zählen Sie Fehler, die der Spieler auf beiden Seiten macht. Sie sehen sich ein Spiel an und stellen fest: zwei Rückhandfehler und kein Fehler auf der Vorhandseite. Also sollten Sie wohl in Ihrem Match gegen ihn auf die Rückhand spielen. Oder?

Ich war selbst viele Jahre Tennistrainer und kann Ihnen daher sagen, dass sich diese Frage noch nicht zuverlässig beantworten lässt. Denn hier haben wir es mit Fall 1 zu tun. Mein ehemaliger, tschechischer Trainerkollege hätte das wohl so formuliert: „Müssen wir immer noch abwarten, was passiert in nächste Spiel!" Mit anderen Worten: Die Informationen, die Sie gesammelt haben, stützen Ihren Schluss nicht hinreichend. Vielleicht hat der Spieler in dem

Spiel, das Sie beobachtet haben, nur etwas herumexperimentiert und deswegen Fehler gemacht. Vielleicht ist auch der eine oder andere Ball leicht versprungen und hat ihn zu einem Rückhandfehler gezwungen. Das können Sie noch nicht mit hinreichender Gewissheit ausschließen. Deswegen sollten Sie länger zusehen und weiter beobachten, auf welcher Seite Ihr Kontrahent mehr Fehler macht.

Nehmen wir an, Sie machen das. Und nehmen wir auch an, Sie stellen dabei fest, dass der Spieler wirklich deutlich mehr Fehler auf der Rückhandseite macht. Nun dürfen Sie doch darauf schließen, dass Sie immer dorthin spielen sollten. Oder?

Wiederum gilt: nicht unbedingt. Denn vielleicht haben wir es hier mit Fall 2 zu tun. Natürlich spricht die vergleichsweise höhere Fehlerquote auf der Rückhandseite Ihres Gegners *für sich genommen* dafür, dass Sie häufiger dorthin spielen sollten. Aber es könnte sein, dass Sie eine wichtige Information übersehen haben. Wenn Sie jemals Tennis gespielt haben, wissen Sie, dass die Qualität eines Spielers nicht nur von seiner Fehlerquote abhängt. Es kommt auch darauf an, wie druckvoll er spielt. Denn druckvolles Spiel zwingt den Gegner zu Fehlern und führt zu direkten Gewinnschlägen. Es könnte sein, dass Ihr Gegner eine sehr druckvolle Rückhand hat und damit viele direkte Gewinnschläge erzielt. Das müssen Sie beachten. Sonst ziehen Sie aus seiner Fehlerquote unter Umständen einen vorschnellen Schluss, der Ihrem Spiel schadet.

Der anekdotische Beleg

Bisweilen wird bei einer vorschnellen Verallgemeinerung nur auf einen einzigen Fall verwiesen. Dann spricht man von einem *anekdotischen Beleg*. Hierbei handelt es sich um einen *Extremfall* einseitigen Denkens – d. h. um eine noch eklatantere Verletzung des gesunden Menschenverstands.

Dennoch können anekdotische Belege psychologisch äußerst wirkmächtig sein. Um das zu sehen, stellen Sie sich vor, Anna ist im Begriff, sich ein neues Auto anzuschaffen. Ihr stehen mehrere Typen in der gleichen Preisklasse zur Auswahl. Um keine Schleichwerbung zu machen, nenne ich diese einfach Typ A, Typ B und Typ C. Anna macht Ihre Hausaufgaben. Sie zieht eine Testzeitschrift zurate, die sie für zuverlässig hält. Diese Zeitschrift spricht sich für Typ A aus. Hier seien auf Sicht mehrerer Jahre die wenigsten Pannen zu erwarten. Das habe eine aufwendige Langzeitstudie mit mehreren Hundert Vergleichswagen ergeben. Also entscheidet sich Anna für Typ A. Sie erzählt Bernd davon, der sie entgeistert ansieht:

> „Anna, weißt Du denn nicht, dass unsere gemeinsame Freundin Christina sich auch für Typ A entschieden hatte? Das Auto war ständig kaputt. Die Reparaturkosten waren so hoch, dass Christina ihren Jahresurlaub absagen musste."

Bernd rät Anna also dazu, doch ein Auto des Typs B oder C zu kaufen. Wird Anna nach dem Gespräch mit Bernd ihre Entscheidung überdenken?

Ich glaube schon. Zumindest wäre das menschlich nachvollziehbar. Es ist bekannt, dass Menschen sich leicht durch Informationen aus ihrem sozialen Umfeld beeinflussen lassen.[34] Das ist auch dann der Fall, wenn diese Informationen eigentlich einen geringen Wert für die Entscheidungsfindung haben. Im vorliegenden Fall ist das so. Die neue Information, die Anna von Bernd erhält, betrifft nur ein einziges Auto vom Typ A. Zweitens lässt sie keine Schlüsse über die relative Güte von Typ B und C zu. Die Studie, auf die Anna ihre ursprüngliche Entscheidung stützte, basiert dagegen auf einigen Hundert Modellen der Typen A, B und C im Vergleich. Anna sollte also ihre Entscheidung nicht ändern. Tut sie das doch, dann handelt sie den Erfordernissen des gesunden Menschenverstands zuwider.

Anekdotische Belege sind generell sehr schwache Argumente. Wer sein Urteil ausschließlich auf einen anekdotischen Beleg stützt, der macht daher in der Regel einen Denkfehler. Allerdings gibt es Fälle, in denen das nicht gilt.

Ausnahme 1: Es liegen keine weiteren Informationen vor.

Nehmen wir an, es gibt keine Studie über die Qualität der Modelle vom Typ A, B und C. Und nehmen wir an, die einzige Information, die Anna zu diesen Modellen hat, ist die Information über Christinas Erfahrungen mit Typ A, nach denen dieses Fahrzeug ständig Pannen hat. Dann wäre es vernünftig, wenn Anna an der Qualität von Typ A zweifelt.

---

[34] Der Verkauf von Tupperware im Rahmen sogenannter „Tupperparties" basiert genau auf diesem Grundsatz, wie der amerikanische Psychologe Robert Cialdini in seinem Buch *Influence* (London, 1984/2009, Kap. 5) erklärt.

Allerdings sollte sie auch in diesem Fall kein abschließendes Urteil fällen. Das wäre unvernünftig! Denn es könnte vorkommen, dass sie weitere Informationen erhält (z. B. eine umfassende Studie), die für die Qualität von Typ A sprechen.

> *Ausnahme 2: Die argumentative Absicht, mit der der anekdotische Beleg angeführt wird, besteht darin, eine allgemeine These zu widerlegen.*

Nehmen wir an, Anna erzählt Bernd von der Studie der Testzeitschrift. Sie behauptet, der Test habe ergeben, dass Typ A nie Pannen hat. Diese Aussage ist falsch. Denn Christinas Wagen war ja vom Typ A und hatte Pannen. Wenn nun Bernd einen anekdotischen Beleg – d. h. das Beispiel von Christinas Auto – anführt, um zu zeigen, dass Anna unrecht hat, dann begeht er damit keinen Denkfehler. Vielmehr spielt er eine *argumentative Trumpfkarte*, die Annas Behauptung logisch wasserdicht widerlegt. Denn um zu zeigen, dass eine allgemeine Aussage falsch ist, muss man nur ein einziges *Gegenbeispiel* angeben. Und das lässt sich in der Form eines anekdotischen Belegs tun.

Die Quintessenz dieses Abschnitts lautet also: Um einzuschätzen, wie stark ein anekdotischer Beleg als Argument ist, müssen wir wissen, wie viele Daten vorliegen und welche These überhaupt zur Debatte steht. Anekdotische Belege können vernünftige Argumente sein, wenn keine Daten vorliegen. Und es kann sich bei ihnen sogar um argumentative Trumpfkarten handeln, wenn sie ein Gegenbeispiel gegen eine allgemeine These darstellen. Liegen diese beiden

Fälle nicht vor, dann handelt es sich bei anekdotischen Belegen in der Regel um Extremformen einseitigen Denkens und um grobe Verletzungen des gesunden Menschenverstands.

Cum hoc, ergo propter hoc

Wenn wir beobachten, dass zwei Ereignisse A und B häufig zusammen auftreten, dann schließen wir oft „cum hoc, ergo propter hoc". Diese Formel kommt aus dem Lateinischen und bedeutet soviel wie „mit diesem, also deswegen". Wir schließen also darauf, dass Ereignis A die Ursache von Ereignis B ist.

Hypothese: Ereignis A verursacht Ereignis B.

Nehmen wir z. B. an, wir stellen fest, dass viele Menschen, die regelmäßig Sport treiben, weniger häufig krank sind als andere. Drängt sich hier nicht eine Schlussfolgerung auf? Na klar: Sport macht gesund!

Diese Art zu denken erscheint auf den ersten Blick völlig problemlos. Aber sie hat ihre Tücken, wie bereits der schottische Philosoph David Hume (1711–1776) bemerkte. Er wies darauf hin, dass *Ursache-Wirkungs-Beziehungen* prinzipiell nicht beobachtet werden können. Wenn wir urteilen, dass Ereignis A die Ursache von Ereignis B ist, dann mag es sich so anfühlen, als hätten wir das unmittelbar wahrgenommen. Aber das ist falsch! Vielmehr ziehen wir einen Schluss aus unseren Beobachtungen. Und der ist nicht alternativlos.

Wer das nicht beachtet, der begeht einen Einseitigkeitsfehlschluss!

Es lohnt sich, anhand eines einfachen Beispiels durchzuspielen, wie kompliziert die Ableitung eines gerechtfertigten Kausalschlusses sein kann. Um das tun zu können, müssen wir zunächst besprechen, welche *alternativen Erklärungen* wir prüfen müssten, bevor wir vernünftigerweise folgern können, dass Ereignis A Ereignis B verursacht.[35]

> *Erklärung 1 (Zufallshypothese): Bei dem gemeinsamen Auftreten von Ereignis A und Ereignis B handelt es sich um Zufall.*
>
> *Erklärung 2 (umgekehrte Kausalität): Ereignis B ist die Ursache von Ereignis A.*
>
> *Erklärung 3 (Ko-Kausalität): Es gibt ein Ereignis C, das Ereignis A und Ereignis B verursacht. A und B müssen jedoch nicht ursächlich miteinander verknüpft sein.*
>
> *Erklärung 4 (vermittelte Kausalität): Ereignis A verursacht ein Ereignis D, das wiederum B verursacht.*

Es gibt eine Methode, mit der wir unsere Hypothese stützen können und dabei alle alternativen Erklärungen gleichzeitig ausschließen: Wir könnten auf eine *anerkannte wissenschaftliche Theorie* verweisen, die auf die Ereignisse A und B anwendbar ist. Wenn diese Theorie Ereignis A und Ereignis B kausal miteinander verknüpft, dann stützt dies unsere Hypothese und wir könnten vernünftigerweise davon ausgehen, dass A tatsächlich die Ursache von B ist.

---

[35] Darauf wies bereits der Philosoph John Stuart Mill in seinen wissenschaftstheoretischen Schriften hin. Siehe etwa J. S. Mill, *A System of Logic, Ratiocinative and Inductive: Being a Connected View of the Principles of Evidence and the Methods of Scientific Investigation*, London, 1843.

Nehmen wir jedoch an, es gibt keine Theorie, die das leistet. Die Hypothese, dass Sport gesund macht, scheint uns lediglich plausibel. Dann sollten wir zunächst Erklärung 1 – die Zufallshypothese – mit Wahrscheinlichkeit ausschließen. Schon das ist keine Trivialität! Dazu müssen wir zumindest eine *Beobachtungsstudie* durchführen. Das heißt, wir müssen erforschen, wie häufig Menschen Sport treiben und wie häufig sie krank sind. Diese Daten müssen wir dann *statistisch analysieren*. Wenn es sich, wie Erklärung 1 behauptet, bei dem beobachteten Zusammenhang zwischen sportlicher Betätigung und Gesundheit um Zufall handelt, sollten wir keinen statistischen Zusammenhang zwischen diesen beiden Faktoren feststellen. Stellen wir jedoch fest, dass sportliche Betätigung und bessere Gesundheit regelmäßig zusammen auftreten, dann kann diese *Korrelation* als Beleg für eine ursächliche Beziehung gedeutet werden. Statistiker können uns sagen, wie groß unsere Datenmenge sein muss und wie sicher wir uns jeweils sein können, dass die Korrelation wirklich vorliegt. Letzteres wird durch den *p-Wert*[36] gemessen.

Beobachtungsstudien sind allerdings mit zwei Problemen verbunden. Erstens können sie uns lediglich einen Anhaltspunkt dafür liefern, dass eine kausale Beziehung vorliegt. Sie erzwingen diesen Schluss aber nicht, denn es gibt das Phänomen der *Zufallskorrelation*. Die Anzahl der Filme, in denen der Schauspieler Nicolas Cage (*1964) jährlich auftritt, korreliert z. B. mit der Anzahl von Personen, die in den USA

---

[36] Auf den p-Wert kommen wir noch einmal im Abschnitt *Der texanische Scharfschütze* zurück.

jährlich in einem Swimmingpool ertrinken.[37] Um plausiblerweise auszuschließen, dass es sich bei einer beobachteten Korrelation um eine Zufallskorrelation handelt, sollte man darauf achten, dass der Zusammenhang *sachlich plausibel* ist.

Zweitens kann uns eine Beobachtungsstudie keinen Aufschluss über die *Art der kausalen Verbindung* geben. Die Korrelation zwischen A und B ist sowohl mit unserer Hypothese vereinbar als auch mit den Erklärungen 2, 3 und 4. Um letztere plausiblerweise ausschließen zu können, müssen wir eine andere Methode verwenden. Wir müssen eine *experimentelle Studie* durchführen! Bei solchen Studien werden einzelne Faktoren manipuliert, wobei alles unverändert bleibt. Letzteres nennt man die *Ceteris-paribus-Bedingung*.[38]

Betrachten wir die Funktionsweise einer experimentellen Studie wieder anhand unseres obigen Beispiels. Nehmen wir an, eine Beobachtungsstudie ergibt, dass Menschen, die mehr Sport treiben (Ereignis A), im Durchschnitt signifikant seltener krank sind (Ereignis B). Erklärung 1, die einen Zufall nahelegt, konnten wir aufgrund der beobachteten Korrelation und der Plausibilität einer kausalen Verbindung bereits mit Wahrscheinlichkeit ausschließen. Das heißt, wir können davon ausgehen, dass hier eine kausale Beziehung vorliegt. Aber wie sieht diese Beziehung aus?

---

[37] Vgl. http://bit.ly/1L01SSt (abgerufen am 17.06.2015).
[38] Die Wendung „ceteris paribus" kommt aus dem Lateinischen und bedeutet „alles andere gleich".

Nach unserer Hypothese dient sportliche Betätigung der Gesundheit und reduziert Erkrankungen. Aber es sind auch andere Erklärungen denkbar, nämlich Erklärung 2, 3 und 4:

- Nach *Erklärung 2* geht die Kausalität in die andere Richtung. Sie lautet: Menschen, die häufig krank sind, haben einfach weniger Gelegenheiten, Sport zu treiben.
- Nach *Erklärung 3* lässt sich die Korrelation zwischen sportlicher Betätigung und Gesundheit durch einen dritten Faktor erklären. Dieser dritte Faktor könnte z. B. das Gesundheitsbewusstsein der Menschen sein. Vielleicht bewirkt ein erhöhtes Gesundheitsbewusstsein, dass Menschen Sport treiben und dass sie gesund bleiben, obwohl Sport und Gesundheit sich nicht gegenseitig beeinflussen.
- Nach *Erklärung 4* gibt es einen vermittelnden Faktor, der die Korrelation zwischen sportlicher Betätigung und Gesundheit erklärt. Es könnte z. B. sein, dass Sport das Immunsystem anregt. Ein aktiviertes Immunsystem würde wiederum die Anzahl der Krankheitsfälle kausal beeinflussen.

Im Rahmen einer experimentellen Studie sollte man alle diese Möglichkeiten prüfen und ausschließen, bevor man die Hypothese, dass Sport gesund macht, akzeptiert.[39] Dazu würde man Schritt für Schritt Faktoren manipulieren und alles andere gleich lassen.

Um *Erklärung 2* zu testen, könnte man Personen auswählen, die regelmäßig Sport treiben und die unterdurch-

---

[39] Es könnte auch herauskommen, dass an mehr als einer dieser Erklärungen etwas dran ist. Das wäre logisch nicht ausgeschlossen.

schnittlich häufig krank sind. Diese Personen würden dann wiederum in zwei Gruppen eingeteilt – eine *Testgruppe* und eine *Kontrollgruppe*. Der Testgruppe würde man die Aufgabe geben, im Experimentzeitraum Sport zu treiben. Der Kontrollgruppe würde man die Aufgabe geben, im Experimentzeitraum keinen Sport zu treiben. Nach Erklärung 2 sollten sich die beobachteten Krankheitsfälle in beiden Gruppen nicht signifikant voneinander unterscheiden. Schließlich begründet Erklärung 2 die beobachtete Korrelation von Sport und Gesundheit damit, dass gesunde Menschen häufiger die Gelegenheit haben, Sport zu treiben, und nicht damit, dass Sport gesund macht. Stellen wir nun fest, dass die Krankheitsfälle in der Testgruppe signifikant geringer sind als in der Kontrollgruppe, dann würde das Erklärung 2 in Zweifel ziehen.

Um *Erklärung 3* zu testen, könnte man Personen beobachten, deren Gesundheitsbewusstsein vergleichbar ist. Die würde man wiederum in zwei Gruppen einteilen. Der Testgruppe würde man die Aufgabe geben, im Versuchszeitraum Sport zu treiben. Der Kontrollgruppe würde man die Aufgabe geben, keinen Sport zu treiben. Nach Erklärung 3 sollten sich zwischen den beiden Gruppen keine signifikanten Unterschiede ergeben. Beobachten wir diese dennoch, dann zieht dies Erklärung 3 in Zweifel und wir können sie plausibler Weise ausschließen.

Um schließlich *Erklärung 4* zu testen, würden wir wiederum ein Experiment mit zwei Gruppen durchführen. Der Testgruppe würden wir wieder die Aufgabe geben, Sport zu treiben. Der Kontrollgruppe würden wir die Aufgabe geben, keinen Sport zu treiben. Zusätzlich würden wir in beiden Gruppen Kennzahlen zum Immunsystem erheben, diese zu unserem Datensatz hinzufügen und den gesamten Datensatz mithilfe *multivariater Analysemethoden* auswerten. Nach Erklärung 4 sollte sich kein signifikanter Zusammenhang zwischen Sport und Gesundheit mehr ergeben, da wir eine Kennzahl für das Immunsystem als vermittelnden Faktor zur Analyse hinzugefügt haben. Beobachten wir dennoch einen solchen Zusammenhang, dann ist es wahrscheinlich, dass Sport für sich genommen einen Einfluss auf die Gesundheit hat.

Die Lehre, die Sie aus dieser kurzen Fallstudie ziehen sollten, lautet: Wenn Sie Kausalschlüsse ziehen, dann seien Sie sich dabei nicht zu sicher. Denn die Analyse von Kausalbeziehungen ist extrem kompliziert!

Der Prävalenzfehler

Stellen Sie sich einen jungen deutschen Studenten vor – nennen wir ihn Tom.[40] Tom ist ziemlich intelligent. Ihm macht es Spaß zu diskutieren. Er kennt sich gut mit den Werken von Immanuel Kant aus, die er schon in seiner Schulzeit faszinierend fand. Außerdem liest er gerne dicke Bücher und verfasst auch eigene Texte zu philosophischen Fragen.

Nun beantworten Sie folgende Frage: Welches Studienfach studiert Tom wahrscheinlich? Zur Auswahl stehen:

- Betriebswirtschaftslehre,
- Maschinenbau,

---

[40] Dieses Beispiel ist inspiriert durch die Beschreibung von „Tom W." in D. Kahneman (Einleitung, Fußnote 6), S. 147.

- Informatik,
- Elektrotechnik,
- Philosophie.

Wahrscheinlich lacht Sie eines dieser Studienfächer besonders an – nämlich die Philosophie. Denn Tom wäre ein sehr *typischer* Philosophiestudent. Wenn Sie aus diesem Umstand jedoch folgern, dass Tom wahrscheinlich Philosophie studiert und dass die anderen Studienfächer eher unwahrscheinlich sind, dann begehen Sie einen Einseitigkeitsfehlschluss! Denn Sie vernachlässigen, dass die Philosophie ein sehr seltenes Studienfach ist. Und Sie vernachlässigen, dass es sich bei den anderen Disziplinen um sehr häufige Studienfächer handelt.[41] Das ist psychologisch nachvollziehbar, aber unvernünftig!

Zum Vergleich: Überlegen Sie einmal, wie Sie vorgegangen wären, wenn ich Ihnen keine näheren Informationen zu Tom gegeben hätte. Wahrscheinlich hätten Sie sich dann gefragt, wie hoch die *Prävalenzrate* der einzelnen Studiengänge ist. Das heißt, Sie hätten sich gefragt, wie viele männliche Studierende in Deutschland Betriebswirtschaftslehre, Maschinenbau, Informatik, Elektrotechnik und Philosophie studieren. Und dann hätten Sie sicher

---

[41] Nach Auskunft des CHE-Hochschulrankings handelt es sich bei Betriebswirtschaftslehre, Maschinenbau, Informatik und Elektrotechnik um die vier Studienfächer, die von männlichen Studierenden in Deutschland am häufigsten gewählt werden. Vgl. hierzu S. Gull und A. Himmelrath, „Die beliebtesten Studienfächer und mögliche Alternativen", unicum.de. Eine Online-Version verfügbar unter: http://www.unicum.de/studienzeit/rund-ums-studium/allgemein/die-beliebtesten-studienfaecher-und-moegliche-alternativen (abgerufen am 04.06.2015).

nicht auf die Philosophie getippt, denn dieses Fach studiert in Deutschland kaum jemand.

Die Prävalenzrate ist offensichtlich relevant, um Wahrscheinlichkeiten vernünftig einzuschätzen. Und sie wird nicht irrelevant, wenn weitere Informationen vorliegen. Dennoch machen viele Menschen den Fehler, die Prävalenzrate komplett zu ignorieren, wenn sie weitere Informationen erhalten. Diese Variante des Einseitigkeitsfehlschlusses nennt man den *Prävalenzfehler*.

Sie sollten versuchen, den Prävalenzfehler zu vermeiden. Um das zu tun, sollten Sie immer zunächst nach der Prävalenzrate fragen. Sie ist der Startpunkt für eine vernünftige Wahrscheinlichkeitseinschätzung. Wenn Sie weitere Informationen erhalten, dann sollten Sie Ihre erste Wahrscheinlichkeitseinschätzung – denglisch gesagt – „updaten."

Im Fall von Tom würde das Folgendes bedeuten: Sie sollten zunächst fragen, wie wahrscheinlich es *a priori* – d. h. ohne weitere Informationen – ist, dass Tom Philosophie studiert. Nehmen wir an, 0,5 % aller männlichen, deutschen Studenten studieren Philosophie. Dann muss die Antwort lauten: 0,5 % – mit anderen Worten: *sehr unwahrscheinlich*. Wenn Sie dann aber Toms lang gehegte Vorliebe für philosophische Texte ins Kalkül ziehen, sollten Sie diese ursprüngliche Einschätzung nach oben korrigieren.

Die Frage, die sich Ihnen nun aufdrängt, lautet wahrscheinlich: Um wie viel denn? Hierfür gibt es eine mathematisch präzise Antwort, die auf den Theologen Thomas Bayes (1701–1761) zurückgeht. Sie wird deswegen *Bayes-Theorem* genannt. Dieses Theorem besagt, dass Sie zwei Fragen stellen müssen:

Frage 1: Wie wahrscheinlich ist es, dass sich ein deutscher, männlicher Student, der Philosophie studiert, für Philosophie interessiert?

Frage 2: Wie wahrscheinlich ist es, dass sich ein deutscher, männlicher Student für Philosophie interessiert?

Der Faktor, mit dem Sie die ursprüngliche Schätzung „updaten" müssen, ist das Verhältnis der Antworten auf diese beiden Fragen:

$$\text{„Update"-Faktor} = \frac{\text{Antwort auf Frage 1}}{\text{Antwort auf Frage 2}}$$

Dem Philosophiestudium wird oft nachgesagt, es sei ein „Liebhaberstudium". Wer Philosophie studiert, tut das aus Neigung. Nehmen wir an, dass gelte für alle deutschen Philosophiestudenten. Die Antwort auf Frage 1 lautet also 100 %.

Wie lautet die Antwort auf Frage 2? Es ist plausibel anzunehmen, dass sich nicht nur deutsche, männliche Studenten, die Philosophie als Studienfach gewählt haben, für Philosophie interessieren. Es ist davon auszugehen, dass sich auch der eine oder andere BWL-Student in seiner Freizeit leidenschaftlich mit Philosophie befasst.[42] Nehmen wir an, unter deutschen, männlichen Studenten aller Fächer sind das 5 %.

Wenn die Antworten auf Frage 1 und Frage 2 einigermaßen korrekt sind, dann ergibt sich aus dem Verhältnis

---

[42] Ich war selbst zur Zeit meines BWL-Studiums ein solcher Student.

100 % zu 5 % ein Update-Faktor von 20. Das heißt, wir müssen unsere ursprüngliche Einschätzung, dass Tom mit einer Wahrscheinlichkeit von 0,5 % Philosophie studiert, auf 10 % korrigieren. Mit anderen Worten: Es ist möglich, aber immer noch recht unwahrscheinlich, dass Tom Philosophie studiert.

Diese Antwort steht im krassen Widerspruch zur Intuition vieler Menschen. Diese würden geltend machen, dass Toms Interessen so *typisch* für einen Philosophiestudenten sind, dass die Einschätzung „Tom studiert Philosophie" sehr wahrscheinlich richtig ist. Wie wir gesehen haben, ist das aber ein Einseitigkeitsfehlschluss! Denn wer so schlussfolgert, vernachlässigt, wie *spezifisch* Toms Interessen für einen Philosophiestudenten sind.

Das falsche Dilemma

Kurz nach den Terroranschlägen des 11. September stellte der amerikanische Präsident George W. Bush in seiner Kongressansprache klar:

> Every nation, in every region, now has a decision to make. Either you are with us, or you are with the terrorists.[43]

Was haben sich da nur die armen Schweizer gedacht? Die Bundesverfassung der schweizerischen Eidgenossenschaft schreibt schließlich in Artikel 185, Satz 1, das Neutrali-

---

[43] Eine Mitschrift der Rede Bushs findet sich unter: https://georgewbush-whitehouse.archives.gov/news/releases/2001/09/20010920-8.html (abgerufen am 17.06.2015).

tätsprinzip fest und macht es zu einem der wichtigsten Grundsätze der schweizerischen Außenpolitik. Basierte dieses Prinzip etwa auf einem Irrtum?

Natürlich nicht! Denn der amerikanische Präsident verwendete hier lediglich einen rhetorischen Trick. Er stellte die Welt vor ein *falsches Dilemma*, um für die geplanten Kriegseinsätze in Afghanistan und im Irak zu werben. Er suggerierte, es gäbe nur zwei Handlungsoptionen, sodass sich jedes Land entscheiden müsse, ob es die Amerikaner oder die Terroristen unterstützen wollte. Dieses Manöver war leicht zu durchschauen, da nicht zuletzt die Schweiz gezeigt hatte, wie man in außenpolitischen Fragen neutral bleiben kann. Es kann jedoch vorkommen, dass falsche Dilemmata zu Denkfehlern führen, wenn sie schwer zu erkennen sind. Darauf sollten Sie achten!

In Kap. 6 betrachteten wir Dilemma-Argumente bereits im Zusammenhang mit widersprüchlichen Annahmen. Wir besprachen den Fall des Rhetoriklehrers Protagoras. Der hatte einen Schüler namens Euathlos, der bei ihm eine Ausbildung zum Anwalt absolvierte. Die beiden vereinbarten, dass Euathlos Protagoras statt der üblichen Ausbildungsgebühr den Streitwert seines ersten gewonnenen Prozesses bezahlen würde. Euathlos weigerte sich aber, einen Prozess zu führen. Protagoras verklagte ihn daraufhin auf Zahlung von 100 Drachmen. Bei der Verhandlung argumentierte Protagoras folgendermaßen:

„Entweder Euathlos gewinnt den Prozess oder Euathlos verliert den Prozess. In beiden Fällen muss er mir 100 Drachmen zahlen. Im ersten Fall besagt das unser Vertrag. Im zweiten Fall verdonnert ihn das Gericht dazu. Er muss also in jedem Fall zahlen."

In Kap. 6 sahen wir, dass das Argument von Protagoras problematisch ist, weil es auf logisch widersprüchliche Annahmen zurückgreift. Allerdings ist gegen die allgemeine Form der Argumentation nichts einzuwenden. Protagoras unterscheidet lediglich zwei mögliche Fälle, A und B. Dann zeigt er, dass sich aus beiden die gleiche Konsequenz C ziehen lässt. Deswegen schließt er, dass C der Fall ist. Man könnte die Form des Arguments also folgendermaßen wiedergeben:

Dilemma-Argument 1

(P1) Entweder A ist der Fall, oder B ist der Fall

(P2) Wenn A, dann C

(P3) Wenn B, dann C

(K) C

Es gibt noch eine andere Variante des Dilemma-Arguments.[44] Auch bei dieser Variante wird zunächst eine Unterscheidung getroffen, nach der entweder A oder B der Fall ist. Dann wird gezeigt, dass A nicht der Fall ist, um zu folgern, dass B der Fall sein muss. Die Form des Arguments sieht so aus:

---

[44] Diese Form des Arguments wird auch als *disjunktiver Syllogismus* bezeichnet.

Dilemma-Argument 2

(P1)   Entweder A ist der Fall, oder B ist der Fall
(P2*)   A ist nicht der Fall
(K)   B

Gemeinsam ist beiden Dilemma-Argumenten die Annahme P1. Und dabei handelt es sich gleichzeitig um ihre *Achillesferse.* Denn wenn außer den in P1 genannten Fällen A und B noch weitere Fälle möglich sind, folgt der Schluss (auf C bzw. B) nicht. In diesem Fall handelt es sich bei dem Dilemma-Argument um ein falsches Dilemma. Und das ist ein Einseitigkeitsfehlschluss!

Die Lehre, die Sie aus diesem Abschnitt ziehen sollten, lautet also: Wenn Sie es mit einem Dilemma-Argument (1 oder 2) zu tun haben, dann sollten Sie prüfen, ob die Annahme, in der die Fallunterscheidung getroffen wird, wirklich alle möglichen Fälle einschließt. Wenn nicht, dann handelt es sich um ein falsches Dilemma!

Der texanische Scharfschütze

Abschließend möchte ich Ihnen noch einen sehr wichtigen Einseitigkeitsfehlschluss vorstellen: den texanischen Scharfschützen. Was es damit auf sich hat, lässt sich am besten anhand einer amüsanten Anekdote verdeutlichen.

Stellen Sie sich eine Gruppe betrunkener, texanischer Scharfschützen vor. Die haben an einer alten Scheune eine Zielscheibe aufgemalt und führen dort ihre Zielübungen durch. Allerdings treffen sie nicht besonders gut – wegen des vielen Whiskys (und weil sie so schlechte Schützen sind). Die Einschusslöcher sind wahllos verteilt und die meisten davon liegen außerhalb der Zielscheibe. Wie peinlich! Schließlich entbrennt eine hitzige Diskussion darüber, wie man die Schussfertigkeiten der Schützen verbessern könnte. Einer macht den Vorschlag, disziplinierter zu üben. Aber das wäre mit zu viel Aufwand verbunden – wird also abgelehnt. Der nächste schlägt vor, bei den Schussübungen weniger zu trinken. Aber wo bliebe dann die Gaudi? Also wird auch dieser Vorschlag abgelehnt. Dann meldet sich ein Dritter. Und der hat den originellsten Vorschlag:

> „Wir brauchen weder mehr zu üben noch weniger zu trinken. Lasst uns einfach zuerst auf die Scheune schießen. Dann malen wir die Mitte der Zielscheibe dorthin, wo die meisten Einschusslöcher sind.“

Alle stimmen zu: „So machen wir das!“

Dieser Vorschlag wirkt völlig absurd. Aber er ist der Rechtfertigungspraxis vieler Menschen sehr ähnlich. Die texanischen Scharfschützen wählen einen Bereich am Scheunentor aus, den sie zufälligerweise besonders häufig getroffen haben. Dort malen sie ihre Zielscheibe auf. Menschen verhalten sich im übertragenen Sinne wie texanische Scharfschützen, wenn sie aus einem großen Datenpool selektiv diejenigen Daten heraussuchen, in denen sich gehäuft Belege für ihre Position finden. Ich möchte diese Vorgehensweise mithilfe eines Beispiels verdeutlichen.

Vertreter der Homöopathie, die in diesem Band schon mehrfach unter die Räder gekommen sind, agieren häufig wie texanische Scharfschützen.[45] In einem Meinungsartikel[46] von Dana Ullman wird das besonders deutlich. Ullman beschwert sich dort über den Wikipedia-Artikel zur Homöopathie, der diese als Pseudowissenschaft ablehnt.[47] Um diese Einschätzung zu widerlegen und die wissenschaftliche Fundierung der Homöopathie zu belegen, nennt Ullman sieben Studien in hochrangigen wissenschaftlichen Journalen. Diese, so Ullman, belegten die Heilungseffekte homöopathischer Mittel.

Was ist von dieser Rechtfertigungsstrategie zu halten? Sie ahnen es: nicht viel. Denn Ullman, der sich interessanterweise als „evidenzbasierten Homöopathen" bezeichnet, verhält sich wie ein texanischer Scharfschütze! Er zitiert nur Studien, die einen Effekt identifiziert haben, und vernachlässigt alle anderen, die keinen Effekt feststellen konnten. Bis heute existieren über 200 klinische Studien, die homöopathische Mittel auf ihre Wirksamkeit hin überprüft haben. Bei dieser Zahl ist davon auszugehen, dass auch methodisch einwandfreie Studien vereinzelt Daten liefern, die einen Effekt nahelegen, obwohl die getesteten Mittel tatsächlich un-

---

[45] Darauf weist z. B. Kevin Smith hin, der sagt: „Regrettably, the existence of a few ,positive' publications has allowed biased reviewers to claim justification for homeopathy by cherry-picking isolated favourable studies, and ignoring their manifest weaknesses." (K. Smith, „Homeopathy is unscientific and unethical", *Bioethics* 26(9), 2012, S. 508–512 [509]).

[46] D. Ullman, „Dysfunction at Wikipedia on Homeopathic Medicine," *Huffington Post*, 10.10.2014, Online-Version verfügbar unter: http://huff.to/1N9tOBJ (abgerufen am 19.06.2015).

[47] Dort steht im O-Ton: „Homeopathy is a pseudoscience – a belief that is incorrectly presented as scientific. Homeopathic preparations are not effective for treating any condition; large-scale studies have found homeopathy to be no more effective than a placebo, suggesting that any positive feelings that follow treatment are only due to the placebo effect and normal recovery from illness." (https://en.wikipedia.org/wiki/Homeopathy, abgerufen am 22.12.2015).

wirksam sind.[48] Den Grund dafür habe ich Ihnen bereits im Abschnitt *cum hoc, ergo propter hoc* genannt. Er liegt im *p-Wert*. Dieser Wert beziffert die Wahrscheinlichkeit, mit der ein aus dem Datensatz ermittelter statistischer Zusammenhang (z. B. die offensichtlichen Heilungswirkungen einer Wirksubstanz) nur scheinbar vorliegt, aber in Wirklichkeit nicht existiert. Typischerweise gilt eine Studie, die einen Effekt mit einem p-Wert von 5 % (oder weniger) nachweist, als *statistisch signifikant*.

Es ist wichtig, sich vor Augen zu führen, was das bedeutet. Nehmen wir an, wir führen mehrere Studien mit einer völlig wirkungslosen Substanz durch. Bereits bei 14 durchgeführten Studien liegt die Wahrscheinlichkeit für mindestens ein statistisch signifikantes positives Resultat bei über 50 % – wäre also nicht mehr überraschend. Bei 200 Studien liegt diese Wahrscheinlichkeit praktisch bei 100,00 %. Hier ist es nahezu sicher, dass es falsch-positive Resultate gibt. Mindestens sieben statistisch signifikante positive Resultate sind bei 200 Studien immerhin mit einer Wahrscheinlichkeit von 78,67 % zu erwarten. Mit anderen Worten: Die Studien, die Ullman anführt, sprechen zwar für sich genommen für die Heilkraft der Homöopathie. Bedenkt man jedoch die hohe Anzahl von Homöopathie-Studien, dann sind die positiven Belege, die Ullman anführt, ohne Weiteres mit der These vereinbar, dass Homöopathie keinerlei heilende Wirkung hat. Wer das übersieht, macht einen Einseitigkeitsfehlschluss!

---

[48] Vgl. E. Ernst, „Why I changed my mind about homeopathy", *The Guardian*, 03.04.2012, Online-Version verfügbar unter: http://gu.com/p/36jek/stw (abgerufen am 17.06.2015).

Exkurs 9.1 Wie wahrscheinlich sind falsch-positive Resultate?

Die Wahrscheinlichkeit für mindestens ein statistisch signifikantes, falsch-positives Resultat $p(n \geq 1)$ berechnet sich aus der Wahrscheinlichkeit aller möglichen Ergebnisse (= 100 %) minus der Gegenwahrscheinlichkeit $p(n = 0)$. Bei 14 Studien liegt die Wahrscheinlichkeit für mindestens ein statistisch signifikantes, falsch-positives Ergebnis $p(n \geq 1)$ also bei 100 % − $0{,}95^{14}$ = 51,23 %. Bei 200 Studien beläuft sich die Wahrscheinlichkeit $p(n = 0)$ für kein einziges statistisch signifikantes, falsch-positives Resultat auf $0{,}95^{200}$ = 0,0035 %. Die Wahrscheinlichkeit $p(n \geq 0)$ für mindestens eines liegt bei 99,9965 %. Mithilfe eines Tabellenkalkulationsprogramms (z. B. Microsoft Excel) und den Formeln zur Binomialverteilung lässt sich die Wahrscheinlichkeit für mindestens sieben statistisch signifikante, falsch-positive Resultate ermitteln.

Zusammenfassung

In diesem Kapitel befassten wir uns mit dem neunten Gebot. Es verlangt von Ihnen, mit beiden Augen hinzuschauen – zumindest wenn Sie das müssen. Zunächst betonte ich, dass nicht alle Formen des einseitigen Denkens die Erfordernisse des gesunden Menschenverstands verletzen. Im Gegenteil: Manche davon sind sogar wünschenswert! Denn alle relevanten Informationen zu beachten, ist mit Aufwand verbunden. Und dieser Aufwand lohnt sich nicht immer. In der Tat kann es uns sogar schaden, zu viel Aufwand zu betreiben, um alle relevanten Informationen einzubeziehen.

Das gilt vor allem in Situationen, in denen zu viel Nachdenken zu Paralyse durch Analyse führt. Erprobte Denk- und Entscheidungsregeln können uns davor bewahren.

Nichtsdestotrotz sollten Sie in vielen Situationen mit beiden Augen hinschauen. Denn einseitiges Denken birgt oft Gefahren. Um dies zu verdeutlichen, stellte ich Ihnen eine häufige Form des einseitigen Denkens vor: den Bestätigungsfehler, der von der empirischen Psychologie gut erforscht ist. Ich zeigte Ihnen, wie leicht wir diesen Denkfehler begehen, und empfahl Ihnen deswegen, in Erwägung zu ziehen, dass Ihre kognitiven Prozesse Sie zu einer einseitigen Lageeinschätzung führen. Dann riet ich Ihnen, Gegenmaßnahmen zu ergreifen, indem Sie Ihre Einschätzungen mit den Urteilen anderer Menschen abgleichen, Gegenargumente prüfen und die Advocatus-diaboli-Technik einsetzen. Außerdem empfahl ich Ihnen, auf häufige Formen von Einseitigkeitsfehlschlüssen zu achten. In diesem Zusammenhang besprachen wir (einmal mehr) das Strohmann-Argument, die vorschnelle Verallgemeinerung, den anekdotischen Beleg, cum hoc ergo propter hoc, den Prävalenzfehler, das falsche Dilemma und den texanische Scharfschützen.

Das zehnte Gebot: Lassen Sie sich keinen Bären aufbinden

Der Kanadier Douglas Walton (*1942) gilt als Mitbegründer der modernen Argumentationstheorie und als wahre Koryphäe auf seinem Gebiet. Ich interessierte mich dafür, welches Gebot er jemandem auf den Weg geben würde, wenn er ihm genau eines empfehlen könnte. Seine Antwort:

„Think twice!"[1]

In diesem Kapitel möchte ich Douglas Waltons Tipp aufgreifen. Ich möchte Ihnen empfehlen, bei bestimmten Argumenten noch einmal nachzudenken und sich keinen Bären aufbinden zu lassen. Und ich will Ihnen einige Tipps geben, mit denen Sie *ungerechtfertigten Behauptungen* auf die Schliche kommen können.

---

[1] Ich stellte Doug Walton meine Frage auf dem Kongress der Gesellschaft für analytische Philosophie (2012) in Konstanz. Und das war seine Antwort.

© Springer-Verlag Berlin Heidelberg 2017
N. Mukerji, *Die 10 Gebote des gesunden Menschenverstands*,
DOI 10.1007/978-3-662-50339-3_10

Was sind ungerechtfertigte Behauptungen?

Ungerechtfertigte Behauptungen sind genau das, was ihr Name sagt. Sie sind

> Behauptungen, die *ohne Rechtfertigung* bzw. *ohne eine angemessene Rechtfertigung* aufgestellt werden.

Man kann zwischen zwei Arten von ungerechtfertigten Behauptungen unterscheiden – abhängig davon, wo sie auftreten. Sie können entweder in der Schlussfolgerung eines Arguments vorkommen oder in seinen Annahmen. Im ersten Fall gibt es eine *scheinbare Rechtfertigung*, die aber nicht trägt. Bei dem entsprechenden Argument handelt es sich also um ein Non sequitur. Im zweiten Fall rechtfertigen die Prämissen die Konklusion. Aber die Prämissen selbst sind zweifelhaft.

Betrachten wir den ersten Fall etwas genauer. Wir können es in verschiedenen Fällen mit einem *Non sequitur* zu tun haben. Diese haben wir in den vorangegangenen Kapiteln besprochen. Es kann sein, dass:

- es überhaupt kein (ersichtliches) Argument gibt (Kap. 1),
- es Lücken in der Argumentation gibt (Kap. 2),
- Annahmen verwendet werden, die unglaubwürdig sind (Kap. 3),[2]
- der Beweislast nicht genüge getan wurde (Kap. 4),

---

[2] Streng genommen handelt es sich bei Argumenten, die auf unglaubwürdigen Annahmen aufbauen, nicht um Erscheinungsformen des Non sequitur. Es kann

- unklare oder unpräzise Begriffe verwendet werden (Kap. 5),
- logische Fehler in der Argumentation enthalten sind (Kap. 6),
- mehrdeutige Begriffe nicht hinreichend unterschieden wurden (Kap. 7),
- irrelevante Informationen in die Argumentation eingeflossen sind (Kap. 8) oder
- relevante Informationen nicht beachtet wurden (Kap. 9).

Da wir diese Fälle in den entsprechenden Kapiteln bereits eingehend besprochen haben, werden wir uns hier auf den zweiten Fall konzentrieren. Wir werden uns Argumenten widmen, die auf *problematischen Annahmen* beruhen und deswegen zu ungerechtfertigten Behauptungen führen.

Bevor wir beginnen, sollte ich allerdings eine Einschränkung vornehmen: Nicht jedes Argument, das eine ungerechtfertigte Behauptung als Annahme enthält, ist gleichermaßen problematisch. In Kap. 3 haben wir bereits besprochen, wie man unglaubwürdigen Annahmen auf die Schliche kommen kann. Dort sagte ich auch, dass Rechtfertigungen immer irgendwo enden müssen. Das heißt, in unserem Denken finden sich streng genommen *immer* Behauptungen, die wir nicht hinterfragen und nicht rechtfertigen. In diesem Kapitel geht es mir um eine ganz bestimmte Unterkategorie davon. Wir konzentrieren uns auf ungerechtfer-

---

schließlich sein, dass die Schlussfolgerung, die aus einer unglaubwürdigen Annahme gefolgert wird, tatsächlich folgt. Hier besteht jedoch das Problem darin, dass die Schlussfolgerung so keine Stütze erfährt. Das besagt der Grundsatz „garbage in, garbage out" (GIGO), den wir in Kap. 3 kennengelernt haben.

tigte Annahmen, die bei genauer Betrachtung höchst dubios sind, aber dennoch eine *starke psychologische Kraft* besitzen.

Die ungerechtfertigten Annahmen, die wir nun näher betrachten wollen, beziehen ihre psychologische Kraft vor allem aus zwei Quellen:

- erstens aus *psychologischem Druck* und
- zweitens aus der *Eingängigkeit*, mit der sie sich in unser Denken einfügen.

In den beiden folgenden Abschnitten befassen wir uns zunächst mit der ersten Variante.

„Also das weiß doch jeder"

Wenn in einem argumentativen Dialog zwischen zwei Menschen psychologischer Druck aufgebaut wird, dann soll dieser in der Regel verhindern, dass einer der beiden den Standpunkt des anderen anzweifelt. Eine Möglichkeit, das zu tun, ist die *Tabuisierungstaktik*.

Mithilfe einer Tabuisierungstaktik wird der Eindruck erzeugt, es sei tabu, einen bestimmten Gedanken zu negieren oder auch nur zu hinterfragen. Auf diese Weise soll eine *Denkblockade* geschaffen werden, die den entsprechenden Standpunkt gegen berechtigte Kritik immunisiert. Meiner Erfahrung nach kommt diese Taktik besonders häufig zum Einsatz, wenn zwei Personen miteinander diskutieren und einer Seite die Argumente ausgehen.

Tabuisierungstaktiken können auf verschiedene Weisen unterschieden werden. Eine erste Möglichkeit besteht darin, die *Quelle des psychologischen Drucks* zu identifizieren. Häufig liegt diese in

* einer *persönlichen Beleidigung,*
* *Gruppenzwang*
* oder einem Appell an die *politische Korrektheit* des Adressaten.

Wenn mithilfe der Aussage „Nur ein Vollidiot würde bestreiten, dass . . . " oder „Jeder weiß doch, dass . . . " gearbeitet wird, dann resultiert der psychologische Druck aus einer mehr oder weniger versteckten *persönlichen Beleidigung.* Denn diese Aussagen implizieren, dass jemand, der den immunisierten Standpunkt nicht teilt, dumm oder ignorant ist. Insoweit handelt es sich bei dieser Variante der Tabuisierung auch um eine Variante des *Ad-hominem-Arguments,* das wir bereits in Kap. 8 kennengelernt haben.

Die Aussage „In unserer Gesellschaft sind sich alle einig, dass . . . " erzeugt dagegen Druck, indem sie ihren Adressaten ins *soziale Abseits* stellt. Wer am jeweiligen Standpunkt zweifelt, soll wissen, dass er in der Minderheit ist. Das kann unangenehm sein!³ Denn diese Form der Tabuisierung erzeugt *Gruppenzwang.* Sie stellt einen *emotionalen Appell* an das soziale Zugehörigkeitsgefühl dar – ein *Popularitätsargument* bzw. *Argumentum ad populum.*

Die dritte Quelle von Druck ist die *politische Korrektheit.* Darunter versteht man den Appell an Werte, die als sakrosankt angenommen werden. Aussagen wie „Wenn Du ein echter Demokrat wärst, dann würdest Du nicht bestreiten,

---

³ Vgl. hierzu etwa R. Cialdini (Kap. 9, Fußnote 34), Kap. 4.

dass …" oder „Als toleranter Mensch solltest Du akzeptieren, dass …" sind solche Appelle. Wer den immunisierten Standpunkt nicht teilt, dem wird unterstellt, er teile die Werte der Demokratie bzw. Toleranz, an die appelliert wird, nicht.

Eine zweite Möglichkeit, Tabuisierungstaktiken zu unterscheiden, liegt in ihrer rhetorischen Verwendungsweise. Eine effektive rhetorische Maßnahme, um einen Standpunkt gegen Kritik zu immunisieren, besteht darin, die Gegenposition zu tabuisieren, bevor diese erklärt bzw. verteidigt wurde. In diesem Fall handelt es sich um eine sogenannte *Brunnenvergiftung*.[4]

Brunnenvergiftungen sind psychologisch effektiv, weil sie verhindern, dass der tabuisierte Standpunkt unvoreingenommen beurteilt werden kann. Sie können noch effektiver sein, wenn sie zusätzlich mit einem *Strohmann-Argument* kombiniert werden, über das wir bereits in Kap. 2, 8 und 9 gesprochen haben. Bei dieser Erscheinungsform der Tabuisierungstaktik wird der tabuisierte Standpunkt vereinfacht, überspitzt, undifferenziert oder bewusst böswillig dargestellt.

Nachdem wir einige Erscheinungsformen der Tabuisierungstaktik kennengelernt haben, können wir fragen, wie wir mit ihnen umgehen sollten. Dazu sollten wir uns noch einmal vor Augen führen, worin das grundsätzliche Problem bei der Tabuisierung bzw. Immunisierung eines Standpunkts besteht. Dieses Problem besteht darin, dass Tabuisierungstaktiken *Denkblockaden* schaffen und Zweifel

---

[4] Vgl. A. Edmüller und T. Wilhelm, *Manipulationstechniken* (2. Aufl.), Freiburg, 2012, S. 73 ff.

auch dann ausschalten, wenn diese vernünftig wären. Diesem Problem können Sie nur dadurch beikommen, dass Sie nach einer *Rechtfertigung* fragen.

> **Tipp 28:** Wenn ein Standpunkt tabuisiert bzw. immunisiert wird, dann fragen Sie nach der Rechtfertigung dafür.

Um Tipp 28 anzuwenden, müssen Sie zunächst die *Quelle des psychologischen Drucks* identifizieren, um dann zu entscheiden, ob Sie diesen Druck ernst nehmen sollten.

- Liegt die Quelle des psychologischen Drucks in einem *persönlichen Angriff*, dann sollten Sie fragen, ob dieser Angriff gerechtfertigt ist. Nehmen wir z. B. an, Anhänger eines bestimmten Standpunkts würden als „Idioten" eingestuft. In diesem Fall sollten Sie fragen, ob es wirklich so idiotisch wäre, diesen Standpunkt zu vertreten.
- Wird psychologischer Druck durch *Gruppenzwang* erzeugt, dann sollten Sie zwei Fragen stellen: 1. Stimmen die Fakten? Das heißt, glauben die meisten Menschen in der Gruppe, was ihnen unterstellt wird? 2. Wenn ja, sind die Bedingungen gegeben, unter denen Sie die Einstellungen der Gruppe ernst nehmen sollten?[5] Diese Frage sollten Sie stellen, um einschätzen zu können, ob es sich bei der Gruppenmeinung vielleicht um einen Fall von „Schwarmidiotie"[6] handelt.
- Bei Appellen an die *politische Korrektheit* sollten Sie diese beiden Punkte prüfen: 1. Sollte man den Wert, an den

---

[5] Diese Bedingungen haben wir in Kap. 9 im Zusammenhang mit Tipp 27.1 besprochen.

[6] J. Nida-Rümelin (Kap. 3, Fußnote 17), S. 136.

appelliert wird, überhaupt akzeptieren? 2. Wenn ja, wird dieser Wert vielleicht strategisch uminterpretiert?[7]

Der letzte Punkt verlangt nach einer Erläuterung. Deswegen möchte ich dazu ein Beispiel betrachten, das ich häufiger in der Praxis (und auch am eigenen Leib) beobachten konnte. Nehmen wir an, Sie ziehen den Standpunkt eines Diskussionspartners in Zweifel. Im Gegenzug argumentiert der wie folgt:

> „Ich halte Dich für intolerant! Toleranz bedeutet, dass man die Standpunkte anderer akzeptiert. Wenn Du tolerant wärst, dann würdest Du also meinen Standpunkt akzeptieren."

Hier appelliert Ihr Gesprächspartner an Ihre politische Korrektheit – oder konkreter – an den Wert der *Toleranz*, von dem er annimmt, dass Sie ihn teilen. Mit diesem Zug will er seinen Standpunkt gegen Ihre Kritik und Ihre Zweifel immunisieren. Wie sollten Sie mit dieser Tabuisierungstaktik umgehen?

Natürlich sollten Sie nicht leugnen, dass Toleranz zu befürworten ist.[8] Aber Sie sollten prüfen, welche Verpflichtun-

---

[7] Auf dieses Problem wurde meines Wissens erstmals hingewiesen durch C. L. Stevenson, „Persuasive Definitions", *Mind* 47(187), 1938, S. 331–350.

[8] Auf die Details der Begründung kann ich hier natürlich nicht eingehen. In diesem Zusammenhang sei auf die klassischen Texte des 17. Jh. verwiesen: Spinozas *Theologisch-politischer Traktat* (Hamburg, 1673/2012), Bayles *Commentaire philosophique sur ces paroles de Jésus-Christ* (Paris, 1686/1992) und Lockes *A Letter Concerning Toleration* (Indianapolis, 1689/1983). Einen Überblick über die aktuelle Debatte gibt R. Forst, „Toleration", in: E. N. Zalta (Hrsg.), *The Stanford Encyclopedia of Philosophy* (Sommer 2012). Online-Version verfügbar unter: http://stanford.io/1BCzgvO (abgerufen 24.06.2015).

gen Ihnen dieser Wert tatsächlich auferlegt. Denn es sind nicht die, die Ihr Gesprächspartner Ihnen vorgaukelt!

Als toleranter Mensch sollten Sie natürlich akzeptieren, dass andere das Recht haben, zu glauben und zu sagen, was sie wollen. Sie sollten ihre *Meinungs- und Redefreiheit* akzeptieren.[9] Toleranz zwingt Sie jedoch nicht dazu *inhaltlich* zu akzeptieren, was andere denken. Diese Unterscheidung brachte die englische Schriftstellerin Evelyn B. Hall (1868–1956) in einem berühmten Ausspruch auf den Punkt:[10]

> I disapprove of what you say, but I will defend to the death your right to say it.[11]

In der Tat setzt die Ausübung von Toleranz voraus, dass man sich nicht einigen kann. Denn sonst gäbe es ja gar nichts zu tolerieren. Der Appell Ihres Gesprächspartners geht also ins Leere, weil Toleranz nicht wirklich erfordert, was er annimmt. Dieser Wert wird lediglich strategisch umgedeutet, um einen Standpunkt ungerechtfertigt zu immunisieren.

Unabhängig davon gibt es noch eine weitere Spitzfindigkeit, die ich kurz anmerken möchte. Die Art, wie Ihr Gesprächspartner Toleranz interpretiert, ist aus zwei Gründen unvereinbar mit dem gesunden Menschenverstand. Den ersten Grund haben wir bereits in Kap. 4 besprochen. Hier sagten wir, dass Sie einen Standpunkt erst akzeptieren

---

[9] Eine klassische Diskussion zur Rechtfertigung und zu den Grenzen von Meinungs- und Redefreiheit findet sich in J. S. Mill (Kap. 9, Fußnote 20).
[10] Das Zitat wird oft fälschlicherweise Voltaire zugeschrieben. In der Tat handelt es sich aber um einen Ausspruch, mit dem Hall Voltaires Einstellung zur Rede- und Meinungsfreiheit auf den Punkt bringen wollte.
[11] E. B. Hall, *The Friends of Voltaire*, London, 1906, S. 199.

sollten, wenn Sie gute Gründe dafür sehen. Dieser Grundsatz wäre ausgehebelt, wenn Sie verpflichtet wären, alle Standpunkte Ihres Gesprächspartners grundlos zu akzeptieren. Den zweiten Grund haben wir in Kap. 6 besprochen: Ein solches Toleranzverständnis ist logisch widersprüchlich! Sie könnten den Spieß einfach umdrehen und Ihren Gesprächspartner zwingen, auch Ihren gegenteiligen Standpunkt zu akzeptieren.

„Und bist Du nicht überzeugt, so brauch ich Gewalt!"

Eine weitere Methode, um psychologischen Druck aufzubauen, besteht darin, es dem Gesprächspartner ungemütlich zu machen. Viele Menschen tun das mithilfe eines einfachen Mittels: *Sie erheben ihre Stimme.* Sie sprechen lauter und aggressiver, um so den anderen zum Einlenken zu bewegen. Die inhaltliche Botschaft wird dadurch nicht plausibler. Lautsprecher, sagt man, verstärken zwar die Stimme, aber nicht die Argumente.[12]

Rhetorisch kann diese Strategie jedoch aufgehen. Und das hat einen einfachen Grund: Das *Gefühl der Bedrohung* sorgt dafür, dass die älteren und primitiveren Gehirnregionen des Gesprächspartners aktiviert werden. So fließt Blut aus seinem Vorderhirnlappen ab, wodurch der inaktiver wird. Der gesunde Menschenverstand knipst sich also buchstäblich aus.

---

[12] Diese Bemerkung wird meines Wissens dem deutschen Schriftsteller Hans Kasper (1916–1990) zugeschrieben.

Besonders effektvoll ist diese *Einschüchterungstaktik*, wenn sie mit einer – mehr oder weniger expliziten – Drohung kombiniert wird. Dann spricht man von einem *Argumentum ad baculum*. Das lateinische Wort „baculum" steht dabei für den sprichwörtlichen Knüppel, den man seinem argumentativen Widerpart androht.

> „Wenn Sie weiter an dieser Meinung festhalten, könnte das ernste Konsequenzen für Sie haben."

Das Argumentum ad baculum ist eine spezielle Variante des *Konsequenz-Arguments*. Mit dieser Form des Arguments sollten Sie sich vertraut machen, um folgenden Tipp 29 anwenden zu können.

> *Tipp 29: Ziehen Sie aus Konsequenzen die richtigen Konsequenzen.*

Tipp 29 sagt Ihnen lediglich, dass Sie vernünftige von unvernünftigen Konsequenz-Argumenten unterscheiden sollten. Dazu müssen Sie zunächst ihre Grundformen kennen und unterscheiden. Die erste hat folgende Form:

Konsequenz-Argument 1

(P1) Wenn Person P Standpunkt S (nicht) akzeptiert, dann tritt eine (gute/schlechte) Konsequenz K ein.

(K) P sollte S (nicht) akzeptieren.

Ein solches Argument kann ein Fehlschluss sein. Das ist aber nicht zwangsläufig so. Um das zu beurteilen, sollten Sie grundsätzlich die *Fragestellung* klären. Dies haben wir bereits in Kap. 8 besprochen.

Wenn es um eine praktische Fragestellung geht, die eine *Handlung* betrifft, dann ist das Konsequenz-Argument 1 nicht unbedingt ein Fehlschluss und die Schlussfolgerung, die aus einer Konsequenz gezogen wird, ist unter Umständen akzeptabel. Stellen Sie sich beispielsweise vor, Sie würden auf dem Heimweg von einer fremden Person angesprochen. Diese Person bittet Sie um Geld. 50 Euro sollen es sein – für eine dringende Anschaffung. Sie sind nicht überzeugt und gehen weiter. Sie glauben, dass Sie keinen guten Grund haben, dieser Person 50 Euro zu geben. Dann jedoch ändert sich die Situation. Die Person zückt eine Handfeuerwaffe und bittet Sie, Ihre Entscheidung zu überdenken. In dieser Situation gibt Ihnen die *Drohgebärde* der anderen Person tatsächlich einen guten Grund, ihr die 50 Euro zu geben, denn als vernünftiger Mensch sollten Sie die Konsequenzen Ihres Handelns bei Ihren Überlegungen ins Kalkül ziehen.

Anders sieht es aus, wenn die Fragestellung keine Handlung, sondern einen faktischen *Sachverhalt* betrifft. Wenn Sie z. B. überlegen, ob Sie an Gott glauben sollten oder nicht, dann haben Sie es mit der Frage nach einem faktischen Sachverhalt zu tun. Und hier haben Konsequenzen in Ihren Überlegungen nichts zu suchen.

Anders sah das übrigens der Philosoph Blaise Pascal (1623–1662). Er argumentierte mithilfe des Konsequenz-Arguments 1, man solle die These, dass Gott existiert, akzeptieren, denn wenn Gott existiert, gewinnt derjenige, der an ihn glaubt, eine Eintrittskarte in den Himmel. Wer nicht an ihn glaubt, kommt dagegen in die Hölle. Und wenn Gott nicht existiert, dann sind die Konsequenzen für Atheisten, Agnostiker und gottgläubige Menschen die gleichen. Das bedeutet, die „Strategie", an Gott zu glauben, ist – in der Sprache der wirtschaftswissenschaftlichen Spieltheorie – *schwach dominant*.[13] Ein vernünftiger Akteur sollte sie wählen. Dieser Gedankengang ist als *Pascals Wette* in die Philosophiegeschichte eingegangen.

An Pascals Wette ist einiges faul.[14] Ein Problem liegt darin, dass wir unsere Überzeugungen über faktische Sachverhalte plausiblerweise nicht aufgrund von Nutzenkalkulationen bilden sollten. Vielmehr sollten wir das glauben, was aufgrund empirischer Belege *wahrscheinlich* wahr ist.

Eine weitere Form des Konsequenz-Arguments sieht folgendermaßen aus:

Konsequenz-Argument 2

(P1) Wenn Standpunkt S wahr ist, dann hat das Konsequenz K.

(K) S sollte daher (nicht) akzeptiert werden

Worin liegt der Unterschied zwischen diesem Konsequenz-Argument und dem vorherigen?

---

[13] Wäre die Strategie, an Gott zu glauben, auch im Fall der Nicht-Existenz Gottes vorzuziehen, dann wäre sie *strikt dominant*.

[14] Eine zugängliche Diskussion von Pascals Wette findet sich z. B. in R. Dawkins, *The God Delusion*, London, 2006, S. 130 ff. Einen Überblick über die wissenschaftliche Diskussionslandschaft gibt A. Hájeks Aufsatz „Pascal's Wager" in: E. N. Zalta (Hrsg.), *The Stanford Encyclopedia of Philosophy* (Winter 2012), Online-Version verfügbar unter: http://stanford.io/1Ghe7Zc (abgerufen am 21.11.2015).

Der Unterschied ist zugegebenermaßen recht subtil. Beim Konsequenz-Argument 1 geht es um die Konsequenzen, die dadurch entstehen, dass Person P den Standpunkt S *akzeptiert*. In Konsequenz-Argument 2 geht es um die Konsequenzen, die entstehen, wenn Standpunkt S *wahr* ist — und zwar unabhängig davon, ob jemand ihn akzeptiert oder nicht.

Wer das Konsequenz-Argument 2 einsetzt, läuft Gefahr, den *Fehlschluss des Wunschdenkens* zu begehen. Er läuft Gefahr, etwas für unwahr zu halten, weil es nicht sein *darf*. In diese Denkfalle tappt der Patient im folgenden Dialog:

> Arzt: „Es tut mir leid. Sie haben wahrscheinlich nur noch sechs Monate zu leben."
>
> Patient: „Nein, das glaube ich nicht. Das wär ja total schlecht für mich!"

Tipp 29 rät Ihnen, dem Gedankengang des Patienten keinen Glauben zu schenken. Denn sein Wunschdenken ist ein offensichtlicher Denkfehler. Der Gesundheitszustand eines Menschen richtet sich nicht nach seinen Wünschen. Vielleicht hat der Patient gute Gründe, an der Einschätzung des Arztes zu zweifeln. Wahrscheinlich sollte er eine zweite Meinung einholen. Aber der bloße Verweis auf seinen Wunsch, nicht krank zu sein, ist hier offensichtlich irrelevant. Und der logische Übergang vom Wunsch zur Überzeugung ist klarerweise ungerechtfertigt. Dennoch können Wünsche einen solch großen psychologischen Druck erzeugen, dass Menschen nahezu alles glauben.[15]

---

[15] Das hatten wir bereits in Kap. 9 angesprochen.

Allerdings sind Gedankengänge, die dem Schema des Konsequenz-Arguments 2 folgen, nicht zwangsläufig Fehlschlüsse. Das wird durch folgendes Beispiel klar:

Anna: „Bernd, im Zuge der NSA-Affäre hat sich herausgestellt, dass die amerikanische nationale Sicherheitsbehörde amerikanische Bürger gezielt ausspioniert hat. Meinst Du, dass uns die deutschen Gemeindienste auch bespitzeln?"

Bernd: „Nein, das glaube ich nicht. Wenn das der Fall wäre, dann würden unsere Geheimdienste ja systematisch gegen geltendes Recht verstoßen. Ich halte das für sehr unwahrscheinlich. Man sollte so einen Quatsch nicht glauben!"

Bernd begeht an dieser Stelle *keinen* Fehlschluss – zumindest keinen Fehlschluss des Wunschdenkens. Er sagt, man sollte nicht glauben, dass die deutschen Geheimdienste die Bürger bespitzeln. Dies begründet er nicht mit seinem Wunsch, dass dem so sein möge (obwohl er diesen Wunsch vielleicht hat). Vielmehr leitet er aus der Annahme, dass die deutschen Geheimdienste uns bespitzeln, eine Konsequenz her, nämlich dass sie dann systematisch gegen geltendes Recht verstoßen würden. Diese Konsequenz weist er zurück, weil er sie für unplausibel hält. Mit ihr lehnt Bernd die vorausgesetzte Annahme ab.[16]

Festzuhalten bleibt also, dass beide der gerade genannten Konsequenz-Argumente Irrelevanz-Fehlschlüsse darstellen können. Unser Tipp 29 rät Ihnen, sich davor in Acht zu nehmen! Das gilt besonders im Fall von Wunschdenken.

---

[16] Übrigens folgt hier die Logik von Bernds Argumentation dem Nein-zur-Konsequenz-Argument aus Kap. 6.

Ich stelle oft fest, dass die Teilnehmer meiner Argumentationskurse diesen Hinweis für überflüssig halten. Als
vernünftiger Mensch wisse man einfach, dass Wunschdenken irrational ist. Deswegen sollte ich auch erwähnen, dass
Wunschdenken nicht bewusst wirken muss. Es ist z. B.
bekannt, dass Menschen, die in verlustreiche Aktien inves-
tiert haben, diese auch dann nicht verkaufen, wenn das aus
finanzwirtschaftlicher Sicht die beste Entscheidung wäre.
Sie tun das offensichtlich deswegen nicht, weil sie hoffen,
dass sich der Kurs erholt – und zwar ohne dass ihnen das
bewusst ist. Diese Erklärung liegt zumindest nahe, sobald
man finanzwirtschaftliche Daten statistisch analysiert.[17]

„Wie man so schön sagt"

Eingangs haben wir zwei Mechanismen unterschieden,
durch die ungerechtfertigte Annahmen psychologische
Kraft entfalten können. Gerade sprachen wir ausführlich
darüber, dass die Quelle dieser Kraft in künstlich erzeug-
tem, psychologischem Druck liegen kann. Nun möchte ich
auf ungerechtfertigte Annahmen eingehen, deren *psychologische Kraft mit sanfteren Mitteln* erzeugt wird. Das soll nicht
bedeuten, dass Sie hier weniger genau hingucken müssen.
Im Gegenteil: Die psychologische *Eingängigkeit*, die diesen
Annahmen innewohnt, sorgt dafür, dass sie oft schwer zu

---

[17] Empirische Belege für diesen Effekt werden z. B. vorgestellt in T. Odean, „Are
Investors Reluctant to Realize Their Losses?", *The Journal of Finance*, LIII(5),
1998, S. 1775–1798. Der psychologische Grund dafür liegt, wie wir bereits in
Kap. 7 im Zusammenhang mit *Framing-Effekten* besprochen haben, in der über-
proportional starken Abneigung gegenüber Verlusten.

erkennen sind. Sie können Sie deswegen besonders leicht in die Irre führen.

Ein Gedanke kann aus verschiedenen Gründen eingängig sein. Ein Grund kann darin bestehen, dass er uns sehr *vertraut* vorkommt. Redensarten, Volksweisheiten und Sinnsprüche werden wie Mantren wiederholt. Daher sind sie vielen von uns gut bekannt und werden gerne gebraucht, um Standpunkte argumentativ zu stützen.

Die allgemeine Form solcher *Redensart-Argumente* könnte man folgendermaßen darstellen:

(P1)   Die Redensart R spricht für den Standpunkt S.
(K)   Also ist S wahr.

Diese Art des Schlussfolgerns ist aus zwei Gründen problematisch.

Grund 1: Viele Redensarten sind blanker Unfug.

Es gibt eine Unmenge an Redensarten, und an vielen ist nichts dran! Morgenstund hat nicht immer Gold im Mund! Menschen, die nachts arbeiten, müssen tagsüber schlafen, um für ihren Job fit zu sein. Sie wären schlecht beraten, jeden Morgen früh aufzustehen. Nicht alles, was uns nicht umbringt, macht uns auch hart![18] Die meisten Dinge, die uns fast umbringen, schwächen uns nachhaltig – z. B. ein

---

[18] Diese Redensart wird oft einem Zitat des Philosophen Friedrich Nietzsche (1844–1900) zugeschrieben: „Was mich nicht umbringt, macht mich stärker." (F. Nietzsche, *Götzendämmerung*, Leipzig, 1889, Sprüche und Pfeile 8).

Unfall, der in einer Amputation aller Gliedmaßen resultiert. Und Mutter Natur weiß es eben nicht immer am besten! Denken Sie nur an Ihren Blinddarm, den Ihnen Mutter Natur geschenkt hat. Wie der amerikanische Physiker Neil deGrasse Tyson (*1958) anmerkt: „It's much better at killing you than it is at anything else."[19] Viele weitere Beispiele ließen sich anführen – alle mit demselben Ergebnis.

Dass viele Redensarten falsch sind, wird bereits dadurch klar, dass sie sich gegenseitig widersprechen.[20] Man sagt: „Wer nichts wagt, der nichts gewinnt." Aber es heißt auch „Vorsicht ist besser als Nachsicht." Man sagt: „Man muss das Eisen schmieden, solange es heiß ist." Aber es heißt auch: „Erst wägen, dann wagen." Man sagt: „Viele Hände machen der Arbeit bald ein Ende." Aber es heißt auch: „Viele Köche verderben den Brei."

Bestenfalls haben Redensarten einen „wahren Kern". Wenn man sie nicht zu wörtlich nimmt, dann kann man ihnen unter Umständen eine Interpretation abringen, die nicht ganz verkehrt ist. Allerdings könnte es sein, dass wir es dann mit einem weiteren Problem zu tun bekommen.

Grund 2: Vernünftige Redensarten werden bisweilen falsch interpretiert.

Das beste Beispiel dafür ist der Ausspruch „Ausnahmen bestätigen die Regel", der meines Wissens seinen Ursprung

---

[19] N. D. Tyson, *Space Chronicles: Facing the Ultimate Frontier* (E-Book), New York, 2012.
[20] Die folgenden Beispiele entnehmen wir D. Hofstadter und E. Sander (Kap. 9, Fußnote 33) in der deutschen Übersetzung (*Die Analogie: Das Herz des Denkens*, Stuttgart, 2014, S. 145).

in einer Rede des römischen Anwalts Marcus Tullius Cicero (106–43 v. Chr.) hat. In einer Rede zugunsten seines Mandanten Lucius Cornelius Balbus gebrauchte Cicero die Wendung „exceptio probat regulam in casibus non exceptis". Das bedeutet: Eine Ausnahme bestätigt das Bestehen einer Regel in den nicht ausgenommenen Fällen. Cicero wollte damit zeigen, dass die explizite Anerkennung einer Ausnahme im römischen Recht auf die Existenz einer Regel schließen lässt.

Das klingt kompliziert, lässt sich aber leicht anhand eines Beispiels verdeutlichen. Wer sagt: „Das Restaurant ist montags geschlossen", meint in der Regel auch, dass es Dienstag bis Sonntag geöffnet ist. Die Ausnahme (montags nicht geöffnet) bestätigt die Regel (sonst immer geöffnet). In diesem Sinne kann eine Ausnahme also eine Regel bestätigen.[21]

Übrigens gibt es auch im Englischen „the exception that proves the rule". Hier kann die Redensart noch auf eine weitere sinnvolle Art interpretiert werden. Das Wort „prove" bedeutete ursprünglich nicht „beweisen," sondern „auf die Probe stellen." Auch so macht die Redensart Sinn. Denn die Ausnahme einer Regel kann in der Tat als Testfall gesehen werden, durch den die Regel auf die Probe gestellt wird.[22]

Wir sehen also, dass der Ausspruch „Ausnahmen bestätigen die Regel" zumindest zwei vernünftige Interpretationen hat. Allerdings verwendet der Volksmund diese Redensart

---

[21] Auch hier gilt es, wie bereits in Exkurs 7.1 angemerkt, zwei Dinge zu unterscheiden, nämlich *Logik* und *Pragmatik*. Aus Sicht der Logik lässt sich aus der Aussage „Das Restaurant ist montags geschlossen." nicht folgern, dass es Dienstag bis Sonntag geöffnet ist. Diesen Schluss lässt nur die Pragmatik zu, die sich mit der intendierten Bedeutung von Aussagen befasst.

[22] Vgl. M. Pirie, *How To Win Every Argument – The Use And Abuse Of Logic*, London, 2006, S. 63–65.

in einem komplett anderen Sinne. Wenn jemand eine allgemeine These aufstellt, die durch ein Gegenbeispiel widerlegt wird, dann kontert dieser das Gegenbeispiel oft mit der Aussage:

> „Naja, das ist eben die Ausnahme, die die Regel bestätigt!"

Bei dieser Auslegung der Redensart handelt es sich jedoch schlicht um Unfug! Die Annahme, dass Gegenbeispiele für eine Regel sprechen, folgt einer völlig verqueren Logik.

An Redensarten und Sinnsprüchen ist oft nichts dran. Dennoch üben viele von ihnen einen gewissen Reiz auf unsere Psyche aus, denn sie machen das, was gesagt wird, eingängig. Das gilt vor allem für *Reime*, wie schon der kleine Klabautermann Pumuckl wusste. Der sagte immer:

> „Ui, das *reimt* sich und *was sich reimt, ist gut.*"

Folgendes Argumentschema könnte man als den *Pumuckl-Fehlschluss* bezeichnen:

(P1)   Standpunkt S reimt sich.
(K)   S ist (wahrscheinlich) wahr.

Vielleicht denken Sie, niemand würde einem solchen Argument ernsthaft glauben. In dem Fall irren Sie sich! Die Kommunikationswissenschaftler Matthew S. McGlone und Jessica Tofighbakhsh testeten den Pumuckl-Fehlschluss in einer interessanten Studie. Sie wählten 30 gereimte englische Aphorismen aus (z. B. „Woes unite foes") und bildeten zu jedem Aphorismus einen sinngleichen Ausspruch, der sich nicht reimte (z. B. „Woes unite enemies" oder „Misfortunes unite foes"). Dann legten sie einer Gruppe (Testgruppe) von Testteilnehmern die gereimten Originale vor und einer anderen Gruppe (Kontrollgruppe) die sinngleichen Aphorismen ohne Reimform. Sie fragten die Teilnehmer in beiden Gruppen, für wie zutreffend sie die ausgewählten Sinnsprüche hielten (1 = überhaupt nicht zutreffend; 9 = sehr zutreffend). Die Teilnehmer der Testgruppe beurteilten die gereimten Versionen signifikant positiver als die Teilnehmer der Kontrollgruppe die sinngleichen, reimlosen Pendants.[23] Bemerkenswert, oder? Sie sollten den Pumuckl-Fehlschluss daher nicht unterschätzen und folgenden Tipp beachten.

> *Tipp 30: Wenn die rhetorische Verpackung einer Aussage oder eines Arguments Sie sehr beeindruckt, dann sollten Sie sich zwingen, besonders auf den Inhalt zu achten und diesen kritisch zu hinterfragen.*

Tipp 30 sollten Sie nicht nur auf Redensarten, Sinnsprüche und elegante Reime anwenden, sondern auch auf andere Aussagen, die sich sehr tiefsinnig anhören. Der *Hauch von Tiefsinnigkeit*, der vielen dieser Aussagen anhaftet, ist lediglich das Resultat einer banalen logischen Verwirrung, wie der Philosoph Daniel Dennett (*1942) erklärt. Er spricht in

---

[23] Vgl. M. S. McGlone und J. Tofighbakhsh, „The Keats heuristic: Rhyme as reason in aphorism interpretation", *Poetics* 26(4), 1999, S. 235–244.

diesem Zusammenhang von *Pseudo-Tiefsinnigkeiten* (engl.: „deepities").[24] Dabei handelt es sich um Aussprüche, die (mindestens) zwei Interpretationen haben. Eine davon ist wahr, aber trivial und somit unbedeutend. Die andere ist nicht trivial. In der Tat wäre es sensationell, wenn sie wahr wäre, aber sie ist ziemlich offensichtlich falsch. Wenn Sie diese beiden Interpretationen nicht auseinander halten, weil Sie gegen das fünfte Gebot (Kap. 5) verstoßen und unklar denken, dann laufen Sie Gefahr, dass sich in Ihrem Denken ein unheilvolles Gleichgewicht einstellt. Das heißt, Sie kommen unter Umständen zu der Überzeugung, die Aussage sei wahr *und* enorm bedeutend. Dennetts Beispiel für eine solche Aussage ist folgender Satz:

„Liebe ist nur ein Wort."

Wenn Sie dieser Satz ernsthaft zum Nachdenken bringt, dann machen Sie etwas verkehrt! Denn er ist nur vermeintlich tiefsinnig. In der einen Interpretation ist der Satz wahr. Das *Wort* „Liebe" ist in der Tat nur ein Wort. Aber das ist nicht besonders überraschend. Es ist trivial! In der anderen Interpretation ist der Satz falsch. Das *Phänomen* Liebe ist offensichtlich kein Wort. Es ist, wie Dennett erklärt, vielleicht eine persönliche Beziehung. Vielleicht ist es auch eine Emotion oder ein neuronaler Zustand. Aber es ist auf keinen Fall ein Wort!

---

[24] Vgl. D. Dennett, *Intuition pumps and other tools for thinking*, London, 2014, S. 56. Die Studie von Pennycook et al. (Kap. 5, Fußnote 10) legt Dennetts Diagnose ebenfalls nahe.

„Kunst kommt von Können"

Menschen, die Redensart-Argumente intuitiv eingängig finden, lassen sich normalerweise auch durch *etymologische Argumente* an der Nase herumführen. Denn die funktionieren sehr ähnlich. Gehören Sie auch dazu? Machen wir den Test!

Denken Sie kurz über folgende Frage nach:

Ist die Todesstrafe gerecht?

Nein? Würde sich etwas an Ihrer Einschätzung ändern, wenn ich Ihnen erklärte, dass das Wort „gerecht" sprachgeschichtlich vom gleichen Grundwort abgeleitet ist wie das Wort „Rache" und Gerechtigkeit deswegen immer etwas mit Rache zu tun hat?

Keine Angst – das ist völliger Quatsch! Aber selbst wenn das stimmen würde, wäre es irrelevant. Es ist eigentlich nicht schwer, das einzusehen. Dazu müssen Sie lediglich Tipp 21 aus Kap. 8 beachten und die *Fragestellung*, um die es geht, im Auge behalten. So können Sie zwischen Relevantem und Irrelevantem unterscheiden. In diesem Fall geht es um die Gerechtigkeit der Todesstrafe. Ob wir diese bejahen oder verneinen, sollte plausibler Weise von unserem Moralverständnis abhängen und vielleicht auch davon, welche gesellschaftlichen Auswirkungen wir dieser Form der Bestrafung zurechnen würden. Keine Rolle sollte dabei die Herkunft des Wortes „Gerechtigkeit" spielen. Wichtig ist vielmehr, was wir heute mit diesem Wort *meinen*. Wer argumentiert, die Todesstrafe sei gerecht, weil „gerecht" und „Rache" den gleichen Ursprung haben, begeht also entweder einen *Ir-*

relevanz-Fehlschluss, oder er geht von der *ungerechtfertigten Behauptung* aus, dass die Bedeutung eines Wortes sich immer aus der Wortherkunft ergibt.

Etymologische Argumente sind fast immer Fehlschlüsse (außer natürlich zwei Personen streiten über die Herkunft eines bestimmten Wortes). Dennoch lassen sich mit etymologischen Begründungen rhetorische Punkte sammeln. Stellen wir uns vor, Anna und Bernd haben zusammen eine Kunstausstellung besucht, bei der die Werke eines modernen Künstlers gezeigt wurden. Nun erzählen sie ihren Freunden davon. Bernd gefielen die ausgestellten Werke ganz hervorragend:

> „Eine mutige Darbietung – und blendend arrangiert!"

Anna ist da ganz anderer Meinung. Sie bestreitet sogar, dass das, was sich die beiden angesehen haben, wirklich *Kunst* war. Bernd kann das nicht fassen. Deswegen erklärt und begründet Anna ihren Standpunkt:

> „Unser Dreijähriger kann wahrscheinlich besser malen als dieser sogenannte ‚Künstler'. Und ‚Kunst' kommt von ‚Können'. Also war das keine Kunst!"

Vielleicht ließen sich für Annas Standpunkt wirklich gute Gründe angeben. Vielleicht sollte man wirklich über bestimmte künstlerische Fähigkeiten verfügen, um als Künstler durchzugehen. Ob das der Fall ist und welche Fähigkeiten wichtig sind, hängt sicher davon ab, wie man Kunst überhaupt versteht. Es hängt auch davon ab, auf welche Fertigkeiten die Werke der infrage stehenden Person schließen lassen. Keine Rolle spielt dagegen die Herkunft des Wortes „Kunst".

Argumente aus dem Wörterbuch

Ein etymologisches Wörterbuch ist eine Fundgrube für etymologische Argumente. Aber auch normale Wörterbücher können sich als Argumentationshilfe eignen. Stellen Sie sich vor, Anna und Bernd streiten über die Frage, ob Junggesellen immer unverheiratet sind. Anna behauptet, dem sei so. Bernd widerspricht. Was kann Anna sagen, um Bernd zu überzeugen? Ganz klar: Sie braucht nur ein Wörterbuch aufzuschlagen und vorzulesen, was da unter dem Eintrag „Junggeselle" steht.

> Anna: „Der Duden definiert einen Junggesellen als einen ‚(noch) nicht verheirateten Mann'.[25] Junggesellen sind also immer unverheiratet."

Dieses *Argument aus dem Wörterbuch* scheint ziemlich vernünftig zu sein. Anna weist Bernd zu Recht darauf hin, dass die Definition des Wortes „Junggeselle" unvereinbar mit seiner Auffassung und seine Meinung *per definitionem* falsch ist.

---

[25] Anna bezieht sich auf die Online-Version des Dudens, verfügbar unter: http://www.duden.de/rechtschreibung/Junggeselle (abgerufen am 24.06.2015).

Betrachten wir zum Vergleich einen zweiten Fall. Anna und Bernd diskutieren wieder miteinander – aber diesmal über die Frage, ob Schwulen und Lesben eine Eheschließung mit ihren Lebenspartnern möglich sein sollte. Bernd hat hier Bedenken. Anna ist dafür. Bernd möchte Anna überzeugen und argumentiert folgendermaßen für seine Auffassung:

> Bernd: „Ich bin gegen die ‚Homo-Ehe', denn die ‚Ehe' ist als Bund zwischen Mann und Frau *definiert*. Schau doch einfach im Wörterbuch nach, Anna!"

In diesem zweiten Beispiel argumentiert Bernd allem Anschein nach genau wie Anna im ersten. Er verweist auf einen Wörterbucheintrag und behauptet, dieser würde seinen Standpunkt stützen. Im ersten Fall kamen wir zu dem Ergebnis, dass Annas Argument aus dem Wörterbuch vernünftig ist. Aber in diesem zweiten Fall ist Bernds Argument, obwohl ähnlich, wenig überzeugend. Warum?

Wie im vorherigen Abschnitt hilft Tipp 21 weiter. Auch hier müssen wir uns auf die Fragestellung konzentrieren. Im ersten Beispiel ging es um eine *terminologische* Fragestellung. Anna und Bernd waren sich uneinig darüber, wie man das Wort „Junggeselle" korrekt gebraucht. Hier ist ein Wörterbucheintrag relevant für die Antwort. Im zweiten Fall geht es aber nicht um eine *terminologische Frage*, sondern um eine *Sachfrage*. Genauer: Es geht um eine *moralische Frage*. Die Antwort darauf kann man nicht im Wörterbuch nachschauen.

Was genau geht im zweiten Fall schief? Das lässt sich unterschiedlich deuten:

1. Bernds Argument ließe sich einerseits als eine *belanglose Schlussfolgerung* deuten. Denn er diskutiert zusammen mit Anna die Frage, ob homosexuelle Lebenspartner die Möglichkeit erhalten sollten, die gleichen Rechte und Pflichten zu erwerben wie heterosexuelle Lebenspartner, die verheiratet sind. Bernd kann mit seinem Argument aber maximal belegen, dass man solche Lebenspartnerschaften nicht als „Ehe" bezeichnen sollte.[26] Diese These spielt jedoch für die Frage, welche Rechte und Pflichten homosexuelle Lebenspartner haben sollten, keine Rolle. Sie ist belanglos.

2. Man könnte Bernd andererseits unterstellen, dass er eine *ungerechtfertigte Behauptung* aufstellt. Dazu müsste man ihm die Annahme unterstellen, dass die Frage nach den Rechten und Pflichten homosexueller Lebenspartnerschaften aufgrund der konventionellen Bedeutung des Wortes „Ehe" entschieden werden sollte. Das ist aber hoffnungslos unplausibel. Es lässt sich kaum rechtfertigen, dass diese linguistische Tatsache eine Rolle bei der Beantwortung einer moralischen Frage spielen sollte.

Egal welche Interpretation man wählt, an Bernds Argument aus dem Wörterbuch lässt sich etwas beanstanden!

---

[26] Es sei angemerkt, dass sich die Verwendung des Wortes „Ehe" mittlerweile geändert hat. Der Duden erwähnt die Homo-Ehe als eine von zwei möglichen Bedeutungen. Online-Version verfügbar unter http://www.duden.de/rechtschreibung/Ehe (abgerufen am 24.06.2015). Aufgrund dieses Bedeutungswandels kann Bernd also nicht einmal die schwächere These belegen, nach der gleichgeschlechtliche Lebenspartnerschaften nicht als „Ehe" zu bezeichnen sind.

Was können wir daraus lernen? Ich glaube das Folgende:

Tipp 31: Unterscheiden Sie zwischen terminologischen Fragen und Sachfragen.

Tipp 31 kann Ihnen helfen einzuschätzen, wann Argumente aus dem Wörterbuch sinnvoll sind und wann nicht. Bei terminologischen Fragen geht es darum, welche Bedeutung ein bestimmter sprachlicher Ausdruck hat. Hier kann ein Wörterbuch helfen! Bei Sachfragen geht es – vereinfacht gesprochen – darum, ob eine bestimmte Aussage, deren Bedeutung klar ist, bejaht oder verneint werden sollte. Beispiele für solche Sachfragen sind die folgenden:

- Sollte es in Deutschland möglich sein, dass Schwule und Lesben heiraten? (moralische/gesellschaftspolitische Frage)
- Sollte der Angeklagte schuldig gesprochen werden? (juristische Frage)
- Haben alle Lebewesen, die einen Blutkreislauf haben, eine Niere? (empirisch-wissenschaftliche Frage)
- War die Inszenierung dieses Theaterstücks gelungen? (ästhetische Frage)
- Gibt es einen Gott? (theologische/philosophische Frage)

Ein Wörterbuch kann Ihnen nur dabei helfen, diese Fragen zu *verstehen*. Aber es kann Ihnen nicht helfen, eine Antwort auf diese Fragen zu finden.

Das kleine 1 × 1 der ungerechtfertigten Behauptungen

Es gibt viele weitere Varianten ungerechtfertigter Behauptungen. Sie sind daher gut beraten, sich einen Überblick zu verschaffen. Deswegen möchte ich Ihnen abschließend folgenden Tipp geben.

> Tipp 32: Achten Sie auf häufige Formen ungerechtfertigter Behauptungen.

Welche Formen sind damit gemeint? Das lässt sich anhand des Beispiels der Homo-Ehe gut diskutieren. Denn es eignet sich hervorragend, um weitere ungerechtfertigte Behauptungen aufzudecken. Stellen wir uns also vor, die Diskussion zwischen Anna und Bernd geht noch weiter. Bernd ist immer noch der Ansicht, die Homo-Ehe sei abzulehnen. Was könnte ihm noch einfallen, um diesen Standpunkt zu stützen?

Ein argumentativer Winkelzug, den wir bereits besprochen haben, ist das *Traditionsargument* (Kap. 8). Bernd könnte zu bedenken geben, es widerspreche schlicht unserer gesellschaftlichen Tradition, schwulen und lesbischen Lebenspartnerschaften die gleichen Rechte einzuräumen wie heterosexuellen Paaren. Das mag sein. Aber der Verweis auf eine Tradition scheint in diesem Zusammenhang belanglos. Er wirft die Frage auf, was an dieser Tradition gut sein soll und warum man sie nicht ändern darf. Die weibliche Genitalverstümmelung hat z. B. in vielen afrikanischen

Ländern Tradition.[27] Aber das macht diese Praxis keinen Deut besser!

Sobald Bernd eingesehen hat, dass er mit seinem Traditionsargument in eine argumentative Sackgasse eingebogen ist, könnte ihm ein zweiter Gedanke kommen.

> Bernd: „Homosexualität ist gegen die Natur! Zumindest dieser Punkt spricht doch gegen die Homo-Ehe, oder?"

Nein, nicht wirklich. Denn selbst wenn die Annahme dieses sogenannten *Argumentum ad naturam* zuträfe – was sie nicht tut[28] – dann müsste Bernd noch eine weitere Prämisse einführen, um das Argument lückenlos zu machen. Ein bloßer *Appell an die Natur* reicht nicht aus. Zusätzlich muss vorausgesetzt werden, dass die Natur einen adäquaten Bewertungsmaßstab für Gutes und Schlechtes darstellt. Aber diese Annahme ist offensichtlich ungerechtfertigt. Denken Sie nur an todbringende Krankheiten, die Millionen Menschenleben kosten, oder an Erdbeben, die ganze Landstriche verwüsten. Bei beiden handelt es sich um ganz natürliche Phänomene. Gut sind sie trotzdem nicht!

Auch wenn Appelle an die Natur ungerechtfertigte Behauptungen beinhalten, ist ihre psychologische Wirkung groß. Firmen machen sich dies zunutze, wenn sie ihre Produkte bewerben. Häufig kommen dabei Phrasen wie „naturbelassen" oder „keine künstlichen Inhaltsstoffe" zum

---

[27] Ich stütze mich auf die Handreichung *Was ist weibliche Genitalverstümmelung?* (Eschborn, o.J.) der Gesellschaft für technische Zusammenarbeit mbH (GTZ).
[28] Gegen diese Auffassung spricht der mittlerweile gut erforschte Umstand, dass Homosexualität im Tierreich ebenso anzutreffen ist. Vgl. dazu etwa A. Poiani, *Animal Homosexuality – A Biosocial Perspective*, Cambridge, 2010.

Einsatz – offensichtlich mit großem Erfolg! Denn sonst wären diese Werbebotschaften wohl ausgestorben. Das ist besonders problematisch, wenn diese Produkte fast nur aus Zucker bestehen oder gefährliche Inhaltstoffe wie Nikotin oder Kohlenmonoxid enthalten.

Zurück zu Anna und Bernd! Nehmen wir an, Anna konnte Bernd davon überzeugen, dass er sein Traditionsargument und seinen Appell an die Natur fallen lassen sollte. Was könnte Bernd dann noch einfallen?

Er könnte z. B. darauf hinweisen, dass die christliche Lehre Homosexualität verbietet.[29] Wenn Anna jedoch keine Christin ist oder sie bezweifelt, dass die christliche Lehre in Fragen des gesellschaftlichen Zusammenlebens eine Rolle spielen sollte, dann wird sie das – zu Recht! – nicht überzeugen. Denn Bernd geht von Voraussetzungen aus, die Angehörige anderer Glaubensgemeinschaften nicht überzeugen können und die er deshalb in einer säkularen, liberalen Gesellschaft nicht voraussetzen dürfte.[30] Sein christlicher Glaube mag Bernd davon überzeugen, dass er selbst keinen Mann heiraten sollte. Das ist seine Sache! Aber er kann auf dieser Grundlage nicht rechtfertigen, dass anderen Menschen dies nicht möglich sein soll. Denn nicht jeder glaubt an die christliche Lehre. Wenn Bernd seinen Standpunkt dennoch mit Annahmen rechtfertigt, die nur für Angehörige bestimmter Religionsgruppen akzeptabel

---

[29] In diesem Zusammenhang sind z. B. das 3. Buch Mose Kap. 18, Vers 22, und Kap. 20, Vers 13, einschlägig.
[30] Diese Sichtweise hat in der politischen Philosophie eine lange Tradition. In der modernen Debatte verbindet sie sich besonders mit dem Werk von John Rawls (1921–2002) und vor allem mit seiner Schrift *Political Liberalism* (New York, 1993).

sind, lässt er die Frage offen, warum Menschen, die nicht zu diesen Gruppen gehören, seinen Standpunkt akzeptieren sollten. Für sie bleibt er ungerechtfertigt. Im Englischen würde man Bernds Argument als „question-begging" bezeichnen.

Zirkelschlüsse sind häufig Fälle von *question begging*. Bei zirkulären Argumenten wird eine Annahme verwendet, um eine Schlussfolgerung zu stützen. Und diese Annahme wird wiederum durch die Schlussfolgerung gerechtfertigt. Das macht beide zu ungerechtfertigten Behauptungen. Ein Beispiel findet sich in Bernds erneutem Versuch, die Homo-Ehe argumentativ zurückzuweisen:

> Bernd: „Die Homo-Ehe ist aus moralischen Gründen abzulehnen, denn wenn Homosexuelle heiraten dürften, dann dürften sie auch Kinder adoptieren. Und das widerspräche dem Kindeswohl."
>
> Anna: „Warum widerspräche das denn dem Kindeswohl, Bernd?"
>
> Bernd: „Das ist doch offensichtlich. Kinder sollten nicht bei zwei Menschen aufwachsen, deren Beziehung aus moralischen Gründen abzulehnen ist."

Bernd begründet hier seine These, dass die Homo-Ehe aus moralischen Gründen abzulehnen ist, gewissermaßen mit sich selbst. Allem Anschein zum Trotz kommt es also zu keiner wirklichen Begründung!

Anna sollte es leicht fallen, diese Schwäche in Bernds Argument zu erkennen und seinen Gedankengang zu widerlegen. Dann werden Bernd wohl bald die Argumente ausgehen. Wie könnte er damit umgehen?

Eine Möglichkeit besteht darin, *wilde Spekulationen* anzustellen. Er könnte mutmaßen, welche Konsequenzen die Einführung der Homo-Ehe in Deutschland hätte. Mit anderen Worten: Bernd könnte zu einem Konsequenz-Argument greifen, wie wir es oben bereits kennengelernt haben. Eine besonders wirkmächtige Form des Konsequenz-Arguments ist das *Dammbruch-Argument*. Dabei handelt es sich um ein Argument, welches – in der Regel ungerechtfertigt – annimmt, dass durch ein Ereignis, eine Handlung, eine politische Maßnahme oder Ähnliches eine Kettenreaktion in Gang gesetzt wird, durch die eine ganze Reihe negativer Konsequenzen entstehen wird.

Bernds Dammbruch-Argument könnte folgendermaßen aussehen:

Bernd: „Vielleicht wäre es – für sich genommen – nicht schlimm, wenn die Homo-Ehe käme. Aber überleg doch einmal, was es für Folgen hätte, wenn Schwule und Lesben heiraten dürften: Dann hätten wir doch keinen guten Grund mehr, Ehen Minderjähriger auszuschließen, oder polygame Ehen, oder inzestuöse … "

Bernd geht also davon aus, dass die Homo-Ehe zu einem Dammbruch führen würde. Dieser Dammbruch besteht darin, dass minderjährigen Menschen und Menschen in polygamen oder inzestuösen Beziehungen auch heiraten dürften. Wie vernünftig sein Argument ist, hängt im Wesentlichen von zwei Faktoren ab:

- *Erstens* wäre zu fragen, wie plausibel die Annahme eines Dammbruchs ist. Das heißt, es wäre zu klären, wie wahrscheinlich es ist, dass die Konsequenzen, die der Homo-Ehe zugeschrieben werden, tatsächlich entstehen.

- *Zweitens* wäre zu prüfen, ob diese Konsequenzen wirklich so negativ wären wie angenommen.

Macht Bernds Argument beides glaubhaft?

Er nimmt an, der Damm würde an drei Stellen brechen: bei Beziehungen zwischen Minderjährigen, bei Beziehungen zwischen mehr als einer Person und bei Beziehungen zwischen Verwandten. Es ist jedoch fraglich, ob das in allen drei Fällen zutrifft. Denn die Gründe, die traditionell gegen die Homo-Ehe angeführt wurden, unterscheiden sich stark von den Gründen, die in den anderen drei Fällen angeführt wurden. Wer für die Homo-Ehe plädiert, widerspricht sich nicht, wenn er gegen die polygame Ehe oder die Ehe zwischen Minderjährigen und Verwandten argumentiert. Gegen die polygame Ehe könnte man rechtliche Schwierigkeiten bei der Aufteilung von Rechten und Pflichten zwischen den Eheleuten ins Feld führen. Bedenken an einer Ehe zwischen Minderjährigen könnte man damit begründen, dass Minderjährige eine so folgenreiche Entscheidung noch nicht verantwortlich treffen können (oder sollten). Und gegen inzestuöse Beziehungen könnte man die Möglichkeit genetischer Missbildungen bei den Kindern ins Feld führen. Keiner dieser Gründe spräche gegen die Homo-Ehe. Es ist also nicht ganz klar, ob der Damm wirklich an den drei Stellen brechen würde, wie Bernd behauptet.

Aber selbst wenn Bernds Argument die Dammbrüche glaubhaft machen könnte, wäre damit noch nichts gezeigt. Er müsste auch noch begründen, warum die Dammbrüche so negativ zu beurteilen sind. Zumindest im Fall inzestuöser Beziehungen wäre das äußerst fraglich. Zwar stehen diese nach deutschem Recht noch unter Strafe.[31] Aber einige politische Parteien fordern mittlerweile die Abschaffung des entsprechenden Paragraphen. Und kürzlich hat sich sogar der Deutsche Ethikrat für eine entsprechende Entkriminalisierung ausgesprochen. Das ist nachvollziehbar, denn in der Tat scheint nur die Möglichkeit genetischer Krankheiten bei den Kindern gegen inzestuöse Beziehungen zu sprechen. Diese können entstehen, wenn beide Eltern eine schlummernde Erbkrankheit tragen, die einem rezessiven Erbgang folgt. Bei einer solchen Krankheit tragen beide Eltern jeweils ein defektes Allel, d. h., eine defekte Ausprägung eines bestimmten Gens. Bei der Befruchtung werden die Allele neu kombiniert. Kommt es zu einer Kombination der defekten Allele in der befruchteten Eizelle, dann hat dies die Ausprägung der entsprechenden Erbkrankheit im Kind zur Folge. Das ist allerdings nicht zwingend der Fall, wenn zwei Verwandte ein Kind zeugen. Und die Möglichkeit dafür ist auch dann gegeben, wenn die Eltern nicht verwandt sind. Wer das Argument gegen die Ehe zwischen Verwandten ernst nimmt, müsste also auch gegen bestimmte Ehen zwischen Partnern ohne Verwandtschaftsgrad plädieren – oder zumindest für einen verbindlichen Gentest für alle. Es ist überaus fraglich – zumal in Deutschland! – ob jemand diese eugenetische Position beziehen würde.

Bernds Dammbruch-Argument scheint somit auf der ungerechtfertigten Behauptung negativer Konsequenzen zu beruhen. Es kann deswegen nicht plausibel machen, warum die Homo-Ehe abzulehnen ist. Wahrscheinlich macht es

---

[31] Der einschlägige Rechtsparagraph ist der §173 Strafgesetzbuch (StGB).

eher plausibel, dass wir zusätzlich die Möglichkeit einer Eheschließung zwischen Verwandten ins Auge fassen sollten.

Bernd könnte allerdings versuchen, einen weiteren Winkelzug anzuwenden, der so aussieht:

> Bernd: „Homosexuelle Beziehungen sind schlecht für die deutsche Gesellschaft. Deswegen sollte die Homo-Ehe in Deutschland nicht eingeführt werden!"
>
> Anna: „Warum sollen homosexuelle Beziehungen denn schlecht für die deutsche Gesellschaft sein, Bernd?"
>
> Bernd: „Na denk doch mal nach: Wenn die Gesellschaft nur noch aus homosexuellen Paaren bestehen würde, dann würden keine Kinder mehr gezeugt, die Rente wäre nicht mehr finanzierbar und die Deutschen würden über kurz oder lang aussterben. Deswegen sind homosexuelle Beziehungen schlecht für die deutsche Gesellschaft!"

Auch bei diesem Argument handelt es sich um ein Konsequenz-Argument. Bernd lehnt die Homo-Ehe immer noch ab. Diesmal führt er die Behauptung, homosexuelle Beziehungen seien schlecht für die deutsche Gesellschaft, als Grund an. Diese Behauptung begründet er wiederum mit folgendem Gedankengang. Wenn in Deutschland *alle Beziehungen gleichgeschlechtlich* wären, dann hätte das schlechte Konsequenzen für die deutsche Gesellschaft. Also hat *jede einzelne homosexuelle Beziehung* schlechte Konsequenzen für die deutsche Gesellschaft.

Diese Begründung trägt nicht, denn Bernds Argument basiert auf der ungerechtfertigten Behauptung, dass man von den Eigenschaften einer Gesamtheit auf die Eigenschaften seiner Teile schließen darf. Hierbei handelt es sich um einen *Teil-Ganzes-Fehlschluss*. Nach dieser Logik dürfte kein Fußballteam einen Torwart haben. Denn wenn das gesamte Team nur aus Torwarten bestünde, hätte es kaum Chancen, jemals ein Tor zu schießen.

Es könnte nun sein, dass Bernd sein Argument zurücknimmt, ohne von seiner Position abzurücken. Vielleicht verwendet er stattdessen einen *Appell an die Vorsicht*.

> Bernd: „Es mag ja sein, dass du recht hast, Anna. Die Homo-Ehe würde vielleicht nicht zu den Konsequenzen führen, die ich mir da ausgemalt habe. Aber es ist doch gut vorstellbar, dass sie negative Konsequenzen haben wird, die wir heute noch nicht absehen können. Wir sollten also lieber auf ‚Nummer sicher' gehen und sie nicht einführen."

Appelle an die Vorsicht können vernünftig sein. Und wie wir bereits in Kap. 4 sagten, können sie dafür sprechen, den Status quo beizubehalten. Das gilt, wenn dieser akzeptabel erscheint und nicht klar ist, welche Vorteile sich aus einer Änderung ergeben würden. Bernds Appell an die Vorsicht scheint diese Voraussetzungen jedoch nicht zu erfüllen. Der Grundsatz der Gleichberechtigung stellt einen guten Grund dar, die Homo-Ehe zuzulassen. Und etwaige Risiken für unsere Gesellschaft sind kaum erkennbar. Wer wie Bernd aus Gründen der Vorsicht gegen die Homo-Ehe plädiert, gebraucht eine ungerechtfertigte Behauptung. Er setzt voraus, dass ein Risiko angenommen werden sollte, weil man nicht ausschließen kann, dass es nicht besteht – eine Argumentationslinie, die wir bereits in Kap. 4 unter dem Titel *Argumentum ad ignorantiam* oder *Wissen aus Unwissenheit* kennengelernt haben. Nach dieser Logik könnte man nie irgendetwas tun. Denn jede Handlung könnte schlimme, unbeabsichtigte Folgen haben.

Wenn Bernd endlich eingesehen hat, dass seine Argumente unvernünftig sind und seine Ablehnung der Homo-Ehe einer rationalen Grundlage entbehrt, könnte er zu einer von zwei *Beschwichtigungstaktiken* greifen. Die Erste sieht folgendermaßen aus:

> Bernd: „Gut Anna, ich stimme Dir zu, dass die Homo-Ehe keine schlechte Sache wäre. Wäre unsere Gesellschaft perfekt, dann gäbe es sie. Aber Du musst Dich von der Vorstellung lösen, dass wir das jemals hinbekommen können. Ungerechtigkeiten wird es immer geben. Die Amis sagen dazu: ‚Life's not fair – get used to it!'"

Hier gebraucht Bernd das Nirwana-Argument.[32] Er setzt zunächst einen perfekten Referenzpunkt – das Nirwana. Hierbei handelt es sich um eine *perfekte Gesellschaft*, die völlig gerecht ist. Dann sagt Bernd, dass wir diesen perfekten Referenzpunkt nie erreichen können. Das mag stimmen. Aber anzunehmen, dass wir deswegen überhaupt nichts tun sollten, wäre eine ungerechtfertigte Behauptung! Und abgesehen davon: Sogar die Amis haben die Homo-Ehe mittlerweile eingeführt!

Die zweite Beschwichtigungstaktik, zu der Bernd greifen könnte, nennt man im Englischen *two wrongs* („zweifaches Unrecht"). Sie sähe so aus.

---

[32] Bevor Sie auf falsche Ideen kommen: Curt Cobain (1967–1994) hat dieses Argument meines Wissens nicht vertreten! Außerdem schreibt man die Band „Nirvana".

> Bernd: „Die Homo-Ehe würde unsere Gesellschaft vielleicht ein bisschen gerechter machen. Aber wir haben viel schlimmere Probleme. Denk doch mal an die hohe Jugendarbeitslosigkeit."

Vielleicht hat Bernd recht mit seiner Behauptung, dass die hohe Jugendarbeitslosigkeit noch ungerechter ist als der Mangel an Gleichberechtigung homosexueller Lebenspartnerschaften. Vielleicht auch nicht. Allerdings lässt sich daraus in keinem Fall ableiten, dass man nichts für die Gleichstellung homosexueller Paare tun sollte. Um diesen Schluss zu rechtfertigen, müsste man unterstellen, dass man nur die eine oder die andere Ungerechtigkeit beseitigen kann. Und auch dabei dürfte es sich um eine ungerechtfertigte Behauptung handeln![33]

Eine letzte (vermeintliche) Trumpfkarte hat Bernd noch im Ärmel. Stellen wir uns vor, Anna würde Folgendes einwerfen.

> Anna: „Bernd, ich denke Deine Ablehnung der Homo-Ehe ist einfach eine Folge Deiner konservativen Erziehung. Liege ich da richtig?"

Bernd könnte diesen Einwurf als *Ad-hominem-Argument* deuten – eine Form des Arguments, das wir bereits in Kap. 8

---

[33] Diese Einschätzung lässt sich durch die Unmenge an Gesetzen stützen, die der Deutsche Bundestag in jeder Wahlperiode beschließt. Alleine zwischen 2009 und 2013 verabschiedete er 553 Gesetze, wie aus dem Textarchiv hervorgeht. Vgl. http://www.bundestag.de/dokumente/textarchiv/2013/46598866_kw37_statistik/213446 (abgerufen am 26.06.2015).

besprochen haben. Mit einem solchen Argument wird nicht der zur Debatte stehende Standpunkt angegriffen, sondern die Person, die ihn vertritt. Wie wir gesehen haben, handelt es sich hierbei häufig um eine problematische Form der *Irrelevanz*. Denn wer ein Ad-hominem-Argument vorbringt, lässt damit in der Regel die eigentliche Fragestellung außer Acht und widmet sich einer anderen Frage. Das könnte Bernd entsprechend geltend machen.

> Bernd: „Moment, meine liebe Anna! Du bist also für die Homo-Ehe, weil ich aus einem konservativen Elternhaus komme? Entschuldige mal, aber was hat denn mein familiärer Hintergrund mit der Frage zu tun, ob die Homo-Ehe zu befürworten ist? Ich denke, Du sitzt hier einem Denkfehler auf. Wenn Du vernünftig wärst, würdest Du das erkennen und die Homo-Ehe auch ablehnen."

Bernd begeht hier eine besondere Art des Denkfehlers: den *Denkfehler-Denkfehler*. Damit kann zweierlei gemeint sein.

- Bernd stuft Annas Argument irrtümlich als Denkfehler ein (Variante 1).
- Bernd stuft Annas Argument zwar richtigerweise als Denkfehler ein, zieht daraus aber irrtümlich den Schluss, dass ihr Standpunkt abzulehnen ist (Variante 2).

Bei Bernds Argument könnte es sich um Variante 1 handeln. Das wäre der Fall, wenn Anna überhaupt kein Ad-hominem-Argument vorbringen, sondern lediglich erfahren wollte, wie sich Bernds Standpunkt psychologisch erklären lässt. In diesem Fall wäre Bernds Einschätzung, dass

Anna ein zu beanstandendes Ad-hominem-Argument verwendet, selbst ein Denkfehler.

Aber vielleicht wollte Anna Bernds Standpunkt tatsächlich mit einem Ad-hominem-Argument kontern. Dann wäre sein Urteil, dass es sich bei Annas Argument um einen Denkfehler handelt, wahrscheinlich zutreffend und es handelte sich um Variante 2 des Denkfehler-Denkfehlers. Denn aus Annas Denkfehler kann Bernd nicht folgern, dass Annas These, die Homo-Ehe sei zu befürworten, abzulehnen ist. Schließlich könnte sie ja noch andere gute Gründe haben, diese These zu vertreten. Die Annahme, dass ein Standpunkt abgelehnt werden sollte, weil ein zu beanstandendes Argument für ihn angeführt wurde, ist ebenfalls eine ungerechtfertigte Behauptung.

Zusammenfassung

In diesem Kapitel sprachen wir über das zehnte und letzte Gebot des gesunden Menschenverstands: Lassen Sie sich keinen Bären aufbinden! Es verlangt von Ihnen, dass Sie keine ungerechtfertigten Behauptungen glauben. Zunächst klärten wir, was ungerechtfertigte Behauptungen eigentlich sind: nämlich Behauptungen, die ohne überzeugende Rechtfertigung aufgestellt werden. Danach trafen wir eine Unterscheidung zwischen zwei Klassen von ungerechtfertigten Behauptungen. Diese können entweder in der Schlussfolgerung eines Arguments auftreten oder in seinen Annahmen.

Die erste Klasse hatten wir bereits in den vorangegangenen Kapiteln eingehend besprochen. Deswegen wandten

wir uns der zweiten Klasse zu: den ungerechtfertigten Annahmen. Uns interessierten insbesondere Annahmen, die
bei näherem Hinsehen dubios sind, aber dennoch über eine
starke psychologische Kraft verfügen. Diese kann aus zwei
Quellen resultieren. Die erste Quelle ist künstlich erzeug-
ter, psychologischer Druck. Die zweite Quelle liegt in der
offenkundigen Eingängigkeit dieser Annahmen.

Psychologischer Druck kann einerseits durch Tabuisierungstaktiken erzeugt werden, die wiederum auf persönlichen Angriffen, Gruppenzwang oder Appellen an die politische Korrektheit basieren. In diesem Fall empfahl ich Ihnen,
nach einer Rechtfertigung für die jeweilige Tabuisierung zu
fragen. Druck kann andererseits durch die Androhung negativer Konsequenzen aufgebaut werden. In diesem Zusammenhang sprachen wir über die Rolle von Konsequenzen im
vernünftigen Denken und thematisierten mögliche Denkfehler, die Sie besser vermeiden sollten.

Danach wandten wir uns ungerechtfertigten, aber ein-
gängigen Annahmen zu. Wir sprachen unter anderem über
die Rolle von Redensarten, Reimen und tiefsinnigen Aussprüchen. Diese können eine negative Rolle in Ihrem Denken spielen. Das gilt zumindest dann, wenn Sie ungerechtfertigt annehmen, dass diese rhetorischen Mittel rechtferti-
gende Kraft besitzen. Außerdem sprachen wir über etymologische Argumente und Argumente aus dem Wörterbuch.
Erstere taugen praktisch nie etwas. Letztere spielen nur bei
terminologischen Fragestellungen eine Rolle, nicht aber bei
Sachfragen.

Schließlich sprachen wir über häufige Erscheinungsformen ungerechtfertigter Behauptungen, mit denen man versuchen könnte, Ihnen einen Bären aufzubinden: das Tradi-

tionsargument, den Appell an die Natur, den Zirkelschluss, das Dammbruch-Argument, den Teil-Ganzes-Fehlschluss, den Appell an die Vorsicht, zwei Beschwichtigungstaktiken (das Nirwana-Argument und das Argument des zweifachen Unrechts) und den Denkfehler-Denkfehler.

Schluss

Dieses Buches begann mit einer einfachen Idee. Ich wollte eine verständliche und fundierte Anleitung schreiben, mit der Sie Ihr Denken verbessern und Denkfehler entdecken können. Aber diese Idee führte nicht automatisch zur Fertigstellung des Buches. Es wäre nie geschrieben worden, wenn ich dafür nicht die erforderliche *Zeit*, *Ruhe*, *Energie* und *Motivation* aufgebracht hätte. Denn diese Faktoren sind notwendige Bedingungen für erfolgreiche, geistige Arbeit – im Großen wie im Kleinen. Sie sind notwendig, um ein ganzes Buch zu schreiben. Sie sind aber auch notwendig, um einen einzigen, klaren Gedanken zu fassen und konsequent zu Ende zu denken. Darauf sollten Sie achten, wenn Sie Ihren gesunden Menschenverstand einsetzen! Mein letzter Tipp für Sie lautet daher folgendermaßen:

> *Tipp 33: Schaffen Sie Bedingungen, unter denen Ihr gesunder Menschenverstand optimal arbeiten kann.*

Diesen Tipp setzen Sie um, indem Sie vier weitere Tipps beachten:

© Springer-Verlag Berlin Heidelberg 2017
N. Mukerji, *Die 10 Gebote des gesunden Menschenverstands*,
DOI 10.1007/978-3-662-50339-3

Tipp 33.1: Nehmen Sie sich genug Zeit.

Sie sind in der Lage, Ihren gesunden Menschenverstand bewusst einzusetzen. Sie wissen, wie das geht. Aber es wird Ihnen nur gelingen, wenn Sie sich dafür genug Zeit nehmen. Die Redensart „Gut Ding will Weile haben" stimmt in diesem Fall: Vernünftiges Denken braucht Zeit!

Diese Einsicht sollte sich mit Ihrer *Lebenserfahrung* decken. Bestimmt fällt Ihnen ein Problem ein, das Sie erst durch etwas Nachdenken lösen konnten. Sicherlich erinnern Sie sich auch an ein Gespräch, bei dem Sie nach einer guten Antwort rangen. Aber die fiel Ihnen erst danach ein. Und gewiss haben Sie schon einmal überstürzt gehandelt und das später bereut. Das heißt, Sie haben bereits am eigenen Leib erfahren, wie wichtig Zeit für Ihr Denken ist!

Mithilfe der *Kognitionswissenschaften* lassen sich Denkfehler, die durch Zeitdruck entstehen, durch die Unterscheidung zwischen zwei Systemen der Informationsverarbeitung erklären. *System 1* ist schnell, automatisch, intuitiv und fehleranfällig. *System 2* ist langsam, bewusst steuerbar und weniger fehleranfällig.[1] Wer wenig Zeit zum Nachden-

---

[1] Die Terminologie geht zurück auf K. E. Stanovich und R. F. West, „Individual Differences in Reasoning: Implications for the Rationality Debate", *Behavioral and Brain Sciences*, 23(5), 2000, S. 645–665. Einige Autoren haben die Unterscheidung von genau zwei Systemen der Informationsverarbeitung kritisiert (vgl. etwa D. Gilbert, „What the Mind's Not", in: S. Chaiken und Y. Trope (Hrsg.), *Dual-process Theories in Social Psychology*, New York, 1999, S. 3–11). In der Tat scheint es angemessener, die verschiedenen Prozesse der Informationsverarbeitung auf Spektren anzuordnen. Das heißt, es gibt Prozesse, die mehr oder weniger automatisch bzw. mehr oder weniger (un)bewusst ablaufen. Dennoch hat die Unterscheidung zwischen System 1 und System 2 einen heuristischen Wert. Aus diesem Grund verwende ich sie.

ken hat, ist verstärkt auf das schnelle System 1 angewiesen. Dadurch entstehen häufig Fehler, wie folgende Rechenaufgabe illustriert.[2] Bevor Sie weiterlesen: Achten Sie genau darauf, welcher Betrag Ihnen in den Sinn kommt.

> Ein Computer und ein Ladegerät kosten zusammen 1100 Euro. Der Computer kostet 1000 Euro mehr als das Ladegerät. Wie viel kostet das Ladegerät?

Wahrscheinlich kam Ihnen der Betrag 100 Euro in den Sinn? Das ist falsch![3] Wenn Sie das nicht auf Anhieb gesehen haben, dann hat Ihnen Ihr System 1 einen Streich gespielt. Das passiert mit höherer Wahrscheinlichkeit, wenn Sie sich nicht die Zeit nehmen, die Ihr bewusstes, langsames und genaues System 2 benötigt.[4]

Ausreichend Zeit ist jedoch nicht die einzige Voraussetzung dafür, dass Ihr gesunder Menschenverstand optimal arbeiten kann. Sie müssen zusätzlich die nötige Ruhe aufbringen! Daher rate ich Ihnen Folgendes:

> *Tipp 33.2.: Beseitigen Sie Faktoren, die Sie beim Nachdenken stören.*

Kennen Sie das? Sie haben sich einen ganzen Tag Zeit genommen, um intensiv an einer geistigen Aufgabe zu ar-

---

[2] Diese Rechenaufgabe basiert auf einem Beispiel von Shane Frederick (vgl. D. Kahneman, „Maps of Bounded Rationality: Psychology for Behavioral Economics", *American Economic Review*, 93(5), 2003, S. 1449–1475).
[3] Richtig ist 50 Euro.
[4] Vgl. K. L. Milkman, D. Chugh, M. H. Bazerman, „How Can Decision Making Be Improved?" *Perspectives on Psychological Science*, 4(4), 2009, S. 379–383 [S. 380].

beiten. Vielleicht müssen Sie sich auf eine Prüfung vorbereiten, einen Bericht schreiben oder eine Projektpräsentation vorbereiten. Sie haben sich genug Zeit dafür genommen. Aber Sie treten auf der Stelle. Sie kommen kaum weiter. Sie fühlen sich unproduktiv. Und das macht Sie unzufrieden! Wenn sich solche Tage häufen, dann haben Sie vielleicht nicht genug Ruhe bei der Arbeit – dann sollten Sie vielleicht daran arbeiten, Störfaktoren zu verringern.

Die Unterscheidung zwischen System 1 und System 2 erklärt nicht nur, warum der Faktor Zeit für Ihr vernünftiges Denken wichtig ist. Sie erklärt auch, warum es wichtig ist, Störfaktoren beim Denken zu eliminieren. Um Ihren gesunden Menschenverstand einzusetzen, benötigen Sie Ihr System 2. Sie brauchen Ihr bewusstes, langsames und zuverlässiges Denken. Das können Sie aber nur einsetzen, wenn Sie Ihre *Aufmerksamkeit* entsprechend kanalisieren. Dafür brauchen Sie mentale Energie, die nur begrenzt zur Verfügung steht. Störfaktoren binden Aufmerksamkeit. Sie sorgen also dafür, dass Ihrem System 2 weniger Ressourcen zur Verfügung stehen. Und das schlägt sich nieder – in hastigen Schlussfolgerungen und leichtsinnigen Entscheidungen. Es lohnt sich also, Störfaktoren zu beseitigen!

In meinen Selbstmanagement-Seminaren zeige ich meinen Teilnehmern, wie sie dies tun können. Eine Unterscheidung, die dafür wichtig ist, ist die zwischen externen und internen Störfaktoren.

Externe Störfaktoren sind Dinge in Ihrer Umgebung, die Sie davon abhalten, bei der Sache zu bleiben. Ein unangemeldeter Besucher, ein Anruf, eine Benachrichtigung Ihres Mailprogramms: All das sind externe Störfaktoren, die Sie – soweit möglich – beseitigen sollten, wenn Sie nachdenken.

Wenn Sie eine wichtige Denkaufgabe zu erledigen haben, stellen Sie also sicher, dass Sie sich dafür genug Zeit nehmen. Und stellen Sie außerdem sicher, dass Sie in dieser Zeit – sofern möglich – keine Besucher bekommen, telefonisch nicht erreichbar sind und keine E-Mails lesen.

Es gibt auch weniger offensichtliche, externe Störfaktoren, die Ihnen Ihre knappe mentale Energie rauben können. Wenn Ihr Arbeitsplatz vollgepackt und unordentlich ist, dann müssen Sie regelmäßig über Kleinigkeiten nachdenken und triviale Entscheidungen treffen: „Wo war noch gleich ...?", „Wo kann ich denn diesen Aktenordner jetzt ablegen ...?" Auch diese banalen Probleme rauben Ihnen mentale Energie, die Sie besser für Ihr Denken nutzen sollten! Also räumen Sie Ihren Arbeitsplatz auf!

Interne Störfaktoren sind Dinge, die gewissermaßen in Ihrem Kopf passieren und geistige Energie beanspruchen: „Vielleicht sollte ich doch in Aktien investieren? Mein Nachbar macht das ja auch ...", „Eigentlich hätte ich ja Lust auf einen Kaffee. Ich glaub, ich hol mir einen ...", „Was mach ich eigentlich heute Abend ...?" Sie können kaum vermeiden, dass Ihnen Gedanken wie diese in den Sinn kommen. Aber Sie können leicht vermeiden, dass diese Gedanken Ihnen einen Großteil Ihrer mentalen Ressourcen stehlen. Dafür müssen Sie sich lediglich ein *Multitasking-Verbot* erteilen. Nehmen Sie sich eine Aufgabe vor und bleiben Sie dabei – für mindestens 25 Minuten. Stellen Sie sich eine Uhr. Wenn die abgelaufen ist, dürfen Sie fünf Minuten lang etwas anderes tun. Sind Sie nach dem ersten Block nicht fertig, dann gehen Sie wieder zurück an die Arbeit – wieder für 25 Minuten. Nach vier Blöcken dürfen Sie sich eine etwas längere Pause gönnen. Diese sogenannte

Pomodoro-Technik ist meiner Erfahrung nach erstaunlich erfolgreich, um mentale Energie dorthin zu lenken, wo sie gebraucht wird. Probieren Sie sie aus! Ihr gesunder Menschenverstand wird es Ihnen danken.

Exkurs 11.1 Die Pomodoro-Technik

Die Pomodoro-Technik geht auf den Software-Ingenieur Francesco Cirillo zurück. Er benannte sie nach einem Küchenwecker, mit dem er die Zeit stoppte. Dieser Wecker war dem Aussehen einer Tomate (ital.: „pomodoro") nachempfunden. Daher der Name.

Es gibt eine weitere effektive Methode, mit der Sie internen Störfaktoren zu Leibe rücken können: Erstellen Sie Listen![5] Wenn Ihnen eine wichtige Aufgabe, die Sie erledigen müssen, regelmäßig einfällt und Sie bei der Arbeit an ganz anderen Dingen stört, dann schreiben Sie sie auf eine *To-do-Liste*. Und stellen Sie sicher, dass Sie diese Liste in regelmäßigen Abständen durchsehen und abarbeiten. Wenn Sie diesen Hinweis konsequent umsetzen, dann wird Ihr Unterbewusstsein Sie nicht mehr an unerfüllte Aufgaben erinnern. Wissenschaftliche Experimente bestätigen dies.

---

[5] In meinen Seminaren zum Arbeitsprozessmanagement empfehle ich eine sehr ausgeklügelte Systematik zur Erstellung von Listen, nämlich *Getting Things Done* des amerikanischen Management-Beraters David Allen (*1945). Vgl. D. Allen, *Getting Things Done*, New York, 2003.

Exkurs 11.2 Der Zeigarnik-Effekt

Das psychologische Phänomen, dass uns unerfüllte Aufgaben weit häufiger in den Sinn kommen als erfüllte, wird heute als *Zeigarnik-Effekt* bezeichnet. Er wurde von der russischen Psychologin Bluma Zeigarnik (1901–1988) erstmals beschrieben.[6] Die Psychologen E. J. Masicampo und Roy Baumeister konnten in einer Studie bestätigen, dass der Zeigarnik-Effekt nicht mehr auftritt, wenn unerledigte Aufgaben auf einer Liste niedergeschrieben wurden.[7]

Wenn Sie Störfakten konsequent beseitigen, dann können Sie Ihrem gesunden Menschenverstand mehr mentale Energie zur Verfügung stellen. Allerdings wird Ihnen dies nicht viel nutzen, wenn Sie von vornherein zu wenig Energie mitbringen. Deswegen sollten Sie auch folgenden Tipp berücksichtigen.

Tipp 33.3.: Bringen Sie genug Energie mit.

Wie können Sie diesen Tipp umsetzen?

Das lässt sich anhand einer Analogie veranschaulichen. Stellen Sie sich einen Leistungssportler vor. Wenn ein Turnier kurz bevor steht, wird sich dieser Sportler schonen, um all seine Energie für den Wettkampf aufzusparen. Und er

---

[6] Vgl. B. Zeigarnik, „Über das Behalten von erledigten und unerledigten Handlungen", *Psychologische Forschung*, 9, 1927, S. 1–85.
[7] Vgl. E. J. Masicampo und R. F. Baumeister, „Consider It Done! Plan Making Can Eliminate the Cognitive Effects of Unfulfilled Goals", *Journal of Personality and Social Psychology*, 101(4), 2011, S. 667–683.

wird kurzfristig alles tun, um seine Energieressourcen zu steigern. Er wird genug schlafen, gesund essen, Entspannungsübungen machen usw. Wenn dagegen kein Turnier bevorsteht, wird sich der Sportler nicht schonen, sondern trainieren. Er wird z. B. Ausdauerläufe absolvieren oder bestimmte Muskelpartien trainieren, um seine Grundfitness zu steigern. Auf diese Weise wird er mehr Energieressourcen zum nächsten Wettkampf mitbringen. Psychologische Forschungen legen nahe, dass sich mentale und sportliche Leistungsfähigkeit exakt analog verhalten.[8] Ein Leistungssportler braucht für seine sportliche Aktivität Energie. Wer seinen gesunden Menschenverstand einsetzt, um ein Problem zu lösen, braucht dafür ebenfalls Energie. Die körperliche Energie eines Sportlers ist begrenzt. Wer nachdenkt, der hat auch dafür nur begrenzte Energie zur Verfügung. Deswegen können Sie Ihre Denkleistungen zu einem guten Teil mit den gleichen Strategien verbessern, die ein Sportler einsetzt, um seine sportlichen Leistungen zu verbessern.

Sie können Ihr Denken – *kurzfristig* – verbessern, indem Sie darauf achten, dass Sie sich auf das Wichtigste konzentrieren. Wenn Sie dazu neigen, viel und intensiv über Dinge nachzudenken, die nicht wichtig sind, dann fehlt Ihnen die Energie für die wichtigen Dinge. Und das kann dazu führen, dass Sie dort Fehler machen. Deswegen sollten Sie nach dem Motto „pick your battles!" vorgehen. Sie sollten die für Sie wichtigsten Fragen und Probleme identifizieren und Ihre verfügbare Energie konsequent dafür aufwenden. Außerdem sollten Sie gesund und regelmäßig essen, damit Ihr

---

[8] Vgl. R. F. Baumeister und J. Tierney, *Willpower – Why Self-Control is the Secret to Success*, New York, 2011.

Gehirn genügend Treibstoff erhält. Ebenso sollten Sie ausreichend schlafen und sich aktiv entspannen (z. B. durch tägliche Meditationsübungen).[9] Auch auf diese Weise können Sie Ihre mentalen Energieressourcen steigern.

Sie können Ihr Denken – *langfristig* – verbessern, indem Sie es trainieren. Wir wissen aus den Neurowissenschaften, dass kognitive Prozesse das Gehirn verändern – ein Phänomen, das man *Neuroplastizität* nennt.[10] Je mehr Sie Ihren gesunden Menschenverstand benutzen, desto mehr wird sich Ihr Gehirn darauf einstellen, und desto leichter wird Ihnen das fallen.

Auch wenn Sie die ersten drei Tipps befolgen, werden Sie Ihr Denken nicht verbessern, wenn Sie nicht die richtige *Motivation* dafür mitbringen. Deswegen will ich Ihnen noch einen allerletzten Tipp geben.

> *Tipp 33.4. Bringen Sie die richtige Motivation mit.*

Was bedeutet das?

Sie haben die richtige Motivation, wenn Sie bereit sind, Ihrem gesunden Menschenverstand dorthin zu folgen, wo er Sie hinführt. Sie haben die richtige Motivation, wenn Sie sich von guten Gründen leiten lassen – unabhängig davon, wer sie vorbringt. Sie haben die richtige Motivation, wenn

---

[9] John J. Ratey weist in seinem Buch *A User's Guide to the Brain* (New York, 2001) darauf hin, dass Schlaf für eine optimale Entspannung nicht ausreicht: „(…) going to sleep doesn't provide absolute rest. The brain continues to receive stimuli from the environment and the body even during sleep (…). To promote health and well-being, we must help the brain to rest. One way to accomplish this is through meditation." (S. 376).
[10] Eine lesenswerte Einführung gibt etwas G. Hüther, *Bedienungsanleitung für ein menschliches Gehirn* (11. Aufl.), Göttingen, 2001/2012.

Sie sich regelmäßig selbst auf die Schulter klopfen können – und zwar nicht, weil Sie recht behalten haben, sondern weil Sie sich zu einer Einschätzung durchgerungen haben, die sachlich gerechtfertigt ist.[11]

Dieser letzte Tipp ist gar nicht so leicht umzusetzen. Wir Menschen lieben es, recht zu behalten. Und wir hassen es, wenn wir eingestehen müssen, dass wir unrecht hatten. Das ist normal. Aber es ist auch unvernünftig. Arbeiten Sie daran, diese Neigung abzulegen. Das wäre ein kleiner Schritt für Sie, aber ein großer Schritt für Ihren gesunden Menschenverstand!

---

[11] Diesen Tipp verdanke ich Julia Galef.

Sachverzeichnis